基层立法联系点制度研究

JICENG LIFA LIANXIDIAN
ZHIDU YANJIU

冯玉军 / 主编

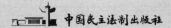
中国民主法制出版社

图书在版编目（CIP）数据

基层立法联系点制度研究/冯玉军主编 . —北京：
中国民主法制出版社,2025.4. —ISBN 978-7-5162
-3885-1

Ⅰ . D920. 0

中国国家版本馆 CIP 数据核字第 2025NC3775 号

图书出品人:刘海涛
出 版 统 筹:贾兵伟
图 书 策 划:张　涛
责 任 编 辑:周冠宇

书名/基层立法联系点制度研究
作者/冯玉军　主编

出版·发行/中国民主法制出版社
地址/北京市丰台区右安门外玉林里 7 号（100069）
电话/（010）63055259（总编室）　83910658　63056573（人大系统发行）
传真/（010）63055259
http:// www. npcpub. com
E-mail:mzfz@ npcpub. com
开本/16 开　710 毫米×1000 毫米
印张/18. 75　字数/316 千字
版本/2025 年 4 月第 1 版　2025 年 4 月第 1 次印刷
印刷/三河市宏图印务有限公司

书号/ISBN 978-7-5162-3885-1
定价/88. 00 元
出版声明/版权所有,侵权必究。

本书系下列项目的阶段性成果：

2022 年度国家社科基金重大项目《习近平法治思想的原创性贡献及其理论阐释研究》(22&ZD198)；

2022 年度研究阐释党的十九届六中全会精神国家社科基金重点项目《完善以宪法为核心的中国特色社会主义法律体系研究》(22AZD059)。

目　录

实　践　编

序　言

思到远处　悟到深处　建到新处　研到实处

冯玉军

一

全过程人民民主是中国式民主的凝练表达,发展全过程人民民主是中国式现代化的本质要求。它根植于中国历史、社会和文化,形成于党和人民建设中国特色社会主义、发展社会主义政治文明的伟大实践,是马克思主义民主理论和我国社会主义民主政治建设实践相结合的伟大成果。这一重大创新性概念的提出,是由当代中国的根本性问题与发展阶段所决定的,也是对中国社会主义民主政治内生性演变路径和方向的高度概括。[①] 党的二十大报告将"发展全过程人民民主,保障人民当家作主"作为全面建设社会主义现代化国家、全面推进中华民族伟大复兴的重大战略部署。

基层立法联系点制度是新时代中国全过程人民民主的生动实践,也是揭示全过程人民民主发展谱系的理想模型。它对中华传统民本思想进行了创新性发展和创造性转化,是马克思主义民主政治理论中国化、时代化和党以人民为中心推进法治中国建设的创新成果,更是社会主义民主政治特别是协商民主与时俱进的制度增量,具有"顶层设计"与"人民首创"价值融贯与机制耦合的内在属性。深入挖掘、吸纳、整合基层民意并及时反馈,便于合理配置立法资源,提高立法质量和效果。全过程人民民主塑造了基层立法联系点制度的内在品格,基层立法联系点制度贯彻体现了全过程人民民主的理念要求,二者耦合互动,统一于中国独特的党政体制之中,成为在立法中倾听民意、了解民情、汇聚民智、发扬民主的重要平台和载体,具有助益立法工作、提升国家治理效能的重要意义,为建构中国自主的民主法治知识体系提供了不竭源泉。

新世纪初始,一些省市适应地方立法范围变化和职责快速发展的需要,探

---

① 林尚立:《以发展全过程人民民主推动中国式现代化》,载《求是》2024 年第 9 期。

索设立立法联系点制度,便利征求基层干部和群众对国家和地方立法的意见。2014年10月,党的十八届四中全会通过的《中共中央关于全面推进依法治国若干重大问题的决定》指出,"健全向下级人大征询立法意见机制,建立基层立法联系点制度,推进立法精细化"。2015年7月,全国人大常委会法工委设立首批4个基层立法联系点,同时出台了《全国人大常委会法制工作委员会基层立法联系点工作规则》。2019年11月2日,习近平总书记到上海虹桥街道基层立法联系点考察时,首次提出全过程人民民主重大理念,为立法联系点发展提供了科学的理论指引。2022年10月,党的二十大报告强调要"健全吸纳民意、汇集民智工作机制,建设好基层立法联系点"。2023年3月,基层立法联系点写入《中华人民共和国立法法》。

截至2024年9月,基层立法联系点制度经历了首批试点、二批丰富、三批推广、四批深化的四个发展阶段,全国人大常委会法工委基层立法联系点的数量从4个增长到45个,辐射带动省、市两级人大设立基层立法联系点7300多个。全国各地建成20余万个代表之家、代表联络站,基本实现乡镇、街道全覆盖。再加上中央和省市级司法行政部门设立的数千个立法联系点,形成了国家级、省级、市级联系点三级联动、全国31个省(区、市)全覆盖的工作格局。从2015年至2024年4月,全国人大常委会法工委先后就183件次法律草案征求联系点意见27880多条,其中有3200多条被立法研究采纳,工作网络覆盖区域人口1.69亿人。立法联系点已经成为除网上征求意见、书面征集建议,以及立法座谈会、论证会等形式之外的人民群众有序参与立法工作的一种有效形式和普遍做法,全国各地到处讲述着"从田间地头到人民大会堂"的民主立法故事。

应该说,基层立法联系点制度已经从无到有、从小到大、从个别地方到全国范围,取得了显著成效,产生了广泛影响。它以上联人大政府、下接地气的"立法直通车"和立法机关深入基层直接了解情况的"民意连心桥"这种独特优势,为广大基层群众和社会各界人士表达立法诉求、反映社情民意提供了有效的渠道、平台和载体,丰富了全过程人民民主的生动实践,顺应了社会发展的现实需要,得到了广大人民群众的衷心拥护。

实践工作方面,2023年4月,全国人大常委会法工委增设了基层立法联系点办公室,5月在中国人大网开通"基层立法联系点"专栏。2023年11月,全国人大常委会法工委基层立法联系点工作交流会议在江苏昆山市召开。2024年5月,全国人大常委会法工委基层立法联系点工作片会暨联系点工作和建设高质量发展推进会在浙江义乌举行。从上层看,全国人大常委会法工委和各省人大法工委通过立法意见征集、采纳反馈激励、实地考察调研、会议经验交流等多种形式对立法联系点进行具体工作指导;从基层看,各个基层立法联系点坚持守正创新和本地特色,不断推陈出新,涌现出大量创新案例和实践做法,促进新时代立法民主不断丰富和发展。

理论研究方面,中国法学会立法学研究会历次学术年会,均有多篇以"基层立法联系点制度"为主题的研究文章参会交流。2022 年 4 月,由中国法学会立法学研究会、中国人民大学国家发展与战略研究院联合举办的基层立法联系点的实践与理论研讨会以视频会议形式成功举行,六个全国人大常委会法工委基层立法联系点负责人和全国人大常委会法工委副主任、中国法学会副会长许安标,时任全国人大常委会法工委办公室主任孙镇平等十余名专家学者齐聚云端,线上研讨。2024 年 6 月,由中国法学会立法学研究会、中国人民大学法学院主办,北大法宝智慧立法研究中心协办的"新时代立法理论与实践系列讲座"第五讲"基层立法联系点的发展历程、实践做法与特点优势"成功举行。此次讲座由甘肃省人大常委会法制工作委员会主任、中国法学会立法学研究会常务理事李高协主讲,山东大学(威海)法学院刘松山教授、全国人大常委会法工委基层立法联系点办公室主任时晓磊、河北省人民代表大会法制委员会副主任委员周英、中国人民大学国际关系学院副教授孙龙、清华大学社科学院政治学系系主任杨雪冬、全国人大常委会法工委临洮基层立法联系点办公室主任张学调等与谈研讨。特别值得一提的是,2023 年 3 月,甘肃省基层立法联系点建设研究中心(依托甘肃省人大常委会法工委和西北师范大学)在甘肃兰州成立,这是全国首家立法联系点研究机构;2023 年 12 月,由甘肃人大法工委、司法厅、西北师范大学主办的首届基层立法联系点建设理论与实务论坛在兰州召开;2024 年 10 月,第二届基层立法联系点建设理论与实务论坛在甘肃张掖举行。

二

新征程上,从实践发展和理论两方面梳理总结"基层立法联系点制度"的发展历程、精神谱系、工作机制、创新逻辑和完善途径价值重大。当前以及未来要做好基层立法联系点制度研究,可以从以下四个方面推进和开展:

第一,思到远处

基层立法联系点制度是新时代中国立法制度的原创性贡献和全过程人民民主的生动实践,而全过程人民民主的深层次背景是马克思主义民主政治理论中国化、时代化。聚焦中国当下基层立法联系点制度研究,为在学术理论上探究马克思主义民主政治和法治理论的中国化时代化,提供了源头活水。

马克思虽从未刻意建构民主理论体系,但他基于唯物史观对资本主义民主的揭露与批判,对无产阶级民主问题的思考与阐释,蕴含着对民主本质及其规律的科学认识,并以其历史性和开放性对当今世界社会主义民主政治健康发展给予深刻启迪。青年马克思曾将民主视为"人民的自我规定"和"人的自由产物",多少带有启蒙思想的影响。中年马克思在《1848 年至 1850 年的法兰西阶级斗争》《路易·波拿巴的雾月十八日》《法兰西内战》等经典著作中对现实民主问题进行了精辟分析,他指出,"人们在特定条件下产生出不同需要,由此进行争取或反对民主的实践,不同人们之间的交互活动及其与社会条件之间的相互作用,决定了民主能否以及如何实现与发展"。在以后的著述中,马克思深刻剖析了资本主义民主的内在矛盾,即"抽象的、口号意义上的"人民主权和民主的说辞,但却以具体法律和制度限制人民的民主权利。而只有在共产党的领导下,无产阶级才能采取正确措施,逐步消除阶级和阶级统治赖以存在的经济条件,最终进入共产主义社会,实现每个人全面而自由的发展。

1945 年 7 月 1 日,抗战胜利前夕,著名民主人士黄炎培一行 6 人访问延安。7 月 4 日下午,毛泽东邀请其到他住的杨家岭窑洞里做客叙谈,由此开启了一段堪与千古"隆中对"媲美的"窑洞对",这是中国社会发展进程和中共党史上一个重要的标志性事件。黄炎培在肯定了边区的成就之后说:"我生 60 多年,耳闻的不说,所亲眼看到的,真所谓'其兴也勃焉'、'其亡也忽焉',历朝历代都没有能跳出这周期律的支配。"毛泽东回答:"我们已经找到新路,我们能跳出这周期律。这条新路,就是民主。只有让人民来监督政府,政府才不敢松懈。只有人人起来负责,才不会人亡政息。"

党的十八大以来,习近平总书记对坚持社会主义民主政治有深入全面的论述。他指出:"我国社会主义制度保证了人民当家作主的主体地位,也保证了人民在全面推进依法治国中的主体地位。这是我们的制度优势,也是中国特色社会主义法治区别于资本主义法治的根本所在。""要积极回应人民群众新要求新期待,坚持问题导向、目标导向,树立辩证思维和全局观念,系统研究谋划和解决法治领域人民群众反映强烈的突出问题,不断增强人民群众获得感、幸福感、安全感,用法治保障人民安居乐业。""要切实尊重和保障人权,依法保障全体公民享有广泛的权利,努力维护最广大人民根本利益,保障人民群众对美好生活的向往和追求。"具体在法治和立法工作方面,要坚持人民主体地位,把体现人民利益、反映人民愿望、维护人民权益、增进人民福祉落实到依法治国全过程,使法律及其实施充分体现人民意志。

第二,悟到深处

基层立法联系点制度研究,要着眼于全过程人民民主显著制度优势的建设与发挥,把党领导人民的革命、建设、改革、复兴伟大事业不断推向前进,确保以人民为中心的中国特色社会主义法治道路行稳致远。

毛泽东主席说过,"实践中是要出道理的"。无论是革命根据地时期人民司法展现创造的"马锡五审判方式",还是社会主义建设时期基层群众创造的"枫桥经验",还是改革时期探索、复兴时期发展起来的基层立法联系点制度,甚至虹桥街道立法联系点成为全过程人民民主重大理念首提地,这些典型案例、做法和制度创新,都是党的群众路线在不同时代的光辉聚焦,每个阶段我们也都需要并且真实地推进新民主主义和社会主义民主政治与法治建设的伟大创新。

20 世纪三四十年代,陕甘边革命根据地及后续建立的陕甘宁边区建立了比较完备的陕甘宁边区法律体系与司法制度,推行了"十大政策""豆选法""三三制"等民主法治建设制度,创造并推广了"深入群众、注重调解、就地办案"的马锡五审判方式。以马锡五为代表的边区司法工作者在处理案件中结合乡土人情和风俗习惯,深入案件发生地进行调查,最大限度查明案件事实,大部分案件都召集当地群众参与旁听,还可以发表意见,群众有广泛的参与性,同时也宣传了边区政策,达到审理案件的普法效果和社会效果。

20 世纪 60 年代初,浙江省绍兴市诸暨县(现诸暨市)枫桥镇干部群众创造了"小事不出村,大事不出镇,矛盾不上交","发动和依靠群众,坚持矛盾不上交,就地解决,实现捕人少,治安好"的"枫桥经验"。"枫桥经验"是解放初期中国共产党依靠群众路线,创新解决敌我矛盾的经验总结,其创新性地减少了矛盾的发生,同时充分发挥了基层党政组织的社会治理功能,进而在全国推广并发展至今,已成为党领导法治社会建设的基本方针和重要的基层社会治理经验,不仅在实践中取得了良好的效果,也在理论界引起巨大的反响和关注。

总括地说,"从群众中来、到群众中去"是中国共产党的群众路线的领导方法和工作方法,是毛泽东思想活的灵魂的三个基本方面之一。"有无群众观点是我们同国民党的根本区别,群众观点是共产党员革命的出发点与归宿。从群众中来,到群众中去,想问题从群众出发就好办。"[①]1981 年,党的十一届六中全会通过的《关于建国以来党的若干历史问题的决议》将群众路线概括为"一切为了群众,一切依靠群众,从群众中来,到群众中去"。群众路线的实质,在于坚持把马克思主义的认识论同党的群众路线统一起来,把实践作为认识的基础,强调从实践中获得感性认识,并经过实践反复检验,不断修正错误、提高认识,使认识回到实践、指导实践、接受实践的检验,并加以修正、补充和发展。1980 年12 月,邓小平在中共中央工作会议上指出:"群众是我们力量的源泉,群众路线和群众观点是我们的传家宝。"[②]2013 年 12 月 26 日,习近平在纪念毛泽东同志诞辰 120 周年座谈会上的讲话中指出,"群众路线是我们党的生命线和根本工

① 《毛泽东文集》(第 3 卷),人民出版社 1996 年版,第 71 页。
② 《邓小平文选》(第 2 卷),人民出版社 1994 年版,第 368 页。

作路线,是我们党永葆青春活力和战斗力的重要传家宝。不论过去、现在和将来,我们都要坚持一切为了群众,一切依靠群众,从群众中来,到群众中去,把党的正确主张变为群众的自觉行动,把群众路线贯彻到治国理政全部活动之中"。①

第三,建到新处

基层立法联系点是新时代发展全过程人民民主的产物,是当代中国语境下,普通的人民群众可感可知可及的重要民主参与方式,在坚持和发展全过程人民民主中应运而生、蓬勃发展。基层立法联系点工作彰显了全过程人民民主的机制和本质特征,要义是全过程,核心是人民。

实践充分证明,基层立法联系点已经成为倾听民意、了解民情、汇聚民智、发扬民主的重要平台和载体,对于发展全过程人民民主,提升国家治理效能具有重要意义。立法联系点让人民群众在自家门口、田间地头、休闲场所参与立法工作,感受到民主就在自己身边,感受到全过程人民民主是广泛的、真实的、管用的。立法联系点也使人民当家作主实践和主人翁意识落到了实处。因为通过立法联系点,将全过程人民民主具体地、现实地体现到立法工作全过程各环节,使法律制度充分体现人民意志、保障人民权益、激发人民活力,发挥的是"民主杠杆"作用,提升的是"民主存量、民主增量"。

在取得巨大成绩的同时,基层立法联系点制度也面临不少制度与实践上的挑战:在运行模式方面,立法意见征集职责有待明晰,网络化工作体系有待完善,事业经费和软硬件支持力度还需加强,运行体制机制难以常态化、稳定化。在实施效果方面,"以点带面"作用发挥有待进一步彰显,运行实效参差不齐。队伍建设方面,组织设立时间短、实践经验不足;机构设置和人事编制供给不足。在反馈激励方面,上级部门对基层立法联系点的信息反馈和工作指导还需加强,对一线工作人员和参与群众的激励不足。在公众参与方面,参与渠道相对单一,信息可达性不足,参与时长和意见征求质量还需提高。需要特别强调的是,当前各级人大、司法行政机关重视和推进这一立法机制创新,并不意味着忽视或取代《中华人民共和国立法法》所规定的听证会、论证会、座谈会等公众参与立法渠道,实践中还要十分警惕各类形式主义或官僚主义的问题,避免刮"一阵风"、走过场。

对此,我们要以习近平新时代中国特色社会主义思想为指导,充分尊重人民群众首创精神,理论与实践相结合,推动基层立法联系点建设和工作提质增效。具体对策包括:一是坚持习近平法治思想引领,聚焦发展全过程人民民主,

---

① 习近平:《在纪念毛泽东同志诞辰 120 周年座谈会上的讲话》,载《中国青年报》2013 年 12 月 27日,第 6 版。

坚持党的领导、人民当家作主、依法治国有机统一,推动人民当家作主制度更加健全、协商民主广泛多层制度化发展。完善党委领导、人大主导、政府依托、各方参与的立法工作格局。统筹立改废释纂,加强重点领域、新兴领域、涉外领域立法,完善合宪性审查、备案审查制度,提高立法质量。二是丰富联系点形式,扩大立法信息反馈的来源、深度与广度,发挥联系点辐射带动作用。使联系点建设和工作更向基层下沉、更向边远地区延伸、更贴近民主立法需要,突出基层性、群众性、民主性、灵活性。三是拓展联系点功能,逐步扩大收集民情民意的功能,从立法中的征求意见向立法前的论证研究、立法后的宣传实施拓展,发挥联系点在备案审查、法律法规清理、立法评估中的作用。建立健全的立法项目征集制度和立法前评估制度能够完善法案形成前的民主机制,提升立法质量。①四是强化工作队伍和能力建设,增加工作人员编制和财务预算,通过召开座谈会、举办培训班等方式提高工作人员水平。五是分类指导,夯实拓宽联系点与各类联络站、征询单位、代表家站、党群服务中心等平台载体融合发展,为群众主动参与、方便参与、广泛参与提供条件。六是推进立法联系点组织机构、运行方式、考核评估的科学化、规范化,完善信息跟踪反馈机制,增强人民群众民主参与、民主决策的获得感,保证此项制度长期可持续性发展。七是将人工智能、新兴科学技术等融入联系点网络化建设,加快建设一网多用的(联系点)线上立法意见和项目征集服务平台,推动全流程智能化改造,为信息采集员、联络员配备科技设备,让科学技术助推基层立法联系点制度建设。

第四,研到实处

基层立法联系点制度的发展建设,是群众路线新果实、立法创新新机制、有效管用新民主,对于建构自主的中国社会科学知识体系也极具启发。对基层立法联系点制度进行深入分析和总结,能够提炼出其内涵的四重民主与法治逻辑:

一是历史延续性。基层立法联系点的精神思想是中国传统思想中民本思想和古典政法传统中民为邦本思想和红色法治文化中"一刻也不离开群众"思想的创新性发展和创造性转化,其诞生体现出贯穿改革开放历史进程的人民群众"首创精神",其发展沿袭着人大制度嵌入的历史脉络。

二是实质价值性。基层立法联系点是全过程人民民主的生动实践,根植于中国的国家根本性问题与发展阶段②,以价值理念方式融贯到国家的各项民主建设过程中,进而实现全链条、全方位、全覆盖的民主。作为承载基层民意的崭

① 李店标:《地方立法评估指标体系研究》,载《求是学刊》2020 年第 4 期。
② 张文显:《论中国式法治现代化新道路》,载《中国法学》2022 年第 1 期。

新民主形式,它不同于西方"民主"的形式价值,能够有效克服西方民主重少数轻大众、精英民主与社会参与民主尖锐对立的缺陷。

三是现实合理性。基层立法联系点制度建立了基层人民群众参与立法的有效途径,拓宽了人民直接参与国家立法的深度和广度,保障中央立法能够反映民情、倾听民意、汇聚民智、符合民心,使立法更接地气、更具实效。基层立法联系点是尊重"人民首创"的生动体现,是实现人民民主的微观创新,表现为自下而上的民意传导机制。"民主不是装饰品,不是用来做摆设的,而是要用来解决人民要解决的问题的。"基层人民群众不再是过去立法过程中"被代表"的"无声看客",而是拥有着实实在在发言权的"主角",能够畅所欲言地在国家立法阶段表达现实的利益诉求、处理急迫的社会纠纷、展露美好的生活期许。

四是显著功能性。基层立法联系点以搭建民意"直通车"的方式,深入挖掘、吸纳、整合基层民意并及时反馈,便于集中立法资源,提高立法质量和效果。这种民主互动关系一于中国独特的党政体制之中,并建构出中国式的现代化话语。这些历史经验、政治话语和制度创新,是有别于西方政治制度的中国特色,它超越了西方的政党组织的逻辑,也超越了政府组织的逻辑。

三

本书是当前我国基层立法联系点制度研究的首部著作。收录其中的文章和研究报告主要来自 2022 年 4 月在中国人民大学举办的"基层立法联系点的实践与理论研讨会"参会文章,还有这次会议之后专家学者最新撰写的学术论文,再有多篇立足实践的研究报告和工作综述,具有很好的学理性、实践性、创新性。全书分为两编,理论编 10 篇文章、实践编 17 篇文章,近 30 万字。以下兹简述之:

孙龙教授和秦博文博士的《基层立法联系点制度的起源与历史演进》,基于实地调查和文献资料,对二十年来基层立法联系点制度的起源和发展过程作了细致考察和翔实分析,提出一系列重要观点:从制度渊源看,内生于中国共产党群众路线传统的立法意见征集方式,源于地方获得中央认可后在全国迅速扩散;从扩散机制看,在其发展的早期阶段,主要是基于效率逻辑,近年来则主要基于合法性逻辑而快速扩散;与法规草案公开征集意见、立法听证会等方式相比,基层立法联系点制度确立了立法意见征集成本的分担机制,并建立了意见采纳的反馈机制,从而调动了基层人民群众参与的积极性。

冯玉军、郭珈铭的《全过程人民民主的生动实践——基于基层立法联系点制度的实际推进和理论归纳》明确指出,基层立法联系点是新时代中国全过程人民民主的生动实践,是揭示全过程人民民主发展谱系的理想模型。通过梳理总结"基层立法联系点制度"的发展历程、精神谱系、工作机制、创新逻辑和完善途径，发现该制度形成了"顶层设计"与"人民首创"的价值融贯与机制耦合，成为人民群众直接参与立法工作的"立法直通车"和立法机关深入基层直接了解情况的"民意连心桥"，能够深入挖掘、吸纳、整合基层民意并及时反馈，便于合理配置立法资源，提高立法质量和效果。全过程人民民主塑造了基层立法联系点制度的内在品格，二者耦合互动，统一于中国独特的党政体制之中，为建构中国自主的民主法治知识体系提供了不竭源泉。

严行健、贾艺琳副教授的《后发优势与制度嵌入："全过程民主"探索中的基层立法联系点》，首先概括了联系点制度演进的三个阶段，接下来运用"嵌入理论"与"制度后发优势"理论分析基层立法联系点的制度属性，继而指出联系点制度嵌入的三个空间，最后阐述了联系点制度与全过程人民民主的关系。

郑辉、张明君的《践行"全过程民主"的实践探索与理论思考——以上海市人大常委会基层立法联系点为视角》以亲历实践的笔触，透过上海人大基层立法联系点扩点提质这一视角，对联系点的建设推进、实践价值、"全过程民主"的优势及内涵的挖掘进行了实证性考察和初探性思考，以期使"全过程民主"的伟大实践行稳致远。

代水平、杜渊庚的《基层立法联系点建设之浅见》通过分析基层立法联系点制度建设的背景与功用，并在梳理其发展现状与存在问题的基础上，重点考虑在发展全过程人民民主的过程中，如何进一步发掘基层立法联系点制度的法治价值，更好地提高科学立法、民主立法水平，使立法工作反映人民意愿、得到人民拥护。

李文珊、易清的《设区的市基层立法联系点建设的思考》一文指出，设区的市基层立法联系点建设，要科学合理设点，并进行规范化、标准化、制度化建设。在工作开展中，基层立法联系点应建立多元征询机制，有效成为立法"民意直通车"；建立参与激励机制，激发群众参与立法的积极性。

陈宗波、韩晋雷的《基层立法联系点铸牢中华民族共同体意识的时代价值与实践路向——以三江县基层立法联系点为个案分析》侧重剖析基层立法联系点在少数民族地区的重要作用，提出民族地区基层立法联系点在今后的运行过程中，应当以铸牢中华民族共同体意识为重要工作方向，始终协调"五对辩证关系"、充分发挥"五大主体作用"、大力拓展"两条征集渠道"，不断提升民族事务治理体系和治理能力现代化水平，努力创建民族团结进步新典范。

张运昊、张筱婧的《基层立法联系点的运行困境与制度完善》指出，随着我国基层立法联系点制度的地方扩散，逐渐暴露出职能分散、模式不一、定位不清、效力不明等现实困境，阻碍了基层立法联系点制度的进一步发展。为此，这项制度设计也应在常设性立法意见征集机构的定位基础上展开,确立其核心职能,优化运行模式,厘清体系定位,强化意见效力,推动全过程人民民主实践提质增效。

杨海涛的《全过程人民民主视域下基层立法联系点制度的功能定位与实践调适》归纳出基层立法联系点参与立法工作具有直接性、常态性、全面性、主动性特征,在立法征询时具有对象广泛、过程真实、结果有效等优势。其制度定位在于广泛性、直接性而非专业性,其主责主业是聚焦立法征询而非功能拓展。当前,应加强人大与政府多层级基层立法联系点的衔接协调、科学统筹基层立法联系点的规模数量与设点布局、凸显基层立法联系点的特色化和差异化特点、加强基层立法联系点之间的跨区域协同联动与立法合作、注重立法征询的过程导向而非结果导向、培育公民民主参与的自发自觉。

史晨阳的《比较法视角下基层立法联系点制度的优化路径》针对基层立法联系点实际运行中面临的困境,从比较法视角切入,参照美国、日本在公众参与立法方面的制度设计,结合具体实践,提出通过增加联系点数量、优化联系点场所设置和完善互动机制来进一步扩大公众参与立法,切实实现全过程人民民主。

实践编的首篇文章是甘肃省人大常委会法工委李高协主任的《基层立法联系点的发展历程、实践做法与特点优势》,他是这项制度的基层首倡者和实践者,系统回顾了甘肃省人大 20 年前建立基层立法联系点的发展历程,分析了各地基层立法联系点的实践做法和特点优势,继而提出以习近平法治思想为指引,着力加强基层立法联系点能力建设,稳中求进推动基层立法联系点工作高质量发展,充分发挥基层立法联系点在发展全过程人民民主中的重要作用。

冯玉军教授的《立法联系人民——基于五个"国字号"基层立法联系点的实证研究》对五个"国字号"基层立法联系点进行了实证研究,并在梳理归纳出当前基层立法联系点体系定位、运行模式和职能发挥的基础上,发现其在体系定位、运行模式、队伍建设、反馈激励、民众参与等五个方面普遍存在的问题。由此提出针对性的对策和建议,助力基层立法联系点制度不断完善,从而在未来更好地发挥职能作用并彰显其重大民主意义和内蕴逻辑。

本书的一个显著特色是汇编了多篇卓有价值的研究报告。姚聪聪对 22 个"国字号"基层立法联系点的内部运行结构作了类型化分析,从正反两方面考察其现状,进而提出基层立法联系点运行制度进一步完善的理论框架。此外,苏二威基于重庆市首个社区型基层立法联系点中心湾社区进行深入调研,提出加强基层立法联系点建设的若干思考;祝晓光和杜倩基于河北省的实践,提出借助基层立法联系点开展全方位人大立法宣传的意见建议;严行健和万安东对各地基层立法联系点的工作规则进行比较研究,考察这项制度运行的异与同;张咏对上海市人大常委会基层立法联系点的功能拓展做了研究;赵思宇对全过程人民民主理念下基层立法联系点制度的发展与完善作了条分缕析地研究;李学松和牛佳宝提出加强基层立法联系点建设的几点思考。

本书的另一个重要特色就是汇编收集了8篇基层立法联系点的工作汇报。这些"先进标杆"的工作经验极具特色、十分丰富。诸如:被称为"虹桥经验"的基层立法联系点六大工作法:一、民意广覆盖,真心诚意采心声;二、流程全链条,精心谋划定方案;三、信息全方位,不拘一格开言路;四、联动聚合力,延伸触角出实招;五、征询促法治,一体推进求实效;六、宣传接地气,讲述民主好故事。甘肃临洮总结的《开动民意"直通车"架起立法"彩虹桥"》:一、增强立法联系点使命感责任感;二、建立"两联系"制度,使立法更接地气;三、坚持开门问策,基层声音直达立法机关;四、实现功能拓展,赋能立法工作多点开花。四川雅安总结的《让立法"直通车"满载民情民意》:一、提高政治站位,强化使命担当;二、加强规范化建设,推进协作化运行;三、一体搭建征集网络体系,畅通民意表达渠道;四、聚力窗口阵地建设,发挥法治引领作用;五、畅通立法"直通车","原汁原味"反映雅安声音。广东江门江海提出的《江海基层立法联系点的实践和生命力》:一、基层立法联系点的"根"在基层,在广大人民群众的沃土之中;二、基层立法联系点的"魂"在特色,融汇了地方特色的立法才是健康灵动的;三、基层立法联系点的"体"在制度,必须依托制度的力量强健筋骨;四、基层立法联系点的"相"在传播,要自信笃定地强化宣传功能、发挥窗口作用;五、基层立法联系点的"梦"在有为,在国家和地方发展中不断进取、担当作为。江苏昆山总结的《深入践行全过程人民民主 推动"昆山之路"行稳致远》:回顾历史,"昆山之路"本身蕴含深刻的民主精神;立足当下,民主深嵌昆山这座城市的建设治理;展望未来,民主为昆山实现新超越提供新动力。为全国基层立法联系点建设提供了实实在在的经验指导和借鉴思路。

最后,希望广大立法理论研究者和实务工作者以习近平法治思想为指导,秉持求真务实的作风,进一步深研实干,将基层立法联系点的理论认识、实践运行上升到一个新的高度,新的水平。

是为序。

冯玉军

2024 年 10 月 1 日

理论编

基层立法联系点制度的起源与历史演进

孙　龙　秦博文*

摘　要:基层立法联系点是我国基层人民群众参与国家和地方立法工作的一项重要机制创新。基于实地调查和文献资料,本文对近二十年来基层立法联系点制度的起源和发展演进过程进行了比较细致的考察和分析。论文指出,基层立法联系点是一项内生于中国共产党的群众路线传统的立法意见征集方式,最早起源于地方,之后获得了中央的认可并在全国迅速扩散;就扩散机制而言,在其发展的早期阶段,主要是基于效率逻辑,而近年来则主要基于合法性逻辑而快速扩散;与法规草案公开征集意见、立法听证会等方式相比,基层立法联系点制度确立了立法意见征集成本的分担机制,并建立了意见采纳的反馈机制,从而调动了基层人民群众参与的积极性。

关键词:基层立法联系点;地方创新;效率;合法性

一、导　论

所谓基层立法联系点,是指立法机关依据立法工作和实践需要,通过相应程序,在基层设立的协助收集、反映人民群众对立法工作相关意见和建议的固定联系单位或者组织。①随着我国全过程人民民主的发展和依法治国战略的全面推进,基层立法联系点作为一种行之有效的吸纳公众有序参与的制度化形式,在国家和地方立法进程中发挥着日益重要的作用。近年来,学术界就基层立法联系点制度的功能和实际运作进行了一些研究。研究者首先诠释和论证了立法联系点制度对于发展全过程人民民主、提升立法质量和扩大立法宣传的意义和价值:有研究者比较了全国人大常委会首批设立的基层立法联系点和上

＊　孙龙,中国人民大学国际关系学院副教授,博士生导师;秦博文,中国人民大学国际关系学院博士研究生。基金项目:国家社会科学基金项目"地方立法中的公民参与机制研究"(项目号:16BZZ023);北京市人大制度理论研究会2022年度课题"基层立法联系点工作规则比较研究"。

①　参见《全国人大常委会法制工作委员会基层立法联系点工作规则》,2020年7月15日修订;《上海市人大常委会基层立法联系点工作规则》,2020年4月2日通过。

海、江苏、杭州三地设立的基层立法联系点,指出基层立法联系点在民主立法、民意上达、法治建设方面发挥着重要作用;①有研究者以上海虹桥街道立法联系点为例,指出基层立法联系点是民主立法的新创造,具有防止立法作秀、立法谋私的作用,体现了人民当家作主的国家本质和中国人民追求良法善治的美好愿望;②有学者总结了河北省人大立法联系点在立法宣传方面的实践经验,认为这一制度能够有效改善立法过程中公众参与积极性较低、落地性和普及性受到制约等传统问题;③有研究者指出,基层立法联系点可以深入挖掘整合民意、集中立法资源,有针对性地填补现有民主立法渠道中的盲区;④有研究者指出,基层立法联系点有利于丰富民意征集形式、提升地方立法质量、助力民主立法全链条发展。⑤ 在基层立法联系点的具体运作机制方面,有学者分析了上海嘉定工业区基层立法联系点在参与立法征询工作的成效和特点,提出要警惕基层立法联系点陷入无序竞争,特别是要避免落入趋同化的状况,各地应立足自身优势,彰显自身特色,强化基层立法联系点的基层属性、立法属性、联通属性;⑥有研究者指出,以基层立法联系点为载体的全过程人民民主实践,呈现主体全方位、程序全链条、客体全覆盖的运行特色,在多个层面实现了对西方"单过程选民民主"的超越。⑦

然而,从现有的研究文献来看,多数研究者主要探讨基层立法联系点近年来的实际运行状况及其主要功能,尚未见到研究者从比较长的时间段来具体考察这项重要的制度和机制创新的历史起源和发展演变过程,而正是这种历时性的考证性研究的相对不足,学术界和实际工作部门对基层立法联系点作为立法意见征集机制创新的认识缺乏足够的历史纵深感,这也影响了对这种制度演变的逻辑和发展趋势的进一步判断。

本研究拟在实地调查资料和文献资料考证的基础上,力所能及地还原基层立法联系点这种立法意见征集机制创新得以产生、扩散的过程,从而从一个角

① 席文启:《基层立法联系点:立法机制的一项重要创新》,载《新视野》2020 年第 5 期。

② 郝铁川:《积极探索中国特色的民主立法新形式》,载《人大研究》2020 年第 3 期。

③ 祝晓光、杜倩:《借助基层立法联系点开展全方位人大立法宣传——基于河北省的实践》,载《人大研究》2021 年第 8 期。

④ 严行健、贾艺琳:《后发优势与制度嵌入:"全过程民主"探索中的基层立法联系点》,载《人大研究》2021 年第 3 期。

⑤ 曾庆辉、唐鑫:《论基层立法联系点在民主立法中的地位和作用》,载《人大研究》2023 年第 9 期。

⑥ 杨海涛、李梦婷:《基层立法联系点参与立法征询工作的完善进路——以上海市嘉定工业区管理委员会为例》,载《人大研究》2021 年第 9 期。

⑦ 佟德志、林锦涛:《基层立法联系点的全过程人民民主分析——以上海市为例》,载《江淮论坛》2023 年第 2 期。

度深化学术界关于新时代地方人大制度创新的内在机制研究,这对于各地如何进一步健全和完善基层立法联系点制度,也具有一定的借鉴意义。但由于篇幅及时间所限,本研究主要对人大常委会设立的基层立法联系点及其制度建设状况进行系统考察。① 为了解基层立法联系点在地方的起源及在国家和地方立法中的实际运作状况,我们通过实地调研、个案访谈、学术会议等方式,与甘肃、北京、深圳等地的部分基层立法联系点所在地的实际工作者和相关专家进行了多种形式的交流讨论,具体征引的资料在注释部分进行了标注。

本文主体部分包括四节:第一,将对甘肃省人大常委会首创基层立法联系点制度的过程进行回顾;第二,对 2005—2014 年间各地自发建立基层立法联系点的状况进行简要描述和分析;第三,对 2014 年以后中央推动之下基层立法联系点制度在全国的发展和扩散状况进行介绍;第四,就基层立法联系点制度与立法意见征集机制创新的关系进行初步的理论探讨。

二、甘肃省人大常委会首创地方立法联系点制度

通过创设立法联系点征求人民群众对法律法规草案的意见,最早可追溯到 21 世纪初甘肃省人大常委会的改革尝试。从 2001 年到 2014 年,甘肃省人大常委会在创设和完善地方立法联系点制度方面做了四个方面的探索:

(一)首次明确提出了"立法联系点"概念

2000 年通过的《中华人民共和国立法法》为地方立法的发展提供了广阔的空间,也对如何提高地方立法质量提出了更加严格的要求;而统一审议制度的确立,则赋予地方人大法制委及人大常委会法工委以更加繁重的工作职责。② 为了因应《中华人民共和国立法法》带来的机遇和挑战,甘肃省人大常委会法工委在征集立法意见时,开始尝试将"背对背"的方式改为"面对面"的方式,从而提高征集效率和质量。所谓"背对背"的方式,主要是通过书面的方式征求有关单位的意见,这也是以往国家和地方立法过程中最常见的一种征集人民群众意见的基本方式,而"面对面"的方式,主要是指法工委和立法机关的相关同志深入到有关单位,通过座谈会和相关方式直接听取意见。

在《中华人民共和国立法法》通过之初,甘肃省人大常委会法工委主要是前往兰州一些单位听取相关意见,取得了较好的效果。从 2001 年和 2002 年开

---

① 当前有一些地方政府在起草地方性法规草案和制定地方政府规章的过程中,也尝试设立基层立法联系点并通过这些联系点征求公众意见,我们在后续案例研究中将对这一新趋势进行探讨。

② 刘生荣:《关于地方立法实行统一审议制度的思考》,载《人大研究》2002 年第 8 期。

始,法工委开始将这种"面对面"征集意见的方式常态化,并开始走出兰州,前往定西等更为基层的单位征集意见。2001 年 8 月 16 日,甘肃省人大常委会法工委在临洮县召开座谈会征求对《中华人民共和国行政强制法(草案)》的意见,与会者有 25 人,大家一共提出了 20 多条有价值的意见和建议,这次座谈会已经使省人大常委会法工委和人大常委会领导认识到,尽管县一级人大常委会没有地方立法权,但是在这一级存在丰富的立法资源。2002 年,甘肃省人大常委会法工委的立法调研组再次赴定西市就《中华人民共和国治安管理处罚条例(修订草案)》征求修改意见和建议,返回兰州途中行至临洮县时,调研组成员与临洮县人大常委会相关领导和办公室工作人员边吃工作午餐边进行交流,当地同志结合本地实际情况各抒己见,就治安管理处罚条例提出很多建议。这些建议经调研组成员反馈后,部分内容被后来修订出台的《中华人民共和国治安管理处罚法》吸纳采用。①

在临洮举办的两次座谈会引起了甘肃省人大常委会相关领导的关注。当时临洮县及其所在的定西市都没有立法权,但是基层人大的工作人员却能依据本人的工作经验,对法律法案提出有价值的意见,这说明地方人大具有参与地方立法的潜能,若能将这样一个非正式的"饭局"和非常态性的座谈会转变成立法机关与基层群众的常态化的联系制度,就可以行之有效解决地方立法过程中广泛存在的基层群众参与程度不高的问题。②

据了解,甘肃省人大常委会将这种与地方立法机关保持稳定联系的基层单位正式命名为立法联系点,受到领导干部联系贫困县(点)制度的启发。③ 在 20 世纪 90 年代中期国家推动"八七"扶贫计划之后,各地党政机关为了有效开展扶贫工作,形成了一些有地方特色的典型经验,其中辽宁省辽阳市首创的领导干部联系点制度,在全国范围内引发广泛的反响。这种联系点制度的要义在于要求副县级以上的领导干部与贫困户建立一对一的联系,定期或者不定期地到联系对象家中走访,帮助解决实际问题。④ 这种联系点制度被誉为继承和发扬了党的优良传统,回应了新时期国家和社会对于优化干群关系的期待,受到了实际部门和学术界的广泛关注。

根据时任甘肃省人大常委会法工委处长李高协同志回忆,1993—1997 年,他给省人大常委会领导担任秘书,当时甘肃省建立了领导干部扶贫联系点制

---

① 参见赵遵国:《关于甘肃人大的立法联系点制度》,载《人大研究》2011 年第 12 期;李高协:《地方立法工作研究》,甘肃人民出版社 2015 年版,第 379 页。

② 参见赵遵国:《关于甘肃人大的立法联系点制度》,载《人大研究》2011 年第 12 期。

③ 参见李高协:《地方立法工作研究》,甘肃人民出版社 2015 年版,第 379 页。

④ 李元珍:《典型治理——基于联系点制度运作的分析》,科学出版社 2018 年版,第 12 页。

度,省级领导需要直接联系一个或者数个贫困县,定期或者不定期地前往联系点调研考察,了解扶贫工作的进展,协调解决一些问题,从而真正做到上情下达、下情上达,以点带面,推进扶贫脱贫工作。他经常陪同领导到贫困县联系点调研考察工作,根据他的观察,这确实是一种密切联系群众行之有效的工作方法。在2002年下半年省人大常委会法工委多次召开会议,讨论如何对临洮县人大常委会这些与省级地方立法机关保持密切联系的基层单位进行命名时,他和一些同事就建议借鉴扶贫工作联系点的做法,使用"立法联系点"这个名称,这一建议获得了时任法工委和省人大常委会领导的赞同。

(二)在市、县两级设立八个立法联系点

经过多次赴临洮县实地调研论证,2002年底,甘肃省人大常委会法工委正式向主任会议建议推行立法联系点制度。经省人大常委会主任会议讨论决定,在兰州市及其周边五个县区的人大常委会开展立法联系点试点工作,挂牌为"甘肃省人大常委会地方立法联系点",这五个县区分别为:定西市临洮县、兰州市永登县、武威市凉州区、临夏回族自治州永靖县和平凉市静宁县。[①] 全国最早的地方立法联系点由此正式诞生。首批五个立法联系点设立后,就在立法意见征集等方面行之有效地开展了工作情况。如表1所示。

表1 甘肃省首批立法联系点工作情况(2002—2007年)

	参与立法意见征集工作	上报意见情况
临洮县	就《中华人民共和国各级人民代表大会常务委员会监督法》《甘肃省人口与计划生育条例》等20多部法律法规征集意见	提出修改意见、建议70多条
凉州区	建立立法联系点领导小组,聘请了法律顾问,对交付的地方性法规草案进行广泛的论证	交付多份论证报告
永登县	就人大立法规划、年度立法计划和《甘肃省消费者权益保护条例》《甘肃省农作物与草种子管理条例》《甘肃省招标投标条例》等地方性法规征集意见	上报修改意见、建议30多条
静宁县	就《中华人民共和国药品管理法》《中华人民共和国义务教育法》《中华人民共和国环境保护法》《中华人民共和国未成年人保护法》《中华人民共和国食品卫生法》等20多件法律和法规召开座谈会	提出意见、建议30多条
永靖县	就《甘肃省全民义务植树条例》《甘肃省实施〈民族区域自治法〉若干规定》《甘肃省法律援助条例》《甘肃省消费者权益保护条例》等地方性法规征集意见	上报意见、建议50多条

---

① 赵遵国:《关于甘肃人大的立法联系点制度》,载《人大研究》2011年第12期。

2005 年 5 月,甘肃省人大常委会主任会议决定,将张掖市、白银市和平凉市增设为省人大常委会的立法联系点。① 这标志着甘肃省的地方立法联系点同时涵盖了市、县两级。

根据 2007 年 4 月召开的甘肃省人大常委会立法联系点工作座谈会的相关资料,这八个地方立法联系点在参与立法意见征集工作、上报立法意见和建议方面都发挥了比较好的作用。在四年多的时间内,各联系点共发展立法联络员155 人,多的联系点有 50 多名联络员,最少的也有 10 余人;各个立法联系点共召开座谈会 112 次,论证会 7 次,深入基层调查研究 172 人次,参与人大常委会执法检查 450 人次。②

(三)制定第一份地方立法联系点工作制度

2003 年 3 月 10 日,新一届甘肃省人大法制委员会召开了第一次办公会,就如何推进立法联系点工作提出方案性的意见,以回答立法联系点"联系什么""怎么联系""如何发挥作用"的问题,并委托时任常委会法工委副主任万宗成牵头制定立法联系点工作制度。③

2004 年 2 月 23 日,甘肃省人大常委会主任会议正式通过了《甘肃省人大常委会地方立法联系点工作制度》,这是目前有据可查的关于基层立法联系点的第一份规范性文件。④ 这份工作制度包括设立地方立法联系点的目的、地方立法联系点的主要工作、对立法联系点的条件保证、对立法联系点的要求四个部分。(1)依据这份文件,立法联系点的工作职责主要包括对法律法规草案提出意见、对立法规划和年度立法计划征求意见、对地方立法项目组织调研论证、开展执法检查、参与立法课题研究,反映所在县区有关立法的建议和要求。地方性法规的执行情况,研究提出贯彻实施意见,并反映实施中遇到的新问题。(2)在条件保证方面,主要包括定期通报地方立法工作情况、及时反馈立法意见采纳情况、寄送相关资料、开展业务培训、提供经费补助等。(3)对立法联系点的工作要求,主要包括确定专门的领导和联络员负责联系点工作、争取县区党委支持、建立固定的立法联系网络、扩大参与范围等。

---

① 参见甘肃省人大常委会办公厅:《关于增设省人大常委会立法联系点的通知》,2005 年 5 月 23 日。

② 万宗成:《在立法联系点工作座谈会上的发言》,载程有清、杨作林主编:《甘肃立法》综合卷,甘肃人民出版社 2008 年版。

③ 甘肃省人大法制委员会第一次办公会会议记录,2003 年 3 月 10 日。

④ 参见李高协:《地方立法和公众参与》,甘肃文化出版社 2005 年版,第 352—354 页。程有清、杨作林主编:《甘肃立法》综合卷,甘肃人民出版社 2008 年版,第 174—176 页。2016 年 11 月 15 日《甘肃省人大常委会地方立法联系点工作办法》生效之后,2004 年通过的《地方立法联系点工作制度》被废止。

（四）就地方立法联系点工作开展专题研究

为了创新地方立法联系点工作、完善立法联系点制度，甘肃省人大常委会和法工委的工作人员开展了一系列专题调查研究。这些研究工作也为其他地方了解立法联系点制度并开展跟进探索提供了参考和借鉴依据。

表2 关于甘肃地方立法联系点的部分调研报告（2003—2011年）

作者	题目	发表载体	时间
刘生荣、李高协	地方立法与时俱进需要研究解决的几个问题	第九次地方立法理论研讨会材料	2003年11月
李高协	公众参与立法的现实意义及其理论探讨		2005年12月28日
李高协、殷悦贤	公众参与立法的路径探讨	《人大研究》	2006年第7期
李高协、訾晓辉	建立地方立法联系点之探索	《人大研究》	2009年第2期
卢维理、李亮	建立长效机制完善立法联系点制度	《人民代表报》	2009年7月25日
赵遵国	关于甘肃人大的立法联系点制度	《人大研究》	2011年第12期

在上述研究报告中，《关于甘肃人大的立法联系点制度》一文2012年被全国人大图书馆所编《人大文摘》转载，从而使甘肃的地方探索为更高层级、更多地区的人大工作者和研究者所关注。

三、多个省市自发跟进探索基层立法联系点：2005—2014年

甘肃省人大常委会建立立法联系点之后，2005年至2014年，湖北省、浙江省以及哈尔滨市、呼和浩特市和南宁市等地尝试设立基层立法联系点，在立法意见征集方面进行了卓有成效的跟进探索。

1. 哈尔滨市人大常委会最早进行了建立社区立法工作联系点的尝试。2005年，哈尔滨市人大常委会在社区设立了24个立法工作联系点，并明确要求将相关法规草案通过社区立法工作联系点直接征求基层群众的意见，而各工作联系点可以围绕立法项目提出建议。[①] 在八年的探索实践中，哈尔滨市人大常委会共向各立法工作联系点发送常委会审议的法规草案34部，收到各立法工作联系点反馈的建议意见200余条，其中诸如《哈尔滨市再生资源回收利用管理条例》（2005年）、《哈尔滨市燃气管理条例》（2005年）、《哈尔滨市太阳岛风景名胜区管理条例》（2006年）、《哈尔滨市养犬管理条例》（2010年）等法规经

---

① 李秋菊、王哲：《拓宽立法沟通渠道体现民意》，载《哈尔滨日报》2007年10月26日。

各立法工作联系点反馈后,相关建议均得到了直接采纳。2013年,哈尔滨市人大常委会决定将立法工作联系点扩增至100个,要求在每个区县选择三个代表性社区或乡镇作为立法工作联系点,按照区域设置的社区立法工作联系点由24个增加到54个,此外,以"大学、大所、大厂"为设立目标,在各级人大代表所在单位设立16个联系点,在行业协会设立7个联系点,另外一些联系点分别设立在专业院校(6个)、科研院所(4个)、志愿者组织(4个)、群团社团(4个)、大型国有企业(2个)和其他类型(3个)。① 这种按照行业和功能界别建设立法联系点的尝试,是哈尔滨完善基层立法联系点制度的重要创新。与甘肃相比,哈尔滨市内的区域差异相对比较小,但是不同行业、不同产业和不同功能界别对地方立法需求的差异更为显著,以行业协会、企业组织等为基础建立联系点,适应了大城市立法意见征集工作的需要。

2. 湖北省人大常委会较早制定了比较完善的基层立法联系点工作规则。湖北省于2008年11月设立了首批9个立法基层联系点,负责向湖北省人大常委会立法工作提供第一手基层信息,这9个联系点分布在乡镇街道、县以下的企业、基层法院法庭、基层行政执法单位,等等;②时任湖北省人大常委会法工委主任张绍明同志2012年调任省人民政府法制办主任之后,也开始推动建立政府立法联系点。2015年1月制定并通过的《湖北省人大常委会基层立法联系点工作规定》,对立法联系点的组织领导、设立与撤销、工作职责、意见征集与反馈、工作保障、考评激励作制度化规定,是早期地方探索阶段中关于基层立法联系点较为完善的工作规定。

3. 呼和浩特市人大常委会2009年开始建立立法基层联系点。当年6月,呼和浩特市回民区人大常委会以八个乡镇街道一级的人大代表联络组为基础,建立立法基层联系点的试点单位,在市、区两级人大代表、村居委会干部、村居民代表、离退休干部、驻区单位以及司法界中选择了123名立法联系员,建立通畅的联系渠道,实现"有联系点、有联络员、有联系方式"的要求,这些联系员可以将基层组织和群众提出的意见建议直报市人大常委会法工委。③

4. 南宁市政府法制办于2010年11月率先建立政府立法基层联系点。南宁市政府法制办党支部与青秀区嘉宾社区党委在2010年8月份开始推进共建工作,签订了《结对共建协议书》。为了将党建工作与业务工作结合起来,南宁

---

① 尹皓、澜涛:《哈尔滨:先河之后花儿朵朵开——哈尔滨市人大常委会增设立法工作联系点侧记》,载《法治》2014年第1期。

② 《各地动态》,载《中国人大》2009年第2期。

③ 郭俊楼、曹桢:《首府立法基层联系点试点昨启动》,载《内蒙古晨报》2009年6月7日。

市政府法制办尝试发挥嘉宾社区党委 100 多位党员密切联系群众的优势,分发立法征求意见草案,通过社区党委来召开立法草案征求意见会,取得较好的效果。当年 11 月,南宁市政府法制办正式将嘉宾社区设立为立法基层联系点,这也是最早的地方政府立法联系点。①

5. 浙江省人大常委会于 2014 年开始探索通过立法基层联系点来征集地方立法意见。当年 4 月,浙江省人大常委会办公厅发布公告,公开征集立法基层联系点,并将这些联系点明确为通过相应程序在县以下基层建立的协助收集立法工作相关信息的固定联系单位。② 截至 10 月,浙江省人大常委会正式选设了首批 27 家联系点单位。③

从基层立法联系点制度的发展历史来看,2005 年到 2014 年是地方人大常委会自发跟进探索立法联系点制度的一个重要阶段。从制度建设和制度发展的角度而言,有些地方探索了按照行业和工作领域设立联系点(如哈尔滨);有的地方制定了比较完整的工作规则(如湖北);有的地方采取了公开征集的方式来遴选立法联系点(如浙江);有的则尝试设立政府立法基层联系点(如南宁和湖北)。也有研究者认为,这一时期的制度发展尝试体现出三个特点:(1)开始时间早,是甘肃省人大常委会在立法领域建立联系点制度之后,最早探索基层立法联系点制度的五个省市;(2)尽管均使用立法联系点的名称,但是具体名称不统一,有社区立法工作联系点、立法基层联系点、地方立法联系点等多个名称;(3)功能仍处于雏形阶段,多数立法联系点没有完整的运行规则,主要是作为开展立法调研时的"接待站"而存在。④

四、中央主导推动基层立法联系点
制度快速发展:2014—2023 年

2014 年 10 月,党的十八届四中全会通过《中共中央关于全面推进依法治国若干重大问题的决定》,明确提出"健全向下级人大征询立法意见机制,建立基层立法联系点制度,推进立法精细化"。这是首次在中央文件中出现"基层立法

① 王煜霞:《联手社区共促"开门"立法:南宁首个政府立法基层联系点成立》,载《南宁日报》2010年 11 月 3 日。

② 浙江省人大常委会办公厅:《关于公开征集立法基层联系点的公告》,2014 年 4 月 15 日。

③ 江南:《民富境安法为本——"法治浙江"先行先试的探索与经验》,载《人民日报》2014 年 10 月 21 日第 11 版。

④ 严行健、贾艺琳:《后发优势与制度嵌入:"全过程民主"探索中的基层立法联系点》,载《人大研究》2021 年第 3 期。

联系点"概念,基层立法联系点制度开始受到中央关注并被纳入总体的制度规划。值得一提的是,《中共中央关于全面推进依法治国若干重大问题的决定》出台之后,各地在制度建设和出台相关规定的过程中均主要使用"基层立法联系点"这一名称。

2015 年 6 月 25 日,全国人大常委会法工委主任办公会议通过《全国人大常委会法制工作委员会基层立法联系点工作规则(试行)》,从设立联系点的目的、人大有关部门的管理职责、联系点的设立和产生、联系点主要工作职责及其工作要求,以及对联系点的服务保障等方面作了规定,并在湖北省襄阳市人大常委会、江西省景德镇市人大常委会、甘肃省定西市临洮县人大常委会和上海市长宁区虹桥街道办事处正式建立首批全国人大常委会法工委基层立法联系点。四个"国字号"立法联系点同时涵盖市、县、街道三级,跨越东、西、中不同地区,因而具体实施立法联系工作时也各有特色创新,为全国范围内的基层立法联系点制度提供了示范。

此一阶段,基层立法联系点制度的发展和完善有三大推动性力量。第一是党中央和全国人大常委会高度重视。自 2014 年党的十八届四中全会做出建立基层立法联系点制度的决策部署之后,2022 年党的二十大报告再次明确提出,"健全吸纳民意、汇集民智工作机制,建设好基层立法联系点"。2019 年 11 月 2日,习近平总书记来到上海市长宁区虹桥街道立法联系点考察调研,听取了街道关于开通社情民意直通车、服务基层群众参与立法工作的情况介绍,并同正在参加立法意见征询的社区居民代表亲切交流。习近平总书记站在推进国家治理体系和治理能力现代化的高度,充分肯定了基层立法联系点的意义和价值,并首次提出了中国的民主是"全过程民主"这一重要论断。[①] 第二是地方立法权的扩大。2015 年 3 月,第十二届全国人民代表大会第三次会议审议通过了《中华人民共和国立法法》修正案,将过去 49 个较大的市才拥有的地方立法权扩大至全部 282 个设区的市,这些设区的市可就城乡建设与管理、环境保护和历史文化保护等方面进行地方立法。立法法的这一修订使得地方人大常委会和政府推进民主立法的主动性和积极性大幅增加,也是基层立法联系点得以在全国大范围扩散的一个重要助推性因素。第三是加强县乡人大工作和建设。从 2015 年开始,各地依据中央 18 号文件精神,大力加强县乡人大工作和建设,"人大代表之家"和"代表联络站"网络的建设,也有力地推动了基层立法联系点网络的发展和完善。

---

① 郑辉、张明君:《践行"全过程民主"的实践探索与理论思考——以上海市人大常委会基层立法联系点为视角》,载《人大研究》2021 年第 4 期。

从制度演进视角而言,2015 年以后,基层立法联系点制度的发展呈现如下新的特点:第一,基层立法联系点的数量迅速增长。截至 2023 年 5 月,全国人大常委会、省级人大常委会和设区的市(自治州)设立的立法联系点已经达到6572 个。① 当然,就数量而言,各地的分布显著不平衡,在一些"人大代表之家"和"人大代表工作站"发育比较充分的地区,基层立法联系点建设与代表之家、代表工作站建设完全融合起来,数量得以快速增加。第二,制度化水平显著提高。从法律、地方性法规和工作制度三个层面均可以观察基层立法联系点工作的制度化发展趋势。2023 年 3 月,第十四届全国人民代表大会决定对《中华人民共和国立法法》进行修改,基层立法联系点被列为"深入听取基层群众和有关方面对法律草案和立法工作的意见"的一种重要方式,这标志着基层立法联系点建设获得了国家法律的正式认可;与此相适应,多数各省市的地方立法条例也将基层立法联系点列为征集立法意见的重要方式。在工作制度层面,全国各地已经正式通过了近 100 份基层立法联系点工作规则,对联系点的具体工作进行了规范。② 第三,基层立法联系点的功能得到广泛拓展。一些基层立法联系点已经成为党和国家开展对外传播,讲好中国全过程人民民主的基层故事和中国之治的民主故事的重要平台。上海市虹桥街道办事处作为全国人大常委会设立的首批基层立法联系点,吸引了 40 多批次外国嘉宾和外籍人士前往参观、访问、学习;在外籍人士居住比较集中的地方,如上海虹桥、浙江义乌、浙江昆山和北京朝阳,部分外籍人士亲自通过基层立法联系点参加立法意见的征询工作,对中国这种新时代的民主形式和工作机制给予了高度评价;2023 年 4 月,来自博茨瓦纳、莱索托等 8 个国家的 21 名议员实地考察广东省江门市江海区基层立法联系点,使中国全过程人民民主的基层故事得到了非洲国家的更多关注。③

五、基层立法联系点制度发展的理论解析

作为中国特色社会主义进入新时代以来我国基层人民群众参与国家和地方立法工作的一项重要机制创新,基层立法联系点制度的建立和完善不仅承载

---

① 王博勋:《让每一部法律都满载民意、贴近民生、顺应民心——记全国人大常委会法工委基层立法联系点工作交流会首次召开》,载《中国人大》2023 年第 22 期。

② 在 2022 年 4 月 9 日"立法联系人民——基层立法联系点的实践与理论"研讨会上,全国人大常委会法工委相关负责人发言资料显示,目前各地人大常委会已经正式制定的基层立法联系点工作规则有90 余份。

③ 周誉东:《江海基层立法联系点:向世界讲述中国民主故事》,载《中国人大》2023 年第 13 期。

着发展全过程人民民主、推进全面依法治国的实践功能,也为学术界分析和解释这种"土生土长"的立法意见征集机制的产生和扩散过程提出了新的议题和智识挑战。本节尝试从中央—地方互动关系、效率逻辑与合法性逻辑、成本分担机制与意见采纳反馈机制三个维度对基层立法联系点制度发展的理论逻辑进行初步解析。

(一)中央—地方关系与基层立法联系点制度的起源与扩散

我国是统一的、单一制的国家,但各地方经济社会发展很不平衡。依据"在中央的统一领导下,充分发挥地方的主动性、积极性"的宪法原则,从 1979 年起,我国逐步形成了统一而又分层次的立法体制[①];在中央统一领导下,存在一定程度的地方分权,立法权限多级并存、多类结合。[②] 在比较长的时间内,中央在资源分配、人事任免、重大事项审批等几个方面发挥主导作用,但是,由于国家规模大、地方层级多,强调要同时发挥中央和地方两个积极性的传统,以及地方政府之间的竞争等因素,地方创新依然存在一定的空间。[③] 正如有研究者指出,由地方发起改革和试验,成功之后才上升为国家政策进而推广到全国,这种政策试验和政策制定方式,是理解中国独特的治理创新和制度创新的关键。[④]

基层立法联系点制度的起源和历史演进过程,正是这种地方创新—中央认可—全国扩散模式的典型案例。甘肃省人大常委会率先建立地方立法联系点,并在 8 个县市进行试点,之后湖北、浙江、哈尔滨、南宁、呼和浩特等地跟进探索,在地方取得比较显著的绩效后,中共十八届四中全会再作出部署决策,将其推广到全国。这种制度创新模式的要义在于鼓励、容忍地方的先行先试,尊重人民群众的首创精神。随着改革进入攻坚期和深水区,更多强调重大改革于法有据。2015 年《中华人民共和国立法法》修改时,对改革的立法授权形式进行了确认和规范。在这样的背景下,如何发挥地方的主动性,并拓展创新空间,值得研究者进一步关注。

(二)基层立法联系点制度扩散的效率逻辑与合法性逻辑

简要回顾基层立法联系点的发展历史,研究者可以发现,基层立法联系点制度的产生和扩散,在空间上呈现先中西部地区后东部地区、先相对不发达地区探索和跟进,而后由发达地区跟进的发展态势;而在时间上则呈现由慢到快

---

① 乔晓阳主编:《〈中华人民共和国立法法〉导读与释义》,中国民主法制出版社 2015 年版,第 24 页。
② 周旺生、朱苏力主编:《北京大学法学百科全书:法理型·立法学·法律社会学》,北京大学出版社 2010 年版,第 1112—1113 页。
③ 杨雪冬:《简论中国地方政府创新研究的十个问题》,载《公共管理学报》2008 年第 1 期。
④ 韩博天:《红天鹅:中国独特的治理和制度创新》,中信出版社 2018 年版,第 5 页。

的发展态势。在甘肃 2002 年探索之后的十年左右,只有哈尔滨(2005 年)、湖北(2008 年)、呼和浩特(2009 年)、南宁(2010 年)、浙江(2014 年)等地尝试建立立法联系点,并将其作为征集立法意见的重要渠道;随着党的十八届四中全会作出关于全面推进依法治国的决定,明确提出建立基层立法联系点制度,基层立法联系点制度开始进入快速发展阶段。

基层立法联系点制度在发展态势上的特征,可以从效率机制和合法性机制两个维度进行初步的解释。效率机制是一种典型的经济学解释,其意义在于以较小的投入获取较大的产出①;而合法性机制的核心则是强调社会的法律制度、文化期待、观念制度成为人们广泛接受的事实,具有约束力量,规范人们的行为。② 具体到基层立法联系点制度而言,其最初起源于甘肃,即地方立法机关在立法资源配置机制方面的一种有益探索,通过设立地方立法联系点来征求立法意见,其成本低于立法听证会,而征集意见的质量高于单纯的书面征求意见;最初跟进探索基层立法联系点制度的一些省市,在事实上也认识到了通过立法联系点来征集立法意见效率相对比较高。在 2014 年之后,随着越来越多的地方人大常委会建立基层立法联系点并制定工作规则,基层立法联系点制度已经构成了地方人大常委会开展立法意见征集工作的一个制度环境,在客观上推动着一些对立法成本相对不敏感的地区建立同样的制度。对于研究者而言,由于多数地区是在整体制度环境的约束之下建立的立法联系点制度,如何将这种制度与本地情况联系起来,避免形式主义,也是值得研究者长期关注的议题。

(三)成本分担机制与意见采纳反馈机制:立法意见征集方式之比较

研究者还特别关注的一个议题是,在国家和地方立法过程中,法规草案征求意见、座谈会、论证会、听证会都是得到《中华人民共和国立法法》确认,并在实践中广泛使用的一些立法意见征集方式。其中,法规草案征求意见是当前我国公民参与国家和地方立法门槛最低、参与面最广、参与规模最大的一种渠道;立法座谈会则是我国立法机关征求各方面意见最传统的一种方式;立法论证会则主要用来征求专业人士的意见;立法听证会的程序最为严格,成本最高,可以听取到各个方面的意见,但也是目前为止使用非常少的一种方式;基层立法联系点制度是新世纪以来我国地方立法机关的一种新的创新形式,得到了国家领导人和国家立法机关的高度肯定,正在蓬勃发展,为广大公民参与地方立法提供了新的渠道。

---

① 周雪光:《组织社会学十讲》,社会科学文献出版社 2003 年版,第 31 页。
② 周雪光:《组织社会学十讲》,社会科学文献出版社 2003 年版,第 74 页。

从成本分担机制和意见采纳反馈机制这两个维度,我们可以将这五种方式分为四种类型。参见表3。

表3 立法意见征集机制的类型化研究

		成本分担机制	
		有	无
意见采纳反馈机制	反馈	基层立法联系点	立法听证会
	无反馈	法规草案征求意见	座谈会、论证会

法规草案征求意见和座谈会这两种方式是在中共党史和中华人民共和国历史上具有悠久传统的两种方式,随着地方立法权的兴起,这两种方式在国家立法机关的示范下嵌入发展逐渐成为公民参与地方立法的重要渠道。立法论证会则是在科学立法的话语引导之下,被国家立法机关和地方立法机关广泛接受。而立法听证会和立法联系点则是改革开放以来我国地方立法机关的重要创新,之后得到了国家立法机关的认可,开始扩散到全国;就扩散速度而言,基层立法联系点迅速得到了扩散,而立法听证会则还处在缓慢发展阶段。要解释这种差异,是否建立成本分担机制、是否建立意见采纳的反馈机制,这两个机制极为重要。对于国家和地方立法机关而言,建立成本分担机制,立法机关可以节约成本,而建立明确的意见采纳反馈机制,则可以增加基层群众的参与积极性,从而使参与得以持续发展。当然,话语因素依然非常重要,基层立法联系点作为一种成本相对比较低、调动参与积极性比较有效,而又嵌入在中国共产党群众路线和治国理政的历史传统之中的一种制度设计,更加容易获得各个方面的认同。相对而言,立法听证会的低成本化和本土化,依然需要较长的时间。

全过程人民民主的生动实践

——基于基层立法联系点制度的实际推进和理论归纳

冯玉军[*]　郭珈铭^{**}

摘　要:全过程人民民主是中国式民主的凝练表达,发展全过程人民民主是中国式现代化的本质要求。基层立法联系点是新时代中国全过程人民民主的生动实践,是揭示全过程人民民主发展谱系的理想模型。梳理总结"基层立法联系点制度"的发展历程、精神谱系、工作机制、创新逻辑和完善途径,此项制度对中华传统民本思想进行了创新性发展和创造性转化,是马克思主义民主政治理论中国化、时代化和党以人民为中心推进法治中国建设的创新成果,是人民民主特别是协商民主与时俱进的制度增量,形成了"顶层设计"与"人民首创"的价值融贯与机制耦合,成为人民群众直接参与立法工作的"立法直通车"和立法机关深入基层直接了解情况的"民意连心桥",深入挖掘、吸纳、整合基层民意并及时反馈,便于合理配置立法资源,提高立法质量和效果。全过程人民民主塑造了基层立法联系点制度的内在品格,将基层立法联系点制度嵌入全过程人民民主的宏观方略,二者耦合互动,统一于中国独特的党政体制之中,为建构中国自主的民主法治知识体系提供了不竭源泉。

关键词:基层立法联系点制度;全过程人民民主;价值融贯;机制耦合

一、问题的提出

2024 年是人民代表大会制度建立 70 周年,也是基层立法联系点制度在省

---

*　项目支持:2022 年度国家社科基金重大项目《习近平法治思想的原创性贡献及其理论阐释研究》(22&ZD198),研究阐释党的十九届六中全会精神国家社科基金重点项目《完善以宪法为核心的中国特色社会主义法律体系研究》(项目编号:22AZD059),2023 年北京市社科基金重大项目《在法治轨道上全面建设社会主义现代化国家研究》。

冯玉军:中国人民大学法学院教授、习近平法治思想研究中心主任、政党研究平台研究员,中国法学会立法学研究会常务副会长。

**　郭珈铭:中国人民大学法学院 2021 级博士生。

级人大常委会建立 20 周年及写入中央全会决定 10 周年。十四届全国人大一次会议通过《中华人民共和国立法法》修正案,新增规定:"全国人大常委会工作机构根据实际需要设立基层立法联系点,深入听取基层群众和有关方面对法律草案和立法工作的意见。"这为立法联系点持续稳定发展提供了法律依据。经过多年的实践探索和制度创新,基层立法联系点制度从个别地方推广到全国范围,实现从无到有、自点至面、由表及里的系统化、规范化、制度化建设,取得了显著成效,产生了广泛影响。实践中,它为吸纳基层群众有序参与国家和地方立法、反映社情民意提供了管用有效的渠道和平台,顺应了复杂社会在法治轨道上推进治理现代化的现实需要,得到人民群众的衷心拥护。理论上,它是新时代发展全过程人民民主的重要制度创新,也是阐释、厘清全过程人民民主本质与特征的理想模型。

习近平总书记正是在 2019 年 11 月 2 日考察上海虹桥街道基层立法联系点时,首次对全过程人民民主重大理念作出重要论述:"我们走的是一条中国特色社会主义政治发展道路,人民民主是一种全过程的民主。所有的重大立法决策都是依照程序、经过民主酝酿,通过科学决策、民主决策产生的。"①为基层立法联系点和其他民主制度的发展提供了科学的理论指引。在庆祝中国共产党成立 100 周年大会上,习近平总书记强调要"发展全过程人民民主"。2021 年 10 月,在首次召开的中央人大工作会议上,习近平总书记对民主问题与全过程人民民主作出深入系统阐述,对发展全过程人民民主提出明确要求。之后,在党的十九届六中全会和二十大等重要会议,进一步对发展全过程人民民主、保障人民当家作主作了系统阐述。②

目前,基层立法联系点制度已成为立法学和人大制度研究的热点问题,吸引了法学、政治学等领域学者以及人大实务工作者开展研究,既有基层立法联系点制度的溯源调查,也有对基层立法联系点功能和实际运作的收集归纳;既有"解剖麻雀"式的经验实证分析,也有借助于多学科方法的交叉比较研究,取得诸多理论创新和实践案例成果。③ 而围绕基层立法联系点制度对于发展全过

---

① 参见《人民城市人民建,人民城市为人民》,载《人民日报》2020 年 1 月 13 日第 1 版。

② 参见许安标:《深刻认识、切实推进全过程人民民主》,载《行政管理改革》2022 年第 6 期。

③ 较有代表性的有:孙龙、秦博文:《基层立法联系点制度的起源与历史演进》,载《甘肃政法大学学报》2024 年第 1 期;冯玉军:《立法联系人民:基于五个"国字号"基层立法联系点的实证研究》,载《甘肃政法大学学报》2024 年第 1 期;席文启:《基层立法联系点:立法机制的一项重要创新》,载《新视野》2020 年第 5 期;姚聪颖:《基层立法联系点运行制度的完善——基于 22 个"国字号"基层立法联系点运行现状分析》,载《人大研究》2022 年第 12 期;杨海涛、李梦娇:《基层立法联系点参与立法征询工作的完善进路——以上海市嘉定工业区管理委员会为例》,载《人大研究》2021 年第 9 期;严行健、万安东:《基层立法联系点制度的异与同:基于各地工作规则的比较研究》,载《立法前沿》2022 年第 1 辑;等等。

程人民民主、提升立法质量和扩大立法宣传的意义和价值,也涌现出一系列令人可喜的研究成果,各有侧重,成果斐然。①

需要指出的是,尽管学术界对全过程民主的内在逻辑、重要价值、核心要素、基本结构、中国特色、制度优势以及法治保障等主题有很多系统深刻的理论文章,但将基层立法联系点制度纳入其中并予理论阐释还不多,且相对集中于写实性叙述,对基层立法联系点制度作为全过程人民民主生动实践的学理化阐释、学术化表达、体系化构建并不充分,立法联系点的制度渊源、"由点到面"的经验表达、全过程人民民主的价值融贯等理论性命题还有待进一步深入挖掘。本文在整体把握新时代基层立法联系点特别是"国字号"基层立法联系点实践情况的基础上,对蕴含其中、发挥决定性作用的全过程人民民主的理念逻辑进行历史性考察,从功能定位上分析民主集中的传导机制,按照"顶层设计"与"人民首创"的耦合机制与进路,考察基层立法联系点的制度创新与问题挑战,总结基层立法联系点制度的历史延续性、实质价值性、现实合理性、显著功能性等禀赋逻辑,得以证成全过程人民民主的深化发展之路。

二、精神谱系:从人民民主专政到全过程人民民主

1921 年,作为使命型政党的中国共产党诞生,其后百年所进行的社会革命的经典描述是:"消灭阶级,消灭剥削,推动生产力不断发展,最终建立共产主义,实现每个人自由而全面的发展。"②新民主主义革命经过二十八年奋斗,实现了民族独立,奠定了中国社会主义民主的根本基础,为形成和发展全过程人民民主创造了根本政治和社会条件。毛泽东在《论人民民主专政》中指出,"总结我们的经验,集中到一点,就是工人阶级(经过共产党)领导的以工农联盟为基础的人民民主专政"。③ 此后,人民民主专政成为民主政治建设的主流话语。中华人民共和国成立后,为了巩固和完善人民当家作主的政治制度,全国人大于1954 年通过《中华人民共和国宪法》,以国家根本大法的形式确立人民当家作主的地位;同时,以宪法形式确立全国人民代表大会制度,标志着人民当家作主

---

① 较有代表性的有:郑辉、张明君:《践行"全过程民主"的实践探索与理论思考——以上海市人大常委会基层立法联系点为视角》,载《人大研究》2021 年第 4 期;严行健、贾艺琳:《后发优势与制度嵌入:"全过程民主"探索中的基层立法联系点》,载《人大研究》2021 年第 3 期;曾庆辉:《论基层立法联系点在民主立法中的地位和作用》,载《人大研究》2023 年第 9 期;佟德志、林锦涛:《基层立法联系点的全过程人民民主分析——以上海市为例》,载《江淮论坛》2023 年第 2 期;等等。

② 朱林方:《论双轨法治——复规范性的中国叙事》,载《中外法学》2022 年第 5 期,第 1228 页。

③ 《毛泽东选集》(第 4 卷),人民出版社 1991 年版,第 1503 页。

的国家建设初步迈上了制度化和法制化新征程。

十一届三中全会后,党的工作重心转移到经济建设上来,"对内改革,对外开放"唤醒了社会发展的潜在势能,渐进推动了上层体制的破坚,走出了中国特色社会主义道路,为形成和发展全过程人民民主开辟了正确道路。1982 年,人民民主专政作为"四项基本原则"之一被正式写进党章和宪法。人民民主专政继承了无产阶级专政的一般原则,同时结合中国的具体国情对马克思的无产阶级专政理论进行了丰富与发展,并通过实践检验证实了其有效性。"人民民主专政所代表的民主范围要比无产阶级专政更加广泛,突出了人民是民主的主体,人民的范畴要大于无产阶级的范畴,国家的权力掌握在更多数的人民手中。"①中国特色社会主义道路开阔了人民民主概念,并依托党和国家的力量确保人民当家作主权利有效实现。

党的十八大以来,中国特色社会主义进入新时代。在党的领导下,不仅历史性地解决了绝对贫困问题,全面建成了小康社会,而且人民群众在民主、法治、公平、正义、安全、环境等方面日益增长的要求得到不断满足,中华民族和中国人民迎来了从站起来、富起来到强起来的伟大飞跃,光明前景。新时代的实践成就昭示人民当家作主是社会主义民主的本质,必须始终坚持以人民为中心,不断完善确保人民当家作主的制度体系,把人民当家作主权利全过程全方位地落到实处。2019 年 11 月 2 日,习近平总书记到上海市虹桥街道考察指出"我们走的是一条中国特色社会主义政治发展道路,人民民主是一种全过程的民主……你们这里是全国人大常委会建立的基层立法联系点,你们立足社区实际,认真扎实开展工作,做了很多接地气、聚民智的有益探索"。② 此后,全过程人民民主作为中国式民主的最新形态出现在政治话语中,同时也引起了诸多学者对"基层立法联系点"的高度关注。

以往,对基层立法联系点解释多从"基层""立法"的词源进行考察。为了更加深入地理解"基层立法联系点"的制度理念,本文从"联系点"制度谈起。实际上,"联系点"一词,并非简单的写实描述,它蕴含着中国独特的政治逻辑与制度理念。作为一种工作方法,联系点最早可以追溯到党在革命年代就确立的"没有调查,就没有发言权"的工作原则,以及工作上体现出的"群众化的方式"。③ 实践中,联系点全面应用于实践则始于 20 世纪 60 年代的"四清"运动。

---

① 贾中海、曹向阳:《全过程人民民主:中国特色社会主义民主新形态》,载《理论探讨》2022 年第 5 期,第 41 页。

② 习近平:《深入学习贯彻党的十九届四中全会精神 提高社会主义现代化国际大都市治理能力和水平》,载《人民日报》2019 年 11 月 4 日。

③ 《毛泽东选集》(第 1 卷),人民出版社 1991 年版,第 139 页。

当时的情况是：党内的脱离群众现象已经比较普遍，官僚主义作风和宗派主义倾向已经影响到党领导国家建设的进程。尤其是经历了 3 年经济困难之后，各种形式的脱离群众、官僚主义、贪污腐化等问题都一一显露出来，不但工作方式方法陷入开会、看文件，以及做报表等套路中，而且干群关系有恶化的趋势。对此，党意识到，如果不改变这种领导方法，就可能有"亡国"的危险。① 在全面开展社会主义建设的背景下，党和国家所需要的干部绝"不是浮在上面、做官当老爷、脱离群众，而是同群众打成一片、受群众拥护的真正好干部"。② 借由"四清"运动之机，党向全国发出号召，"蹲点，解剖麻雀，是一种很重要的领导方法。领导干部必须有选择、有计划地继续蹲点，深入基层，深入群众"。③ 其间，时任国家主席的刘少奇在湖南宁乡和长沙就公共食堂、供给制、住房、山林等问题，进行了 40 余天的调研。同时，周恩来在河北邯郸，朱德在河南、四川、陕西和河北也开展了不同形式的调研活动；陈云在上海、邓小平和彭真则在北京开展了为期 1 个月的调研。在党和国家领导人的带领下，中央部委和局级领导干部等，也都开展了实地调查。此后，联系点扮演着工作方式方法的角色，是新中国国家政权建设中不可替代的执政策略之一。总体上，从组织示范、规范运作，以及建制性展开等实施策略方面来判断，联系点显然已经嵌入到国家治理和社会治理结构体系之中，其常态化机制在社会治理中开始显现，并超越了原来的"党群"的工作方法，延展为国家与社会的治理策略和治理机制。

进入新时代后，我国人民群众对物质文化生活的需要呈现出多样化、高质量特征，在民主、法治、公平、正义等方面的要求也在不断增长。在此背景下，以联系点机制促进民主治理已经成为一种稳定高效的治理。2000 年，全国人大常委会通过《中华人民共和国立法法》，为地方立法的发展提供了广阔空间，也分配给地方人大法制委和人大常委会法工委以更加繁重的工作职责。

因应《中华人民共和国立法法》带来的机遇和挑战，甘肃省人大常委会法工委在征集立法意见时，将"背对背"的方式改为"面对面"的方式，以召开座谈会的形式征求基层干部群众对相关国家立法的意见，借以提高意见征集质效。2002 年 4 月，甘肃省人大常委会法工委内部刊物《法制参考》第 4 期刊登的省人大常委会调研报告《对进一步搞好地方立法工作的几点意见和建议》中就明确提出"建立立法工作联系点制度"，7 月法工委在临洮等 5 个县级人大常委会正式设立地方立法联系点，全国最早的立法联系点由此诞生。2004 年 2 月 23 日，

---

① 林小波：《"四清"运动中的毛泽东与刘少奇》，载《党史博览》2003 年第 12 期，第 30—34 页。
② 《建国以来重要文献选编》（第 16 册），中央文献出版社 1997 年版，第 293 页。
③ 《建国以来重要文献选编》（第 20 册），中央文献出版社 1998 年版，第 24、25 页。

主任会议通过《甘肃省人大常委会地方立法联系点工作制度》,这是有据可查的第一个立法联系点制度。设立主体的层次也由法工委上升为人大常委会。①

此后,也有其他省市开始自下而上地探索基层立法联系点制度,如哈尔滨市(2005 年)、湖北省(2008 年)、呼和浩特市(2009 年)、南宁市(2010 年)、浙江省(2014 年),均取得较好效果。这些有益尝试为基层立法联系点在全国范围的建立积累了经验,为后续的制度建设提供了有益借鉴,推动了立法民主化的步伐。

2014 年 10 月,党的十八届四中全会在《中共中央关于全面推进依法治国若干重大问题的决定》中指出,"健全向下级人大征询立法意见机制,建立基层立法联系点制度,推进立法精细化"。这是中央全会决定中首次使用"基层立法联系点"的表述,也是国家层面的文件中第一次使用"基层立法联系点"概念。标志着由地方探索实践的立法创新制度从此上升为国家层面的立法制度。决定出台之后,各地均统一使用"基层立法联系点"(仅全国人大常委会法工委设在中国政法大学的称为"立法联系点")这一名称。2015 年 7 月,全国人大常委会法工委将甘肃省临洮县、江西省景德镇市、湖北省襄阳市人大常委会和上海虹桥街道办事处设为首批基层立法联系点。同时,出台了《全国人大常委会法制工作委员会基层立法联系点工作规则》加以规范。

自此,一种全新的、立足基层人民群众直接参与国家立法的民主立法形式应运而生,成为除网上公布法律草案向社会公众征求意见、向部门和地方发函征求意见,以及立法调研、座谈会、听证会、论证会等形式之外的新的群众有序参与国家立法的有效形式,并初步形成国家级、省级、设区的市(自治州)级基层立法联系点三级联动的工作体系,在实践中逐渐迸发出强大活力。②

三、功能定位:民主集中的传导机制

"一切为群众的工作都要从群众的需要出发,而不是从任何良好的个人愿望出发……凡是需要群众参加的工作,如果没有群众的自觉和自愿,就会流于徒有形式而失败。"③基层立法联系点制度能否实现预期功能,关键在于联系点工作能否实事求是扎实有效地开展,所以联系点的选择就尤为重要。

---

① 孙龙、秦博文:《基层立法联系点制度的起源与历史演进》,载《甘肃政法大学学报》2024 年第 1 期。
② 全国人大常委会法制工作委员会:《基层立法联系点是新时代中国发展全过程人民民主的生动实践》,载《求是》2022 年第 5 期,第 25 页。
③ 《毛泽东选集》(第 3 卷),人民出版社 1991 年版,第 1012 页。

（一）基层立法联系点的布点考量

基层立法联系点的布点理念遵循"有意愿、有特色，有基础"三点原则。[①]

首先，要有意愿。在基层立法联系点初创阶段，大部分省市选择和布局联系点上坚持有意愿的原则，以县（区）级和县（区）以下单位为主，这些单位既属于基层，同时又具备工作开展意愿。以甘肃省为例，省内民众生活习惯差异较大，宗教信仰有明显不同，这就导致了全省各地民众对法律法规的利益诉求有显著区别。为了有效解决这种矛盾，甘肃省人大先后建立了立法研究会、立法顾问制度、面向公众征集立法规划、计划建议和法规草案征求修改建议项目等制度，尽管这些制度能够在一定程度上解决部分问题，但是由于其设计的组织形式多为省人大常委会牵头的自上而下式，参与对象也多为相关领域的专家学者和有关行政官员，这就导致基层群众的参与程度不高，仍缺乏直面民声、公众切实参与的制度设计。在此背景下，甘肃省人大工作机关赴临洮县实地调研论证后，建议推行立法联系点制度，初步在兰州市及其周边五个县区的人大常委会实行立法联系点试点工作，挂牌为"甘肃省人大常委会地方立法联系点"，这五个县区分别为：定西市临洮县、兰州市永登县、武威市凉州区、临夏回族自治州永靖县和平凉市静宁县。[②] 全国最早的基层立法联系点由此诞生。

其次，要有特色。不同地域决定了社会生活生态、利益诉求、经济发展状况的差异性，在联系点的结构布局上有所体现，如从江苏、浙江等地的联系点选择布局来看，以改革试点地区作为基层立法联系点，可以及时了解发展的规则诉求，有利于发挥立法对改革实践的确认、巩固和推动作用。在选设程序上，由于省人大直接调查选择工作量太大，所以一般均先由所在地人大常委会或政府初选提出建议名单，最后由省人大或政府做针对性的调查核实予以选定。参选联系点应当具有积极参与立法的热情，同时具备开展经常性立法联系工作的人员及其他必要的工作条件。可由所在地人大常委会差额推荐，由立法机关实地走访调查后，根据情况具体选定。以浙江省为例，制度初设阶段，在全省范围内选择十五家左右县级和县以下基层单位作为试点联系点，范围囊括山区、沿海、海岛以及城区、乡村等不同地域，与浙江省四大国家战略实施以及小城市试点等中心工作相适应，同时，在选设上与人大代表履职相结合，选择符合工作条件的代表所在单位和企业，充分利用所在单位和企业的有利资源。

最后，要有基础。基层立法联系点的延伸方式实际是由点到面地逐步铺开

① 沈春耀：《加强和改进地方立法工作提升地方依法治理能力和水平——在第二十五次全国地方立法工作座谈会上的小结（摘要）》，载《法制日报》2019年11月19日第1版。

② 赵遵国：《关于甘肃人大的立法联系点制度》，载《人大研究》2011年第12期，第36—39页。

的。以哈尔滨为例,市人大常委会面向全市各区县社区设立了 24 个立法工作联系点,并明确职责为将市人大制定的法规草案通过立法工作联系点直接征求基层群众的意见并围绕立法项目提出建议①。通过八年的初步实践,哈尔滨市人大常委会共向各立法工作联系点发送常委会审议的法规草案 34 部,收到各立法工作联系点反馈的建议意见 200 余条,其中诸如《哈尔滨市再生资源回收利用管理条例》(2005 年)、《哈尔滨市燃气管理条例》(2005 年)、《哈尔滨市太阳岛风景名胜区管理条例》(2006 年)、《哈尔滨市养犬管理条例》(2010 年)等法规经各立法工作联系点反馈后,相关建议均得到了直接采纳。以此为基础,2013 年哈尔滨市人大常委会经讨论后决定将原 24 个立法工作联系点扩增至 100 个,除在每个区县选择三个代表性社区或乡镇作为立法工作联系点,将原有的 24 个社区立法工作联系点扩展到 54 个之外,以"大学、大所、大厂"为设立目标,依托全国、省、市、区县人大代表所在单位设立 16 个、行业协会 7 个、专业院校 6 个、科研院所 4 个、志愿者组织 4 个、群团社团 4 个、大型国有企业 2 个、其他类型 3 个。② 这一增设使立法工作联系点与基层群众的联系更为紧密,实现了民主立法向基层单位的延伸。

(二)基层立法联系点的工作机制

就组织架构而言,上海市虹桥街道作为最早的全国人大常委会法工委基层立法联系点,其创造性的"一体两翼"组织架构经过多年的实践已经逐渐在各基层立法联系点作为模型推广,目前大部分基层立法联系点都是采用类似虹桥街道基层立法联系点的这种架构来进行工作。即立法联系点在基层建立一定数量的立法联系点或立法联系站,并在各站点配备专门的立法联络员和信息采集员来收集社情民意,建立联络员网络,这是立法联系点的主体部分。同时设立建立征询单位和立法咨询专家库作为专业立法建议收集平台,以保证立法建议的专业性。同时,各地立法联系点在立法机关的指导下,结合各自实际,探索出了一系列卓有成效的做法。

以北京市朝阳区基层立法联系点组织架构为例(见图 1):在基层立法联系点之上成立区人大常委会基层立法联系点工作领导小组,领导小组下设办公室,负责立法联系点的综合协调组织工作,常委会各工作机构根据职责分工,组织开展好与对口联系单位业务有关的立法意见征询工作。同时整合多方资源,打造工作网络。建立健全"43 个立法联络站 +61 家立法征询单位 +232 个人大

---

① 李秋菊、王哲:《拓宽立法沟通渠道体现民意》,载《哈尔滨日报》2007 年 10 月 26 日。

② 尹皓、澜涛:《哈尔滨:先河之后花儿朵朵开——哈尔滨市人大常委会增设立法工作联系点侧记》,载《法治》2014 年第 1 期,第 26 页。

代表工作站"覆盖全区的工作网络。依托全区 43 个街乡"代表之家"设立立法联络站,并分别设 1 名联络员、5—7 名信息员。将全区"一府一委两院"、群团组织 61 家单位作为立法意见征询对口单位;与朝阳区律师协会等组织建立立法协作关系;依托区人大常委会专家顾问,组建立法咨询顾问团队,提供专业支撑。此外,丰富意见采集机制。不同单位性质的联络点在具体工作机制方面存在一定差异,综合起来,包括实地走访、集中座谈、书面征求意见、宣传栏公告、开通立法建议热线等。联系点成立 8 个多月来,共完成 9 部法律征求意见工作,收集意见建议 1138 条,向全国人大常委会法工委提出意见建议 820 条。通过立法联系点这个直通车,把群众的意见建议原汁原味地传递到国家立法机关。实践充分证明,通过基层立法联系点平台,立法机关能够将"触角"深入基层第一线,并通过以"点"带"面",在最广泛最真实的基层立法诉求与立法机关之间建立直通渠道,拓展有序参与,保障公民全流程参与,助益于立法科学性与民主性。

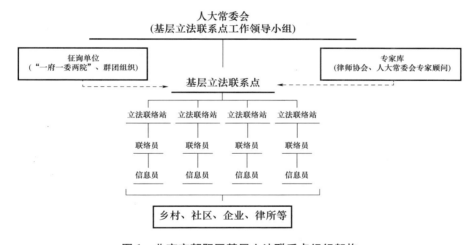

图 1　北京市朝阳区基层立法联系点组织架构

就参与机制而言,基层立法联系点在工作程序上按照立法前中后的顺序,确保公民参与能够贯彻立法全过程。在法律草案的立项、起草、调研、审议、评估、宣传、实施等立法全过程、各环节,注重"接地气"地听取基层群众意见建议,并把群众诉求"原汁原味"反馈给国家立法机关,促进有益的意见建议能在法律中得到体现。具体流程如下:一是在立法规划和立法计划草案征询意见阶段,基层立法联系点抓好立法民意征询的"前道工序",组织征求对全国人大五年立法规划、年度立法计划草案的意见建议,有序高效开展立法项目意见征询。二是在立法意见征询前,注重调研解读,当好解说员,将法律术语转换为通俗易懂的文字,讲明白说清楚法律草案对群众的影响、和群众的关系,充分调动群众的参与热情,使草案征询意见更能谈出内容,谈出成果,从源头上提升立法意见征询质量。三是在立法意见征询中,根据法律草案特点,广泛覆盖人群,保证采集意见样本的典型性和多元化,反映地区特点和基层特色,广泛征集基层意见建议,形成意见建议报告。四是在立法意见征询后,注重事后评估。一方面,及时向上反馈法律法规实施的情况和存在的问题;另一方面,紧扣"普法执法"环节,加强对法律法规及立法相关知识的学习,做好法律在居民区和单位的宣传工作,积极拓展立法联系点服务基层社会治理功能。

四、制度创新与问题挑战

"顶层设计"与"人民首创"的耦合机制与进路

"顶层设计"强调稳健,"人民首创"注重创新,中国特色社会主义将两者耦合于中国式现代化实践之中。正如基层立法联系点制度一样,全过程人民民主作为党和国家的顶层设计,是治国理政的宏观方略,表现为自上而下的价值融贯,理念贯通。基层立法联系点是尊重"人民首创"的生动体现,是实现人民民主的微观创新,表现为自下而上的民意传导机制。

在宏观与微观互动之中,全过程人民民主就成为塑造基层立法联系点制度实质价值的输出者,内生性人民民主观念在价值上引领基层立法联系点的制度建设。在根本价值问题上,全过程人民民主理念确定了举什么旗、走什么路的根本价值选择问题,微观制度建构必须在这一旗帜下和道路上前进。必须强调的是,全过程人民民主理念向基层立法联系点输出输入实质价值的同时,基层立法联系点的形式价值也会反过来嵌入到全过程人民民主的宏观方略当中。党的二十大报告明确指出,"加强人民当家作主制度保障。健全吸纳民意、汇集民智工作机制,建设好基层立法联系点"。① 值得注意的是,"联系点"的制度渊源、试点模式都蕴含着党领导人民革命、建设、改革的治国理政的历史经验,是进行不断总结和升华的过程中逐步形成的,它有别于去中心化的分权模式,也不同于联邦制模式,是有别于西方政治制度的中国特色。实际上,中国政治民主的基本特征应当集中表达为"党政体制"。"党政体制"成功地"超越了西方

---

① 习近平:《高举中国特色社会主义伟大旗帜 为全面建设社会主义现代化国家而团结奋斗——在中国共产党第二十次全国代表大会上的报告》,载《光明日报》2022 年 10 月 17 日第 3 版。

的政党组织的逻辑,也超越了政府组织的逻辑"。① 正是这一根本的体制逻辑,保障了人民当家作主。概言之,人民民主是党一以贯之的"使命",从人民民主专政到全过程人民民主,党始终代表着最广大人民的根本利益,是人民民主的根本保障。

同时,这也意味着"全过程人民民主"与"基层立法联系点"都存在着进一步延展的空间。还是从微观谈起,在完成国家、省、市三级联动体制建设后,基层立法联系点的功能也存在一定的不确定性。在联系点推广的过程中,存在照葫芦画瓢现象,简单移植其他示范联系点的经验,因而导致水土不服、流于形式的现象,也导致基层立法联系点的功能无法深入开展;此外,为求联系点的治理绩效,在联系点的运作过程中难免会存在越俎代庖,替民做主现象。② 基层立法联系点是党和国家"畅通民意"的重要触手,合法、合意、合情是基层立法联系点保证"不变形",实现"功能增量"的可行进路。

将联系点制度嵌入现有民主立法、科学立法有关制度。"合法",为联系点制度常态化、固定化提供制度保障,提升立法民主性,促进立法质量进一步提高。在经历"由点到面"的制度建设后,国家开始以制度化形态确立基层立法联系点。2022 年 3 月 12 日起实施,修订后的《中华人民共和国地方各级人民代表大会和地方各级人民政府组织法》将践行"全过程人民民主"写入总则,将建立基层联系点写入具体条款,这从制度层面进一步要求密切县级以上地方各级人大常委会同人民群众的联系,基层立法联系点作为联系点的一种存在形式,只有不断创新机制、拓展功能,才能更好地接地气、通天线,从而有效降低全过程人民民主、直接民主的制度成本。同时,要注重基层立法联系点的工作制度建设,完备的制度规范是联系点进一步提高工作效能的重要保证,也是切实保障人民民主权利的重要途径,所以有必要以制度化推动立法联系点工作的规范化、标准化,保证所有的治理主体都必须在法律框架下活动,而不是凌驾于法律之上。

完善基层立法联系点的指标评估体系。"合意"的核心主体是群众。党的十九大报告指出:在党的各项工作中,要"把人民对美好生活的向往作为奋斗目标"。③ 要深入挖掘和整合基层民意,在基层治理类地方性条例的立法过程中,人大常委会可以集中精力与数个基层群众联系点(如以街道办或镇人大为设点

---

① 参见景跃进、陈明明:《当代中国政府与政治》,中国人民大学出版社 2016 年版,第 6—9 页。
② 吴新叶、赵挺:《建设性空间:党员干部联系点的运转及其不确定性的克服——以基层治理为视角》,载《政治学研究》2018 年第 2 期,第 75 页。
③ 吴新叶、赵挺:《建设性空间:党员干部联系点的运转及其不确定性的克服——以基层治理为视角》,载《政治学研究》2018 年第 2 期,第 75 页。

单位的联系点)进行对接,通过调研座谈等形式充分征求其意见。人大制度背后的代议民主制核心之一是普遍性原则,即所有民众均应享有向政治体系提出诉求并获得回应的权利。在立法方面,保证立法程序向公众公开并充分吸纳其意见,是立法制度的必要组成部分。联系点制度之所以能够仅通过在具有代表性的"点"上做文章,为"面"上具有普遍效力的地方性立法提供参考,得益于既有制度已经首先完成了立法征询意见工作的"面"上覆盖。在联系点制度之前,至少已有两个专注于"面"的既有制度。其一是代表联系本选区公众的相关制度。代表和选区的联系,保证了立法信息搜集触角至少在理论上覆盖到所有群众。其二是立法草案公开和网上征询意见制度。该制度也至少在理论上保证了立法建议搜集的广泛性,实践了代议民主制中的普遍性原则。

基层立法联系点的布点要有充足"养分"。缺乏立法资源是当前一些民主立法渠道无法在立法工作中发挥应有价值的重要原因。一些基层立法联系点的初期设点并未结合实际地区情况设置,导致了"橘生淮南"的情况出现。概言之,"合情"是指立法联系点的设立要"依情而设""依需而设"。纵观各地人大常委会制定的联系点工作规则,在布点方式等条款中强调联系点的基层属性是一个普遍性的做法。一些地方甚至直接要求联系点具有覆盖各方面的属性。这一提法看似与联系点制度注重"点"的属性相悖,但实际上,强调联系点对于各方面的"代表性",恰好说明了联系点制度不是一个以提升立法参与覆盖面为专长的制度。它强调针对立法工作重点领域,搭建典型性基层单位与常委会的直连通道,并以此提升立法质量。虹桥街道成为全国人大常委会法工委首批四个联系点之一,恰是因其"国际社区"这一特性能够在诸如城市治理等方面的立法过程中发挥参考价值。相应地,甘肃临洮这一基层立法联系点则承接了涉及农业农村工作的立法草案的意见征询工作。

五、基层立法联系点的民主逻辑

基层立法联系点贯彻体现全过程人民民主的理念和要求,已经成为在立法中倾听民意、了解民情、汇聚民智、发扬民主的重要平台和载体,具有助益立法工作、提升国家治理效能的重要意义。① 它融贯着人民主体的内生民主观念,具备不同于西方民主的制度价值,并在"由点到面"的典型实践中不断总结完善,形成了内涵深刻的四重民主与法治逻辑。

---

① 冯玉军:《高质量立法为良法善治奠基——兼论〈立法法〉再次修改的理由和要点》,载《法学杂志》2022 年第 6 期。

（一）历史延续性

基层立法联系点的精神思想是中国传统思想当中民本思想的创新性发展和创造性转化，其诞生体现出贯穿改革开放历史进程的人民群众"首创精神"，其发展沿袭着人大制度嵌入的历史脉络。

民为邦本是我国古典政法传统中具备现实价值的重要思想。古代思想家在此揭示出民众在国家治理中的根本地位。如贾谊提到："闻之于政也，民无不为本也。国以为本，君以为本，吏以为本。"①落实到法律制度层面，则意为法律制度的成败在于能否合民情、顺民心、护民利。作为民意"直通车"，基层立法联系点正是顺承中国传统民本思想，在新时代法治工作中创新性发展和创造性转化的重要成果之一。

"一个国家实行什么样的主义，关键要看这个主义能否解决这个国家面临的历史性课题。"②19 世纪的中国遭遇了"三千年未有之大变局"，外敌入侵，有亡国灭种之虞，内乱频发，国家陷入了一种"总体性危机"，而为克服总体性危机兴起的一系列变法、改良和革命运动却次第遭遇失败。这一切遭遇在马克思主义传入中国后才得到根本性改变。中国共产党根据中国社会和政治的实际情况，建构了合乎中国历史实践需要的人民民主政治。从人民民主专政到全过程人民民主的形成和建设，正是基于这种制度内生性的探寻之上。其理论含义主要在于，"这些制度是从中国社会自身历史变迁特别是中国近代以来革命和国家建设的现代化进程中，通过制度选择生发出来的，形成了与中国发展道路相契合的理论逻辑和现实逻辑"。③

党的十八届三中全会在总结改革开放历史经验时强调，要坚持以人为本，尊重人民主体地位，发挥群众首创精神，紧紧依靠人民推动改革，促进人的全面发展。人大制度理论中的"制度嵌入"模型认为④，在二十世纪六七十年代，人大制度经历了停滞甚至中断，在改革开放后虽得以恢复，但此时，既有制度（党委及"一府两院"）已经在政策制定、监督和人事任免等方面形成了既定的程序。各级人大作为一个制度的"后来者"，必须在这一制度体系中开拓空间，即要将人大制度在立法、监督及人事任免等方面的法定程序嵌入既定的程序中。在实践中，各级人大专注于提供既有制度所不能或不善于发挥的功能，以此提升立

---

① ［汉］贾谊撰，阎振益、钟夏校注：《新书校注》卷九《大政上》，中华书局 2000 年版，第 338 页。
② 中共中央文献研究室：《十八大以来重要文献选编》上，中央文献出版社 2014 年版，第 109 页。
③ 陈周旺：《全方位民主：中国特色社会主义民主的理论体系与制度选择》，载《学术月刊》2020 年第 2 期，第 71 页。
④ 严行健、贾艺琳：《后发优势与制度嵌入："全过程民主"探索中的基层立法联系点》，载《人大研究》2021 年第 3 期。

法、政策制定等工作的质量,为地方经济社会发展作出贡献。各级人大通过提供"功能增量",利用代表等渠道与社会进行充分接触,发挥自下而上和自上而下两个方向的信息搜集、整合及传递功能,换取更多的支持,减少嵌入过程中所面临的制度阻力。基层立法联系点制度对于人大诸项制度来说,显然也具备典型的"制度嵌入"特征,延续着这一历史发展脉络。并且同样是以"功能增量",弥补以往民主立法、开门立法中的专家化倾向,保证基层人民群众能够直接方便地直达中央立法机关,降低系统沟通成本,换取"后来者"在既有制度中的"一席之地"。

(二)实质价值性

基层立法联系点作为新时代全过程人民民主的实践形式之一,承载着人民民主的实质价值。不同于西方"民主"的形式价值,全过程人民民主论述赋予了中国民主政治以充实的实质价值,以价值理念的方式融贯入国家的各项民主建设过程之中,进而实现全链条、全方位、全覆盖的民主。

选举民主和协商民主是全过程人民民主的两种重要形式,基层立法联系点则是协商民主的生动实践,有效弥补了西方重形式轻实质的弊端。一般认为,西方民主的运作机制表现为只有通过竞争才能实现制衡,防止权力被少数人滥用。而程序是克服权力滥用的有效形式之一,所以在实际运行中,有些西方学者将民主局限于民主的形式,包括有效参与、投票平等、充分知情、对议程的最终控制以及成年人的公民资格,弱化了对治理结果的强调。与此形成鲜明对比的是,我国的全过程人民民主不仅强调过程性民主,而且同时凸显经由民主的过程达致民主的结果。以基层立法联系点为例,人民群众在法律草案决策前、决策中和决策后开展广泛深入的协商,力求在审慎反思和理性讨论中不断地对决策思路与内容进行纠偏校正,从而找到符合公共利益的最大公约数。这种协商民主形式,有助于切实解决许多领域发展不平衡不充分的阶段性难题,成为当前全过程人民民主蓬勃发展的一大亮点。西方民主的重形式轻实质的另外一个表现为政党竞争。西方民主建立在自由利益竞争的基础之上,于是竞争就成为西方民主的核心要素。政党制度是现代民主政治的重要内容,以相互竞争为核心的两党制和多党制是西方民主竞争的重要体现。竞争性政党制度设计的初衷是通过资产阶级内部体系的分权、制衡和监督,缓解内部利益冲突,同时轮流执政为民众提供更多选择。然而在实际运行中,每一个政党都想实现自身利益最大化,这必然会与其他政党利益发生冲突,于是政党之间就围绕着利益和权力进行激烈博弈,政党竞争也逐渐异化为政党恶斗。一些政党或候选人为了能在竞选中击败对手,更好地维护和实现自身集团利益,除了正面宣传自己外,还不断攻击对方,甚至不择手段地抹黑丑化对手。在西方民主中,执政党不是固定不变的,与在野党经常发生角色互换,所以政党竞争乃至恶斗始终存在。政党竞争乃至恶斗不仅体现在选举上,还延伸到国家政治运行中。以美国为例,三权分立意在平衡机构力量,但是在党派斗争的影响下,已经异化为相互掣肘和否决,导致否决式政治出现。否决式政治在西方的盛行,使得西方民主运行效率下降,进而导致社会发展陷入停滞,引起各种社会乱象。对此,西方各国政党不是通力合作一起应对挑战,而是仍囿于党派利益互相指责,这又进一步加深了社会治理危机。当然,西方民主中也存在协同,当一些政党无法单独在选举中胜出时,也会选择同其他政党进行协同,但这种协同只是暂时的,而且是为了利益才进行的协同,如果利益发生矛盾了,协同也就停止了。因此,竞争始终是西方民主的常态。

基层立法联系点作为"承载"民意全覆盖的民主形式,有效克服了西方民主重少数轻大众的缺陷。从马克思角度出发,西方民主建立在资本主义私有制基础之上,是资本逻辑在政治上的拓展与体现,这就注定西方民主是为资产阶级服务的少数民主,而非为人民大众服务的多数民主。与之相反,全过程人民民主建立在社会主义公有制基础之上,是为全体人民服务的民主,是多数人的民主。作为世界上人口最多的国家,中国存在着不同的社会阶层和利益群体,在具体利益上难免会存在区别。基层立法联系点为广大人民利益协调提供了广阔渠道和平台,通过广泛协商合作,找到社会各方力量都能接受的利益点,从而防止社会因利益冲突而走向撕裂。正如习近平总书记指出:"有事好商量,众人的事情由众人商量,找到全社会意愿和要求的最大公约数,是人民民主的真谛。"①中国共产党作为执政党,始终代表中华民族和最广大人民群众的根本利益;民主党派作为参政党,既反映和代表所联系群众的具体诉求,同时还坚持国家和人民群众的根本利益。因此,中国共产党与人民在根本利益上具有一致性,通过民主协商机制,广泛协商,凝聚社会共识,找到最大公约数,从而实现既能尊重大多数人的意愿,又能满足少数人的诉求。改革开放以来,尤其是中国特色社会主义进入新时代以来,全过程人民民主通过基层立法联系点等制度广泛协商合作,让每一次决策充分体现人民的意愿,让人民群众的主人翁作用、创造性潜能在参与国家治理与社会治理中充分体现,有效凝聚了社会各方力量,创造了"经济快速发展和社会长期稳定"两大奇迹,在一定程度上解决了发展过程中的代表性政治问题,进而为中国国家治理现代化的顺利推进提供了较为稳

---

① 《习近平谈治国理政》(第二卷),人民出版社 2017 年版。

定的社会环境,①与西方之乱形成了鲜明的对比。

(三)现实合理性

现行宪法第一条规定:中华人民共和国是工人阶级领导的、以工农联盟为基础的人民民主专政的社会主义国家。不同于西方建立在个人主义之上的民主,中国的政治民主自始就是人民的民主。这是在党领导的人民革命、建设、改革的治国理政实践中形成的,是回答民主之治的中国方案。必须指出的是,西方政治文明从马基雅维利开始,就已经奠定了政治生活的个人主义传统。自然权利学说一言以蔽之,就是从个体权利出发去构建政治秩序,政治的目的就是实现个体利益,权力斗争成为政治生活的全部内容。从这个意义上,这种政治生活无论冠以民主还是专制之名,归根结底都是专制,区别只在于是一个人的专制,还是很多人的专制。这一点早在亚里士多德那里就已经发现了。正如卢梭早已洞悉的那样,只要是从个体权益出发构建政治,就不可能有真正的民主。换言之,只有在社会主义社会,才可能内生地发展出全方位民主。一方面,全方位民主来源于人民政治,以人民为中心确立基本价值取向;另一方面,全方位民主又是实现人民政治最理想的政治建构。

人民民主为中国政治确定了基本性质,就是以人民为中心的"人民性"。正是这种人民政治,为全方位民主提供了最坚实的理论基础和宪制基础。习近平总书记指出:"人民是历史的创造者,是决定党和国家前途命运的根本力量。必须坚持人民主体地位,坚持立党为公、执政为民,践行全心全意为人民服务的根本宗旨,把党的群众路线贯彻到治国理政全部活动之中,把人民对美好生活的向往作为奋斗目标,依靠人民创造历史伟业。"②人民政治的内涵包括以下三个方面:第一,政治必须体现一国领土范围内民众最普遍的意志。普遍意志不仅要求对当下的人是普遍的,同时它应超越当下,将过去、现在和未来构成一个政治存在的整体,赋予生活于其中的人共同的意义。第二,政治必须是一种整体性政治,真正体现公共权威性质。政治权力的运用,必须从最具公共性、普遍性的整体利益出发。从个体利益出发无法构建真正的公共性,那种政治终究只是一种局部政治,是由不同部分利益的代表相互竞逐权力的游戏。第三,政治必须具有引领性、前瞻性和全局性,政治不是用来进行利益分配和权力斗争的,而是用来引领社会进步、国家发展的,政治的终极目标是实现最广大人民群众的根本利益。

---

① 付建军:《从建立政权到治理现代化:中国共产党协商治理的百年历程与实践进路》,载《江西财经大学学报》2021 年第 4 期,第 14—24 页。

② 习近平:《中国共产党第十九次全国代表大会报告》,载《人民日报》2017 年 10 月 18 日第 2 版。

"民主不是装饰品，不是用来做摆设的，而是要用来解决人民要解决的问题的。"①党的十八大以来，伴随着人民群众对民主、法治、公平、正义不断增长的需求，党的领导下的人民政治自发地创造性地延伸出"全过程人民民主"这一新的民主形态，回应人民的热切向往，使一切政治行动都以人民整体利益为基本取向，承担治国理政、促进社会和谐发展的使命。基层立法联系点制度融贯着全过程人民民主的内生价值，以共同的美好生活为目标。可见，民主理论虽然发源于西方世界，但是全方位民主的实践，却是内生于中国的历史社会和革命的传统之中的。就此意义而言，全过程人民民主是中国人民对于人类政治文明的重大创造发明。

基层立法联系点制度建立了基层人民群众参与立法的有效途径和直接通道，拓宽了人民群众参与国家立法的深度和广度，提升了国家立法机关与人民群众互动沟通的效率，使中央立法能够反映民情、倾听民意、汇聚民智、符合民心。

基层立法联系点把人民群众"土言土语"的基层民意、"原汁原味"的立法建议传递给中央立法机关，让国家立法更"接地气"、更具实效。基层人民群众不再是过去立法过程中"被代表"的"无声看客"，而是拥有着实实在在发言权的"主角"，能够畅所欲言地在国家立法阶段表达现实的利益诉求、处理急迫的社会纠纷、展露美好的生活期许。

（四）显著功能性

基层立法联系点以搭建民意"直通车"的方式，深入挖掘、吸纳、整合基层民意并及时反馈，便于集中立法资源，提高立法质量和效果。

建立健全的立法项目征集制度和立法前评估制度能够完善法案形成前的民主机制，提升立法质量。② 在很长一段时间内，政府部门建议和法学专家意见是立法的主要来源。基层立法联系点则在动态上就开始于立法项目征集阶段，持续深入地挖掘基层民意，广泛地汇聚各行业各领域基层一线的"专家"意见，将立法资料、群众意见、法律运行现状调研整合上报，予以中央立法机构全面、翔实、紧密贴切社会生活的立法资料和基层视角，提高了立法的质量和法律在实践运行中的实效。

基层立法联系点制度历经"地方实验"和"制度扩散"阶段，当前进入了"深

---

① 习近平：《在庆祝中国人民政治协商会议成立 65 周年大会上的讲话》，载《人民日报》2014 年 9 月 22 日第 2 版。

② 李店标、冯向辉：《地方立法评估指标体系研究》，载《求是学刊》2020 年第 4 期。

化拓展"阶段。① 截至 2022 年 11 月底，全国人大常委会法工委已经建立 32 个基层立法联系点，覆盖全国 31 个省、自治区、直辖市，辐射带动全国各地设立 509 个省级基层立法联系点和近 5000 个设区的市级基层立法联系点，②形成了国家级、省级、设区的市（自治州）级基层立法联系点三级联动的工作体系，实现了全国 31 个省区市都设有全国人大常委会法工委基层立法联系点的全覆盖（见表 1）。

表 1　全国人大常委会法工委基层立法联系点名单

设立时间	基层立法联系点名称
2015 年 7 月 （4 个）	湖北省襄阳市人大常委会、江西省景德镇市人大常委会、甘肃省定西市临洮县人大常委会、上海市长宁区虹桥街道办事处
2020 年 7 月 （6 个）	江苏省昆山市人大常委会、浙江省义乌市人大常委会、广东省江门市江海区人大常委会、广西壮族自治区三江侗族自治县人大常委会、河北省正定县正定镇"人大代表之家"、中国政法大学（立法联系点）
2021 年 7 月 （12 个）	北京市朝阳区人大常委会、天津市和平区小白楼街道办事处、重庆市沙坪坝区人大常委会、山东省青岛市黄岛区人大常委会、安徽省合肥市人大常委会、福建省上杭县才溪镇人大主席团、海南省三亚市崖州湾科技城、河南省驻马店市人大常委会、湖南省长沙市人大常委会、四川省雅安市人大常委会、贵州省毕节市人大常委会、陕西省汉中市人大常委会
2022 年 8 月 （10 个）	山西省太原市杏花岭区杏花岭区域党群服务中心、内蒙古自治区鄂尔多斯市人大常委会、辽宁省大连市西岗区人民广场街道办事处、吉林省珲春市人大常委会、北大荒集团黑龙江尖山农场有限公司、云南省大理白族自治州人大常委会、西藏自治区拉萨市堆龙德庆区东嘎街道办事处、青海省格尔木市人大常委会、宁夏回族自治区平罗县人大常委会、新疆维吾尔自治区伊宁县胡地亚于孜镇人大主席团
2023 年 12 月 （13 个）	北京金融街服务局、内蒙古自治区兴安盟科尔沁右翼前旗人大常委会、黑龙江省牡丹江市海林市人大常委会、江苏省南通市海门区人大常委会、浙江省湖州市安吉县人大常委会、江西省赣州市章贡区人大常委会、山东省临沂市沂南县人大常委会、河南省信阳市新县人大常委会、湖北省武汉市汉阳区江欣苑社区、广东省广州市南沙区人大常委会、广西壮族自治区南宁市良庆区人大常委会、西藏自治区林芝市巴宜区人大常委会、新疆维吾尔自治区库车市人大常委会

从地方的"临洮经验"到全国的普遍推广，规律表现为"由点到面"立足实践、逐步完善的政策模型。这一政策模型最早可以追溯到党在土地革命时期所采用的工作方法。如 1928 年毛泽东在井冈山、邓子恢在闽西分别尝试用不同

① 严行健、贾艺琳：《后发优势与制度嵌入："全过程民主"探索中的基层立法联系点》，载《人大研究》2021 年第 3 期，第 4—13 页。

② 王晨：《全过程人民民主是社会主义民主政治的本质属性（认真学习宣传贯彻党的二十大精神）》，载《人民日报》2022 年 11 月 3 日第 6 版。

的方法进行土地改革的初步试点。这些试点经验也为试点制度的成熟提供了最初的经验,并由此形成了典型试验—重点突破—由点到面—点面结合—深化拓展的成熟"试验"模式。

实践是检验认识真理性的唯一标准,"由点到面"的实践逻辑在保证"顶层设计"稳定的前提下尊重"人民首创"精神,实现了以最小的代价完成自驱式改革。同时,"由点到面"又是一种成熟的方法论,在我国存在这种注重本土特色的方法论意味着地方试验有其深厚的合法性;这种分散试验远远超过了其他威权政体的个别试验。具体而言,这一方法是指从个别"试点"发起的实践过程,这些"试点"由地方主导,在上级政策制定者的支持下展开。如果"试点"工作被证实对实现党和政府所制定的制度有利,上级领导就会从最初的试验中总结、提炼出"典型经验",之后通过广泛和集中的媒体报道、高规格的经验交流会以及参观互访活动,将其加以推广,并号召更多地区学习效仿。这个推广过程也是进一步完善制度,并研究出适合推广的解决方案的过程。如果新方法经过运行检验得到国家最高政策制定者的认可,就会在进一步修改后进入国家政策体系中,从"临洮经验"到国家推广遵循的正是这样一个实践逻辑。由此可见这种"由点到面"的方法让地方政府有充分的空间,根据具体情况探索解决问题的模式,但确认、修订、终止以及推广典型试验的最终控制权始终掌握在最高层政策制定者手中。这一"试验"模式对于我国的政治体制具有重要意义。概言之,我国的政策试验治理模式是党在对治国理政经验进行不断总结和升华的过程中逐步形成的,它有别于去中心化的分权模式,也不同于联邦制模式,是不同于西方的中国人民民主进路。这一试验将地方分散试验和中央干预结合在一起,将地方经验有选择地吸收到国家政策中,这是一种稳定却富有成效的组合。重要的是,这一过程依然是在党的领导下进行的。

六、结 语

理论不在于给出一个明确的结论判断,而在于绘出一幅图景,一幅揭示事物不同方面之间的隐性联系,并能够据此建立对未来更多想象的图景。[①] 本文不断往返于宏观方略与微观体制之间,就是为了揭示"基层立法联系点"与"全过程人民民主"之间的隐形关系,描述微观体制与宏观方略的耦合与互动的内在图景。

在宏观与微观互动之中,全过程人民民主就成为塑造基层立法联系点制度

---

① 朱林方:《论双轨法治——复规范性的中国叙事》,载《中外法学》2022 年第 5 期,第 1239 页。

实质价值的输出者,内生性人民民主观念在价值上引领基层立法联系点的制度建设。在根本价值问题上,全过程人民民主理念确定了举什么旗、走什么路的根本价值选择问题,微观制度建构必须在这一旗帜下和道路上前进。必须强调的是,全过程人民民主理念向基层立法联系点输出输入实质价值的同时,基层立法联系点的制度价值也会反过来嵌入到全过程人民民主的宏观方略当中。宏观与微观的互动统一于中国独特的党政体制之中,并建构出中国式的现代化话语。这些话语蕴含着党领导人民革命、建设、改革的治国理政的历史经验,是在进行不断总结和升华的过程中逐步形成的,是有别于西方政治制度的中国特色,它超越了西方的政党组织的逻辑,也超越了政府组织的逻辑。正是这一"党政"体制逻辑,根本保障了人民当家作主。

后发优势与制度嵌入:"全过程民主"探索中的基层立法联系点

严行健　　贾艺琳*

基层立法联系点制度历经"地方实验"和"制度扩散"阶段,当前进入了"深化拓展"阶段。作为民主立法、科学立法制度体系中的新成员,其集聚立法资源等制度"后发优势"弥补了既有制度的短板。习近平总书记关于"全过程民主"的重要论述将该制度的意义从立法工作提升到协商民主和基层民主等更高层次,其在这些领域内的探索又将丰富全过程民主的内涵和制度实现形式。

党的十九届四中全会通过的《中共中央关于坚持和完善中国特色社会主义制度 推进国家治理体系和治理能力现代化若干重大问题的决定》首次从制度优势的层面提出坚持人民当家作主,发展人民民主,使人民当家作主制度成为"四个自信"的重要组成部分。会议结束不久,习近平总书记于 2019 年 11 月考察了上海市虹桥街道全国人大常委会法工委基层立法联系点(以下简称"联系点"),指出联系点制度是中国特色社会主义民主的一个实现形式和实现路径,并进一步作出"全过程民主"重要论述。

以这次考察为标志,联系点制度成为人大制度研究中一个新的热点。学界和人大实务工作者围绕联系点的自身制度建设、提升立法工作质量及其对于丰富中国民主制度的意义等问题进行了一些探讨。① 这些研究主要是对该制度在一段时期中的运行状况进行的理论总结。本文尝试跳出制度的日常运行,运用制度理论或模型抽象出制度发展的逻辑,并以此对制度的内涵和未来发展完善之道提供参考。本文认为,联系点制度从诞生至今已经历了三个阶段。从其发展过程来看,联系点制度具有典型的"后发性制度"特征。而制度理论中的"制度嵌入"模型为理解和把握基层立法联系点的制度属性提供了一个理想的分析视角。

---

　　* 严行健、贾艺琳,华东政法大学政治学研究院。
　　① 郝铁川:《积极探索中国特色的民主立法新形式》,载《人大研究》2020 年第 3 期,第 14—19 页;郑辉:《"全过程民主"内涵初探》,载《上海人大月刊》2020 年第 6 期,第 45—47 页;郑辉:《实现"全过程民主"的硬核力量》,载《上海人大月刊》2020 年第 11 期,第 1 页;席文启:《基层立法联系点:立法机制的一项重要创新》,载《新视野》2020 年第 5 期,第 23—29 页。

一、联系点制度演进的三个阶段

联系点制度上升到全国层面,肇始于党的十八届四中全会关于"健全立法机关主导、社会各方有序参与立法的途径和方式,拓宽公民有序参与立法途径"的论述以及建立基层立法联系点制度的决定。因此,2015 年 7 月,全国人大常委会法工委首先尝试布局湖北襄阳、江西景德镇、上海虹桥和甘肃临洮等四个联系点。随后各地人大常委会也纷纷开始设立自己的联系点。2015 年 7 月至2019 年 11 月,可以看作是联系点制度的"制度扩散"阶段。

这一阶段的最大特点是制度出现了自上而下的扩散。各地人大机关在进行制度设计时有比较强的向上模仿和互相参考的特点。这一点仅从各地常委会出台的联系点工作规则上就可见一斑。湖北某市人大常委会制定的联系点工作规则几乎是湖北省人大常委会联系点工作规则的翻版,其中仅将后者文本中的"省"字替换为"市"字。也正是在这一过程中,联系点制度的一些基本制度形态被固定下来。简言之,其包括:(1)组织架构上形成常委会和联系点之间的组织协调和业务指导关系;(2)设点条件上突出设点单位的基层性、代表性、多样性,强调对地域和行业的覆盖;(3)普遍建立了考核和动态调整机制;(4)工作职责上,以立法意见收集反馈为核心职能,同时兼顾部分调研职能;(5)普遍以调研会、座谈会为工作形式。

当然在这一阶段中,也能观察到各地基于地方实际作出了因地制宜的调整。以深圳市为例,其代表联络站、代表之家、代表工作站等以代表为主体的人大基层民主制度已经有了较为充分的发展,拥有丰富且完善的场地、人力等资源支持。深圳因此选择直接在上述主体单位基础上加挂基层立法联系点。而上海则选择根据本市未来发展重点和立法规划,在各专委会推荐和各区人大推荐的基础上,遴选和新建联系点。

值得注意的是,"制度扩散"其实已经是联系点制度演进过程中的第二阶段。根据本文梳理,在 2015 年全国人大常委会法工委设立四个联系点之前,一些地方的人大常委会实际上已经开展了类似的制度尝试。这些制度尝试有三个主要特点:一是开始早。例如甘肃省人大常委会于 2002 年就确定了 10 家"地方立法联系点",其中包括后来成为首批全国人大常委会联系点之一的临洮县。湖北省人大常委会在 2009 年设立了九个"立法基层联系点"。二是名称不统一。与湖北类似,浙江省人大常委会也使用了"立法基层联系点"的称谓,而四川省人大常委会则将类似制度称为"法制工作联系点"。三是一些联系点的功能在 2015 年前还处在雏形阶段。一些资料表明,早期一些地方的联系点还没有建立起完整的运行规则,有时甚至是在省人大常委会法工委前往当地开展立法调研时才临时"激活",发挥"调研接待站"的功能。以这些案例为代表的联系点制度发展的第一阶段或可称为"地方实验"阶段。

2019年11月,习近平总书记对全国人大常委会法工委基层立法联系点虹桥街道的考察,无论是从实际效果还是未来影响看,都标志着联系点制度发展进入了第三阶段,即"深化拓展"阶段。该阶段的突出特点是各地开始探索联系点制度在职能和工作方式方面的深化和拓展。

2020年是各地创新实践案例井喷的一年。仅以上海为例,江宁路街道联系点发挥其与辖区联系广泛的优势,帮助联系了网吧业主、零售商店店主和商务楼物业经理前往市人大常委会参与上海市控烟条例的审议。这种在法案审议中由利益相关人士到场提供意见建议的制度安排已经类似于国外议会的委员会听证程序。在近期的《上海市非机动车安全管理条例(草案)》审议中,该联系点又尝试邀请辖区内快递员参与点上意见征集座谈会。2020年,随着各地编制"十四五"规划工作的开展,一些地方尝试依托联系点开展"十四五"规划编制中涉及依法治区及基层治理法治建设等领域的意见征集工作。在上海闵行区七宝镇联系点,区委依法治区办成为对接联系点的主体。该办与七宝镇人大联系点共同开展了编制"十四五"规划建议征询工作。2020年8月,全国人大常委会法工委基层立法联系点虹桥街道赴华东政法大学附属中学召开《中华人民共和国未成年人保护法》二审修订草案意见征询会。参会学生积极发言,最终形成了17条修改意见,其中一条被全国人大常委会采纳。

对以上三个阶段的归纳可见,联系点制度的发展历程与中国大多数地方政府的制度创新模式相仿。学界通常也将后者归纳为三个阶段:第一阶段为地方在政策或立法真空地带上先行先试,并出现一定范围的制度扩散。在这一阶段中,地区间可能出现模仿并再创新,表现为制度名称和内涵的细微差异。第二阶段为制度引起中央层面注意,被纳入总体制度规划。通常在这一步中,政策和立法会迅速跟进。第三阶段为各地在统一模板下普遍性建立该制度。①

现有研究一般认为,以政策实验和地方先行先试为代表的地方政府制度创新机制是我国在发展过程中避免弯路,实现经济持续较快增长和社会稳定的重要机制。一些国外研究甚至将其作为中国避免动荡,实现经济增长奇迹的重要

---

① 杨雪冬:《简论中国地方政府创新研究的十个问题》,载《公共管理学报》2008年第1期,第16—26页。

解释因素。① 创新机制的三阶段模式具有制度筛选的功能。在这三个阶段中，大多数的地方制度创新实验都未能获得存续，作为"后来者"的新制度也未能实现扩散。在人大制度方面，21 世纪以来涌现出的一些制度创新实践一度产生过很大影响力，但因同级地方党委主要领导同志更迭等原因而在第一阶段即逐步停息。而联系点制度则有幸成为人大制度创新中少数走完三个阶段的案例，甚至成为习近平总书记论述中国特色社会主义民主理论创新的一个重要载体。

二、嵌入理论与"制度后发优势"

找到联系点制度能够走完三阶段的原因，不仅关乎对该制度演进逻辑的理解，还关乎其未来发展道路的选择。本文认为，人大制度理论中的"制度嵌入"模型为理解和把握基层立法联系点的制度属性提供了一个理想的分析视角。

该模型认为，人大制度经历了二十世纪六七十年代的停滞甚至中断，在改革开放后得以恢复。此时，各级人大特别是各级地方人大所处的制度体系中，既有制度（党委及"一府两院"）已经在政策制定、监督和人事任免等方面形成了既定的程序。各级人大作为一个制度的"后来者"，必须在这一制度体系中开拓空间，即要将人大制度在立法、监督及人事任免等方面的法定程序嵌入既定的程序中。在实践中，各级人大专注于提供既有制度所不能或不善于发挥的功能，以此提升立法、政策制定等工作的质量，为地方经济社会发展作出贡献。各级人大通过提供"功能增量"，换取了更多的支持，减少了嵌入过程中所面临的制度阻力。相比既有制度，人大制度的独特性和优势在于其可以利用代表等渠道与社会进行充分接触，发挥自下而上和自上而下两个方向的信息搜集、整合及传递功能。此处所谓的"信息"，既包括立法和重大事项决策信息，也包括基层"一府两院"工作情况和公众对其的评价信息。这种信息功能即为人大制度"功能增量"的主要来源。② "制度嵌入"模型对人大制度变迁的解释力虽有待进一步商榷，但这一视角对于分析联系点制度的未来发展有重大启示意义。

---

① 周雪光：《权威体制与有效治理：当代中国国家治理的制度逻辑》，载《开放时代》2011 年第 10 期，第 67—85 页；Heilmann, Sebastian, Verfasserln, Red Swan: How Unorthodox Policy-Making Facilitated China's Rise, The Chinese University of Hong Kong Press, 2018。

② Kevin J. O'Brien, Chinese People's Congress and Legislative Embeddedness, Comparative Political Studies, 1994, Vol. 27, No. 1, pp. 80-107；Kevin J. O'Brien, Laura M. Luehrmann, Institutionalizing Chinese Legislatures: Trade-Offs between Autonomy and Capacity, Legislative Studies Quarterly, 1998, Vol. 23, No. 1 pp. 91-108；Ming Xia, The People's Congresses and Governance in China: Toward a Network Mode of Governance, London: New York: Routledge, 2008；何俊志、霍伟东：《从嵌入到规范：中国地方人大制度化路径的新模式》，载《华中师范大学学报（人文社会科学版）》2018 年第 4 期。

"制度嵌入"模型之所以适合分析联系点制度的特性及其未来发展,根本原因在于联系点制度对于人大诸项制度来说,也是一个典型的"后来者"。同时,该制度在早期探索过程中展示出了既有制度不易发挥的独特功能价值,且该功能与党中央的发展方针相契合。这是该制度得到国家层面的重视,并成功实现制度扩散的根本原因。

这一特征早在联系点制度还处在地方探索阶段时就已被注意到。2009 年的一篇联系点制度研究文献提到,"联系点参与者都是基层普通公众,人多面广,其他方式的参与者主要是专家学者、理论工作者和行政官员,人多面窄"。[①]显然,联系点制度为人大立法工作带来了"功能增量":它改善了以往民主立法、开门立法中的专家化倾向,能够显著缩短常委会在立法过程中与公众沟通的制度成本,为提升立法科学性和民主性发挥了独特作用。

"制度嵌入"模型中,"功能增量"的形成往往与制度的后发性有关,联系点制度同样如此。作为"后来者"的联系点制度是一个以"点"为专长,善于"解剖麻雀"的制度。这种对"点"的聚焦是其能够提供"功能增量"的关键。其体现于以下三个方面:

第一,能够深入挖掘和整合基层民意。在基层治理类地方性条例的立法过程中,人大常委会可以集中精力与数个基层群众性联系点(如以街道办或镇人大为设点单位的联系点)进行对接,通过调研座谈等形式充分征求其意见。人大制度背后的代议民主制核心之一是普遍性原则,即所有民众均应享有向政治体系提出诉求并获得回应的权利。在立法方面,保证立法程序向公众公开并充分吸纳其意见,是立法制度的必要组成部分。联系点制度之所以能够仅通过在具有代表性的"点"上做文章,为"面"上具有普遍效力的地方性立法提供参考,得益于既有制度已经首先完成了立法征询意见工作的"面"上覆盖。在联系点制度之前,至少已有两个专注于"面"的既有制度。其一是代表联系本选区公众的相关制度。代表和选区的联系,保证了立法信息搜集触角至少在理论上覆盖到所有群众。其二是立法草案公开和网上征询意见制度。该制度也至少在理论上保证了立法建议搜集的广泛性,实践了代议民主制中的普遍性原则。

纵观各地人大常委会制定的联系点工作规则,在布点方式等条款中强调联系点的基层属性是一个普遍性的做法。一些地方甚至直接要求联系点具有覆盖各方面的属性。这一提法看似与联系点制度注重"点"的属性相悖,但实际上,强调联系点对于各方面的"代表性",恰好说明了联系点制度不是一个以提升立法参与覆盖面为专长的制度。它强调针对立法工作重点领域,搭建典型性

---

① 李高协、訾晓辉:《建立地方立法联系点之探索》,载《人大研究》2009 年第 2 期,第 40—41 页。

基层单位与常委会的直连通道,并以此提升立法质量。虹桥街道成为全国人大常委会法工委首批四个联系点之一,恰是因其"国际社区"这一特性能够在诸如城市治理等方面的立法过程中发挥参考价值。相应地,甘肃临洮这一基层立法联系点则承接了涉及农业农村工作的立法草案的意见征询工作。

第二,集中立法资源。缺乏立法资源是当前一些民主立法渠道无法在立法工作中发挥应有价值的重要原因。网上公开征求意见这一民主立法制度存在利用率低的问题,其中一个重要原因是空有渠道,而无足够的资源使其运转起来。民众通过网络渠道提出的立法建议无法得到及时处理和反馈,久而久之自然无人再提交建议。① 群众通过代表就立法提出意见建议,也基本上是点对点、单向的信息通道。该通道一来缺乏意见反馈渠道,二来效率较低。此外,相关制度一直未能解决的效率瓶颈是"法言法语"的转化问题。在实践中,这一问题包括两个方面:一是将立法草案的法律语言转化为贴近公众生活实际的语言,便于后者提出意见建议。同时,也要再将这些意见建议转为立法语言。二是通过与居民的交流,从草案全文中挖掘出居民最关心和争议较大的内容,予以重点征求和讨论,避免泛泛而谈,流于形式。显然,这两方面工作要求具有一定法律背景和社会工作经验的专业人士参与,也意味着大量的资源投入。

联系点制度集中有限的立法资源,并整合新的立法资源,能够弥补民主立法渠道因资源不足而出现的功能不足问题。例如,上海市人大常委会田林路街道联系点探索利用区域内高校法学教研人员及辖区内人大代表的智力资源,开展三合一的意见征询会,解决了"法言法语"的转化问题。一些联系点则通过与居委会、志愿者及区域内律师事务所等机构开展合作的方式解决这一问题。从本文对各地制度规则的梳理来看,各地方人大常委会在联系点工作实践中普遍引入了类似的机制,如襄阳市人大联系点的信息员制度。

第三,能够针对性地填补现有民主立法、开门立法、专家立法渠道中的盲区。既有制度下的民主立法盲区主要有三个:其一是广大基层。通过联系点制度,常委会得以"解剖麻雀",充分了解一个点上基层群众的意见。这在很大程

---

① 黄信瑜:《公众参与地方立法制度创新:实践反思与完善制度》,载《学术论坛》2016 年第 12 期,第 124—129 页;杨福忠:《网络征求民意法治化——探寻公民有效网络政治参与的分析框架》,载《政治与法律》2012 年第 2 期,第 84—96 页;李春燕:《规章制定程序中社会公众网络参与情况之实证分析与思考——以杭州市为例》,载《法治研究》2007 年第 6 期,第 76—80 页。

度上相当于较为深入地了解了整个区域内基层群众的意见。① 其二是企业事业单位及专业性组织。此类单位和组织的工作重点往往与城市治理、未来发展规划紧密相关，但它们与人大常委会之间缺乏"直连"通道，往往通过接待立法考察，由区内人大代表提出意见建议等方式参与立法。联系点制度对其形成了有效的补充。其三是基层（或下一级）人大及政府委办局。在立法过程中，行政系统与立法系统之间有比较紧密的合作。这种合作通常发生在同一层级，如市人大常委会和市政府相关委办局在草案的起草和审议全过程都有制度化的分工合作关系。但市人大常委会与下一级政府的委办局和派出机构之间的合作渠道则不是非常畅通。后者的立法意见至少需要上级政府汇总整理这一渠道才能到达上一级人大常委会。按照立法需求，以联系点的方式将人大常委会与基层行政管理部门及政府派出机构直连，是联系点制度"后来者"特性带来的独特优势。

以上海为例，其第一批联系点遴选和第二批扩点名单中都纳入了基层行政和事业单位。其中包括了区一级的城管局和农业农村委等基层行政管理机构，以及如开发区管委会这样的政府派出机构。同时，上海市人大常委会的布点中还包括了当地代表性企业及行业协会。常委会与涉及本区域内重大战略规划的重点企业及行业协会直连，也是一个既有制度难以提供的功能。

三、联系点制度嵌入的三个空间

新生制度面临的最大挑战是如何嵌入既有制度。后发制度如果无法有效嵌入既有制度，则将面临两个风险。其一是功能被原不具有该功能的既有制度逐渐替代，成为仅有其名，并不启动或极少启动的休眠制度。其二是新制度逐渐由发挥实际功能转向发挥地方创新成果的展示功能。

在制度嵌入的过程中，如果后发制度的嵌入仅表现为在既有制度的基础上简单增加新的制度环节，则嵌入的制度将成为既有制度上一个额外部分。由于整合不良，其通常无法为既有制度提供明显的功能增量，却反而增加了原先制度的运行成本。就联系点制度来说，其简单嵌入既有制度的最直接表现是在原有的立法过程中生硬地添加一个向联系点征求意见的环节。无论是从制度理

---

① 当然，从这个逻辑上来看，联系点制度在市级人大立法方面"通达基层"的作用更加明显，因为市一级中，居民同质化程度较高。深入解剖其中的一个基层点（如街道），所获得的意见基本可以代表全市基层群众。而到了省级和全国层面上，某一基层联系点的意见就很难说能够代表其他地方的基层群众。联系点制度的适用层级问题值得进一步探讨。

论,还是各地实际出现的一些情况来看,这对于联系点制度的发展来说都是极其有害的。对于人大常委会来说,它进一步增加了立法工作的工作负荷。对于联系点来说,由于立法咨询工作是简单附加在先前立法过程中的,联系点将立法咨询意见报送常委会后即告任务完成,其开展工作的方式和手段都极为单一。由于缺乏基本的反馈机制,在实际工作中曾出现由于联系点并未获取提交意见的反馈,甚至不知道最终的立法文本,导致在年终总结工作成果时需向常委会索取最终立法文本并从中比对其被采纳项数的情况。类似情况不但打击了联系点工作的积极性,更打击了参与立法意见征集工作的公众的积极性。

前文提到,联系点制度能够走到制度创新的第三阶段,根本原因是提供了政治体系所需的功能增量。因此,思考联系点制度未来发展,避免其丧失制度活力,应当以实现功能增量作为根本目标,并避免因制度嵌入过多增加常委会立法工作负荷。具体而言,目前能够带来功能增量的联系点制度嵌入空间主要有如下三个方面。

一是联系点制度嵌入现有民主立法、科学立法有关制度,以此提升立法民主性和科学性。民主立法这一概念是我国立法工作中"科学立法、民主立法、依法立法"三大原则之一。当前分为线上、线下两种形式。线下形式主要是人大代表和相关领域专家参与听证会、论证会、讨论会等相关会议。[①] 线上形式主要是网络公开立法草案文本并向公众征求立法意见建议。一些地方还进一步尝试对立法审议过程的公开。[②] 线上、线下两种形式极大丰富了民主立法的内涵,但其仍有改进的空间。例如,一些学者注意到公众参与立法工作中存在"选择性开放"以及民意代表性不足、立法能力不足等问题。[③]

联系点的后发性所带来的制度特性为其在此方面提供功能增量提供了可能性。例如,法律草案网络公开征求意见制度,长期以来存在群众参与积极性不高、意见分散、参考价值低等问题。未来该制度与联系点制度的有机整合,可以参考国外网络请愿(e-petition)的有关制度安排,在公开征求意见页面上附一个"本草案您最关注的条款及意见"栏目。后续来访者可以选择"点赞"附议先

---

① 谢蒲定:《对我国的立法听证的些许看法》,载《人大研究》2004 年第 7 期,第 18—20 页;张利军:《政治参与视角下立法听证会的困境与机遇》,载《经济社会体制比较》2012 年第 4 期,第 136—146 页。

② 张欣:《我国立法电子参与有效性的提升——基于公众参与法律草案征求意见(2005—2016 年)的实证研究》,载《法商研究》2018 年第 2 期,第 71—82 页。

③ Sun Ying, Zhang Xiang, Selective Openness:An Evaluation on Open-Door Legislation in China, Journal of Comparative Law,2017, Vol. 12, No. 2;莫纪宏:《论立法的技术路线——专家立法在立法公民参与中的作用》,载《广东社会科学》2009 年第 4 期,第 175—182 页。

前的意见,也可以选择自己创建新的意见。这样的设置一方面降低了留言者的时间成本,扩大了参与广度;另一方面能够通过网民的附议程序实现议题聚焦。在网上意见征集工作结束后,可以发挥联系点资源集中且深入基层的制度优势,通过由专家、代表和基层居民共同参与的协商机制对这些聚焦的议题展开深度讨论。这一做法在上海制定生活垃圾分类管理条例时已有雏形。

二是联系点制度与协商民主,特别是人大协商制度的整合。人大协商是我国协商民主政治新的组成部分。其核心是人民在选举民主之外,通过人大渠道进行民主决策、民主管理和民主监督。近年来,诸如参与式预算、民生实事票决制等具有一定人大协商成分的模式在浙江温岭、深圳南山区等地方蓬勃发展。[①]这些模式的一个共同特点是在重大事项决策和预算监督等人大职能上,通过一定的渠道(主要是以代表为纽带)更多纳入公众的意见。

尽管人大协商制度的着力点在重大事项决策和预算监督,但在立法方面也有展开协商的空间。立法方面开展协商,是民主立法走向科学立法的关键:民主立法只有在充分协商的基础上才能够提升立法科学性。人大协商的主要实现形式包括立法听证、座谈会、书面征求意见、调查研究、公民讨论等。[②] 其实质是在立法过程中通过带入更多的各方信息,并使其充分讨论甚至博弈,以此减少立法冲突、部门主导立法等问题。[③]

现有立法座谈、立法论证等的主要参与者为人大代表、政府有关机构负责人、街道社区负责人等。一些涉及部门和行业的立法可能还会邀请代表性企业负责人。相对而言,基层群众的声音只能被间接传达,参与渠道实际上很有限。而公开征求立法计划意见和公民旁听等制度虽然直接面向公众,但其中却缺少协商的精髓。人大协商迫切需要制度创新,而协商主体的创新又是其中的关键环节。在该环节上,联系点制度能够通过与现有制度的整合,拓宽协商主体范围。例如,立法座谈、立法论证等工作可以与联系点制度相结合,将座谈会和论证会下沉到街道、社区,甚至企业和基层行政组织中。针对涉及行业的立法,还可以探索组织企业内部协商。

---

① 何俊志:《权力、观念与治理技术的接合:温岭"民主恳谈会"模式的生长机制》,载《南京社会科学》2010 年第 9 期,第 49—56 页;陈兆旺:《将人大制度建设成协商民主实践平台:必要性及途径》,载《理论与改革》2014 第 4 期,第 10—16 页;杨云彪:《浙江民生实事票决制的奥秘》,载《人民之友》2017 第 7 期,第 56—57 页。

② 谈火生、于晓虹:《中国协商民主的制度化:议题与挑战》,载《华中师范大学学报(人文社会科学版)》2017 年第 6 期,第 30—39 页。

③ 万其刚:《论科学立法及其实现》,载中国人大网,http://www.npc.gov.cn/npc/c2/c189/c221/201905/t20190521-227267.html。

各联系点的本职工作是参与全国及地方立法意见征询。但联系点对于协商民主的价值不止于拓宽人大立法协商途径。如前文所述,一些地方已经在2020年开始尝试将其协商功能拓展运用在地方"十四五"规划编制等领域。可以说,联系点工作正从立法方面的民主协商平台,扩展为法治工作诸环节诸领域上的民主协商平台。这一延伸充分发挥了联系点的功能优势,利用了联系点已经比较成熟和制度化的法治组织资源,成为地方加强法治工作中民主协商成分的重要抓手。

三是探索联系点制度和基层民主各类形式的有机结合,促进后者的发展和丰富。传统上,基层民主制度的基本形式主要是三个,即村民自治制度、城市居民自治制度和职工自治制度。三者分别落实于村委会、居委会和职工代表大会三个平台。① 随着各地方公共管理水平的不断提升,包括地方人大常委会在内的治理主体也开始打造形式更多样的公共事务参与平台。② 党的十八大以来,基层民主的作用被提升到推进治理体系和治理能力现代化的高度。除了提高基层治理能力、提升政治参与度、化解社会矛盾等基本职能外,基层民主还被赋予了培养公民法治精神、民主能力、参与积极性的重要载体这一新的职能。此时,基层民主平台的进一步丰富和完善就成为一项重要工作。

联系点制度可以成为丰富基层民主平台的一个重要选项,在基层民众的民主政治知识普及、习惯养成和参与训练方面发挥作用。前述联系点与中学联合召开《中华人民共和国未成年人保护法》修订草案意见征询会的例子,很好地例证了联系点在推进基层民主建设方面所蕴含的巨大潜力。我国基层民主建设中一个突出问题是缺乏基层民主的教育和实践渠道。尤其是对于青少年来说,学校针对学生的公民教育偏于生硬,而居委会、村委会这样的基层民主平台对于青少年来说参与门槛较高。联系点制度的基层性带来参与主体、参与形式和活动方式上的灵活性,这恰好弥补了青少年基层民主实践和民主教育上的短板。与之类似,作为上海市人大常委会第一批联系点的绿色建筑协会在2020年也成立了青年委员会,利用协会成员中青年人占多数的特点,打造了一个开展青年参政训练的平台。

2020年4月开始实施的《上海市人大常委会基层立法联系点工作规则》第十五条规定,"联系点应当采用多种形式,把法律法规草案征求意见等工作与普法宣传、联系点工作宣传等结合起来,广泛吸收引导基层人民群众参加讨论,把

① 黄卫平:《中国基层民主发展40年》,载《社会科学研究》2018年第6期,第13—25页。
② 徐勇:《基层民主:社会主义民主的基础性工程——改革开放30年来中国基层民主的发展》,载《学习与探索》2008年第4期,第1—5页。

征求意见的过程变成宣传、普及法律及扩大联系点社会知晓度和影响力的过程，营造法律法规实施以及基层人民群众积极参与讨论的良好社会氛围"。它是地方人大常委会探索拓展联系点民主平台功能并将其制度化的一个有益尝试。

四、联系点制度与全过程民主

习近平总书记在考察虹桥街道基层立法联系点的过程中作出了关于全过程民主的重要论述。可以说，联系点制度不但是对中国民主实现形式的丰富和发展，也是全过程民主的最早和重要制度形态。联系点制度所服务的人大制度是实现人民民主的重要载体。党的十九届四中全会决定总结了坚持和完善人民当家作主制度体系的五大组成部分。其中，人大制度居于首位。从"党的领导、人民当家作主、依法治国三者有机统一"的角度来看，人大制度不但是社会主义民主制度的关键组成部分，也是"有机统一"的枢纽。通过人大制度，我国实现了党的领导和人民的意志向以法律形式确定的国家意志的转化，成为"共和国"的应有之义。

正因如此，联系点制度的扩展和深化对于全过程民主的理论探索具有重要意义。全过程民主的理论探索与作为"后来者"的联系点制度之间的关系，可以通过以下两方面概括。

一方面，全过程民主论述为联系点制度的发展创造了广阔的制度空间。前文提到，联系点制度目前已处在"深化拓展"阶段。该阶段中往往会出现制度"再创新"现象，即各地在学习模仿原初制度的过程中会结合自身实际（或仅为完成创新任务）在原先制度模式的基础上进行调整。制度调整和创新固然值得期待，但从一些学者对于基层制度再创新的研究来看，其容易演变为在之前的工作中嵌入更多的工作环节，甚至表现为形式上创新、实质上原地踏步。这一现象导致了制度空心化和僵化，甚至令制度丧失实际功能，成为基层新的工作负担。①

全过程民主所突出的"全过程"这一特性，将激励联系点在更高的层次上思考制度再创新的方式，减少低层次的形式上创新。当前围绕全过程民主中"全过程"的内涵和具体实现形式，学界和人大实务工作者虽仍在探索当中，但已有

① 俞可平：《基层政府创新动力明显不足》，载《法制日报》2015 年 4 月 17 日。

一些原则性的共识。① 第一,选举民主具有一次投票特征。虽然选举民主中也有一些机制保障选民在投票后能对所选举出的群体开展监督,但在实践中往往因各种原因而不能充分发挥应有作用。全过程民主则强调在政治生活各环节(如立法的全过程链条)上的民主性。第二,虽然选举民主中的普选制取消了财产、教育程度、性别等因素对公民选举权的决定作用,但经济因素在其中的潜在影响仍然不能被完全排除。经济机制对后发民主国家的影响尤其明显。近年来,美国等一些在学理上被划分为"成熟民主制"的国家也因该问题而面临民主危机。全过程民主则更加强调参与群体的广泛性和平等性。第三,相比于选举民主中的多数决机制,全过程民主有更为强调协商的倾向。且在一定程度上来说,全过程民主由于强调覆盖民主决策各环节,甚至可以看作是对协商民主的进一步深化。

综上,全过程民主的"全过程"特征为联系点制度的创新指明了方向:增加政治生活各链条民主性、参与平等性、广泛性以及拓展协商机制。当前各地的制度"再创新"实践已经部分具有了这些特性。首先,在布点单位方面,各地开始突破原先"基层等于基层群众"的简单理解,开始将类型更丰富的民意探测机构(如杭州的"湖滨晴雨"舆情民意工作平台)和其他形式的基层组织(特别是重要企事业单位和社会组织)纳入进来。其次,各地人大常委会不断丰富对各点的统筹使用方式、评估方式和支持方式。以常委会对各点的支持制度为例,各地常委会早已超越了各地制定"工作规则"时普遍提及的寄送刊物、邀请旁听和资金支持等形式,出现了很多新的做法,包括干部交流挂职、对点上干部进行业务培训以及推动高校法律专业在校学生赴联系点实习等。在统筹使用联系点的方式上,上海市人大常委会尝试了在指定各点承办特定立法草案征求意见工作的同时,授权各点根据自身特点自选项目,使各点集中精力于其所擅长的领域,发挥各点的最大效益。最后,各点对工作形式做了多方面探索,出现了前述联系点赴中学召开法律草案意见征询会,以及在征询会上纳入社区保安、快递员等与法律草案有直接相关关系或实践经验的群体代表等新的尝试。这些创新或多或少都具有延伸民主参与链条、增加参与平等以及扩大参与主体的功能。

另一方面,联系点制度可以充分发挥"后来者"的制度灵活性,以其对于民主制度的探索,丰富全过程民主的内涵和制度实现形式。

---

① 辛向阳:《人民民主是一种全过程的民主》,载《光明日报》2020 年 5 月 29 日;高奇琦、杜欢:《智能文明与全过程民主的发展:国家治理现代化的新命题》,载《社会科学》2020 年第 5 期,第 25—35 页;刘乐明:《理解全过程民主的三个维度》,载《中国社会科学报》2020 年 6 月 10 日。

联系点制度并非落实党的十八届四中全会关于"健全立法机关主导、社会各方有序参与立法的途径和方式,拓宽公民有序参与立法途径"这一部署的唯一制度形式。例如,早在2016年,一些地方政府已开始尝试设立政府基层立法联系点。该工作在2020年也开始有明显提速的趋势。从青岛、太原及合肥等一些地方的工作规则看,其设点布局、政府与联系点对接模式以及各点实际工作方式等内容与人大常委会基层立法联系点具有高度的相似性。人大常委会基层立法联系点围绕民主立法、协商民主和基层民主三个领域所作的制度探索,也将为诸如"街道选民代表会议"及"人大代表电视问政会"等相关制度的发展完善提供参照,并以此丰富和发展全过程人民民主的制度内涵。

践行"全过程民主"的实践探索与理论思考

——以上海市人大常委会基层立法联系点为视角

郑　辉　张明君*

建立基层立法联系点制度,是党的十八届四中全会提出的关于不断完善社会主义法治体系,深入贯彻习近平法治思想,进一步推进民主立法,切实提高立法质量的一项有力抓手。上海在全国人大常委会法工委的指导下,从试水探路到制度引领再到积厚成势、赋能增效,取得了可喜进步,使之成为生动展示人大制度优势的重要窗口。习近平总书记在上海考察联系点时,站在推进国家治理体系和治理能力现代化的高度,充分肯定了基层立法联系点的民主意义和民主价值,指出中国的民主是"全过程民主"这一重要论断。本文作者以亲历实践的笔触,透过上海人大基层立法联系点扩点提质这一视角,对联系点的建设推进、实践价值、"全过程民主"的优势及内涵的挖掘进行了实证性考察和初探性思考。值得庆幸的是,在 2021 年十三届全国人大四次会议修改"一法一规则"(即《中华人民共和国全国人民代表大会组织法》和《中华人民共和国全国人民代表大会议事规则》)时首次将"全过程民主"写入法律,进一步从法律上充分体现了中国特色社会主义民主的真实性、参与性和实效性。因此,对"全过程民主"的深度挖掘和拓展延伸就显得尤为重要。

党的十八届四中全会通过的《中共中央关于全面推进依法治国若干重大问题的决定》提出"建立基层立法联系点制度,推进立法精细化"。为使立法工作更好接地气、察民情、聚民智、惠民生,切实提高立法质量和效率,上海市人大常委会自 2016 年 6 月开始就基层立法联系点建设进行了探索实践,取得了显著成效,成为实现党的领导、人民当家作主和依法治国有机统一的实践载体,成为展示中国特色社会主义民主政治优势、讲好立法故事、人大故事、上海故事、坚定"四个自信"的重要窗口,成为实现最广泛、最真实、最管用的"全过程民主"

* 郑辉,上海市人大常委会法制工作委员会秘书处一级调解员、中国法学会立法学研究会理事、上海市法学会立法学研究会副会长。

张明君,上海市法学会常务理事、闵行区政法委副书记、闵行区法学会会长。

的有效形式。① 作为"全过程民主"重要论断的首提地,本文以上海人大基层立法联系点扩点提质为视角,借此就践行"全过程民主"展开实践分析和理论思考,以期使"全过程民主"的伟大实践行稳致远。

一、问题的回溯

党的十八届四中全会《中共中央关于全面推进依法治国若干重大问题的决定》提出"建立基层立法联系点制度,推进立法精细化"。基层立法联系点作为一个新的概念首次在中共中央党内文件提出。随后,全国人大常委会法工委以及大部分省市人大依托所属辖区基层单位探索建立了基层立法联系点,上海市人大常委会于2016年7月建立了首批10家基层立法联系点。

2019年11月2日,习近平总书记在上海考察基层立法联系点时,站在推进国家治理体系和治理能力现代化的高度,充分肯定了基层立法联系点的民主意义和民主价值,指出中国的民主是"全过程民主",这是中国特色社会主义民主的一个实现形式和实现路径,要求总结推广这一模式,使国家的重大决策更加有效、更接地气。

全国人大常委会委员长栗战书同志就联系点工作作出重要批示和部署。王晨副委员长在十三届全国人大常委会第十五次专题讲座上,就《深入学习贯彻党的十九届四中全会精神坚持和完善人民代表大会制度这一根本政治制度》作辅导报告,回顾了习近平总书记在虹桥街道基层立法联系点考察时的重要讲话精神,指出"全国人大常委会学习贯彻总书记重要指示精神,拟在部分地方增设立法联系点,使立法工作更好接地气、察民情、聚民智"。② 全国人大常委会法工委领导也多次到上海调研考察基层立法联系点工作,并给予工作指导。全国人大常委会研究室和中央媒体还对"全过程民主"的重要理论和制度建设进行了深入研究和探讨。

上海市委对上海市人大常委会积极推进"全过程民主",加强基层立法联系点建设高度重视。十一届上海市委八次全会作出的《全面贯彻落实关于坚持和完善中国特色社会主义制度、推进国家治理体系和治理能力现代化若干重大问题的决定的意见》,提出"深化探索基层立法联系点制度,拓宽立法建议渠道,强化立法过程民主,夯实立法民意基础",③并将"推动基层立法联系点优化完善

---

① 参见郑辉:《"全过程民主"内涵初探》,载《上海人大月刊》2020年第6期。
② 参见《十三届全国人大常委会第十五次会议在京闭幕》,载《人民日报》2019年12月29日第1版。
③ 参见《十一届上海市委八次全会决议》,载《解放日报》2019年12月21日第1版。

和扩大试点"作为 2020 年重点任务。十一届上海市委九次全会制定的《贯彻落实人民城市人民建、人民城市为人民重要理念,谱写人民城市建设新篇章的意见》,提出"搭建更多民意直通车平台,推进基层立法联系点各区全覆盖,把听取民意的触角延伸到离群众、离市场最近的地方"。① 2020 年 9 月召开的上海市人大工作会议印发的《加强新时代人大工作充分发挥人大在推进城市治理现代化中的作用的意见》,将"自觉践行全过程民主重要理念"专列一节,上海市委书记李强同志要求上海各级人大进一步增强实现"全过程民主"的探索性,推动人大工作守正创新迈出新步伐。2020 年 11 月 25 日召开的十一届上海市委十次全会审议的《关于制定上海市第十四个五年规划和 2035 年远景目标的建议》,也对"坚持把全过程民主、实质性民主贯穿到城市生活的各个方面"作出新的部署。②

根据习近平总书记重要讲话精神,全国人大常委会主要领导以及上海市委的要求,上海市人大常委会在首批 10 家基层立法联系点的基础上,于 2020 年初启动了基层立法联系点的优化完善和扩大试点工作,并积极拓展联系点的功能,努力使其成为"全过程民主"的重要载体之一,积极为"全过程民主"内涵的拓展作出上海贡献。③

二、大力推进基层立法联系点建设情况

在全国人大常委会有力指导下,在市委坚强领导下,市人大常委会制定出台《深入学习贯彻习近平总书记在上海基层立法联系点考察时的重要讲话精神充分发挥人大在推进"全过程民主"探索实践中的作用的意见》,④共 10 条,从提高认识、深化探索、制度保障三个方面作出规定,要求全市各级人大常委会在践行"全过程民主"中发挥示范带头作用。

(1)提高政治站位,深刻认识联系点在推进"全过程民主"建设中的重要意义。自 2019 年 12 月以来,市人大常委会领导多次带队实地调研推进联系点建设情况,就联系点的优化完善和扩点提质工作专题听取汇报。2020 年 4 月 21 日,市人大常委会党组书记、主任蒋卓庆出席基层立法联系点"扩点提质"工作推进会并作了讲话,对联系点扩点提质工作明确提出,要求市人大各委员会、各区人大常委会、各基层立法联系点提高站位,充分认识基层立法联系点在推进

---

① 参见《十一届上海市委九次全会决议》,载《解放日报》2020 年 6 月 24 日第 1 版。
② 参见《上海市"十四五"规划和 2035 年远景目标建议》,载《解放日报》2020 年 12 月 20 日第 1 版。
③ 参见《高质量推进基层立法联系点建设》,载《上海人大月刊》2020 年第 5 期。
④ 该《意见》得到了全国人大常委会法制工作委员会的高度重视,该文件全文被刊登在 2020 年《法制工作简报》上。

全过程民主中的重要意义,强调要准确把握联系点的基层属性、立法属性和联通属性,发挥"接地气"的基层优势,向下延伸察民情、向上直通集民智,推动上海地方立法实现"全过程民主"。同时还指出,要按照中央和市委部署,扎实推动基层立法联系点扩点扩围、提质增效;要突出务实管用,紧紧围绕提高地方立法的针对性、操作性、有效性开展工作;要善于资源整合、广泛联系、统筹用好区域内法律资源和社会资源;要注重思想引领,提升和营造联系点的法治宣传教育功能和环境;要夯实法治基础,发挥联系点在特大型城市治理体系中的重要作用;要搭建工作平台,在联系点的建设中培养锻炼干部。认识的深化、目标的明确和行动的统一,为基层立法联系点优化完善和扩点提质指明了前进方向。

(2)全面总结评估,为联系点"扩点提质"夯实工作基础。为全面深入了解各联系点工作开展情况,市人大对推进联系点建设情况开展了系统总结,其内容包括:一是对现有联系点的运行情况、实际效果和存在问题等进行评估,提出优化完善现有联系点的初步建议;二是对有关委员会和区人大常委会推荐的联系点候选名单进行研究和初步遴选,就优化完善本市联系点的设置、布局及作用发挥提出建设性对策建议。同时,为体现独立、客观、公正,委托上海社科院法学所作为独立第三方开展了平行评估研究。通过个别访谈、实地调研、调查问卷、案例分析等多种形式对联系点、市人大各委员会、各区人大法制委员会深入调研,并形成相关调研报告。通过委托第三方评估发现,2016年设立的首批10家联系点,其区域覆盖面和领域代表性尚有提升空间,主要表现在:从空间布局看,首批10家联系点仅分布在本市6个行政区,一定程度上制约了本市各区民意的全面、系统反映,不能完全实现在全市范围内广泛联系市民群众、收集社情民意的功能,也不利于发挥未设联系点的区人大常委会的积极性。从分布领域代表性看,一些联系点设立之初对个别领域的立法发挥了重要作用,但随着探索实践的深入,其行业代表性略显狭窄、功能较为单一,不能全面反映行业领域立法需求的矛盾逐渐显现。随着相关立法任务的阶段性完成以及新的重大战略任务的部署,其继续作为联系点的代表性难免会有所下降。此外,调研中还发现,部分联系点在制度建设、民意征集、组织协调等方面参差不齐,能力和水平有待进一步提升。

(3)优化结构布局,进一步提升联系点在推进民主立法中的效能。通过召开相关工作会议、个别走访、征询意见等形式,市人大常委会法工委(具体承担基层立法联系点的日常工作)加强与市人大各委员会、各区人大法制委和各联系点的沟通协调;就联系点的遴选标准、入选单位、联系点工作规则修订以及联系点个别调整等,多次听取相关方面的意见建议,同步开展共同走访,了解候选单位情况,形成工作合力;主动与市财政局等有关单位进行沟通,及时增补相关行业协会等单位入选联系点建议名单。经过广泛征集、科学遴选和统筹平衡后，围绕贯彻落实自贸试验区临港新片区、长三角区域一体化发展国家战略，贯彻落实党的十九届四中全会决定部署，提高本市营商环境法治化水平、实现经济高质量发展以及实施国家乡村振兴战略等重点工作，设立新一批联系点共25个，其中继续保留首批中的8个，新增17个。2020年4月21日，市人大常委会召开了"基层立法联系点扩点提质工作推进会"，为新一批25家联系点授牌颁证。按照全覆盖、全过程、全功能的要求，将联系点从10家增至25家，覆盖全市16个区，从街道、乡镇拓展到园区、企业和协会，联系点建设进入到新的发展阶段。

（4）不断探索实践，进一步加强联系点工作制度建设。通过评估发现，完备的制度规范是联系点进一步提高工作效能的重要保证。为此，市人大常委会从完善联系点工作机制和提高效能入手，启动了联系点工作规则的修订工作。通过召开有市人大各委员会办公室、各区人大法制委员会、各基层立法联系点负责人参加的座谈会，听取各方面对联系点工作规则修改完善的意见建议。随后，在全面总结分析联系点实践经验和存在问题的基础上，两轮书面征询了上述各方的意见建议，完成了工作规则的修订。修订后的工作规则共20条，主要从设立联系点的目的、功能定位、管理职责、设立条件、遴选标准、工作职责、工作形式和要求、宣传展示以及服务保障等方面作了规范。与原规则相比，现有工作规则重点对以下内容进行了修改完善：一是强调联系点的设立目的，增加了发挥联系点在立法"全过程民主"中的示范引领作用等表述；二是明确功能定位，增加并细化了联系点"基层属性""立法属性""联通属性"等内容；三是提高设立门槛，对联系点的设立条件分六项作了细化规定；四是增加考核内容，建立联系点动态调整工作机制；五是完善联系点工作职责，强化了联系点在立法前、立法中和立法后全过程参与的相关内容；六是提高工作要求，对联系点开展工作形式、加强法治宣传、联系点工作与社会治理有效结合等方面作了专门规定；七是明确市人大各部门职责，强调各部门有序使用联系点、加强意见建议反馈的同时，注重发挥联系点作用；八是强化服务保障，对联系点的培训指导、人才支持、经费保障、宣传报道等方面作了明确规定。在"工作规则"的指引下，各联系点的工作渐次走上轨道，各项工作机制逐步建立起来，为扩点提质和全过程参与地方立法夯基垒台创造了有利条件。

三、坚持深耕细作，全力推进基层立法联系点在发挥"全过程民主"优势中取得新进展

习近平总书记关于"全过程民主"的讲话为联系点的建设指明了方向。上

海市人大积极开拓进取,驰而不息在深耕细作上做文章。新一批联系点积极主动作为,善作善成提质增效,正朝着"全过程民主"的方向呈现出"八仙过海,各显其能"的喜人景象,全市 25 家联系点坚持基层定位、百姓视角,积极主动开展工作,通过采取"线上与线下"相结合、专家与市民共参与等方式,广泛征集立法建议,2020 年全年先后组织调研、座谈会 200 多次,征集意见 2770 条,有 247 条意见在本市地方立法中获得采纳。[①] 譬如,在有力保障疫情防控、支持中小微企业发展、助力优化营商环境、服务国家法律制定、加强普法宣传教育、生动演绎民主实践、增强人大制度自信等方面,积极发挥了基层立法联系点的民意"直通车"作用。具体体现在以下方面:

一是在全过程参与立法上有了新探索。推动联系点参与立法全过程,切实提高立法质量,是市人大常委会对新一批联系点赋予的功能定位。为了实现新的功能定位,联系点多面开花,密集发力。嘉定工业区管委会联系点未雨绸缪,聚焦辖区社会治理、民生关切,跨前一步开展安全生产立法调研,为积极参与下一步《上海市安全生产条例》的修改做好准备;《上海市优化营商环境条例》通过后,市注册会计师协会主动参与到该法规实施后的专项监督中,积极为立法后的实施效果和存在问题收集企业意见建议。此外,新江湾城街道、朱泾镇等联系点也积极参与公共文化和公路管理等立法前调研活动。这样,就由过去只强调"立法中"向"立法前""立法后"两端进行了延伸。

二是在征集意见渠道上有了新拓展。只有从社情民意中获取充足的"养分",立法才能结出累累硕果。扩点后,联系点发挥其独特的"毛细血管"遍布基层的优势,短短两个月的时间,征集到的立法建议在数量上和质量上都有大幅度提升。例如,围绕"六稳""六保"和优化营商环境,市人大就审议修改中的《促进中小企业发展条例》,分五次赴多个联系点开展调研,当面向企业负责人"问计",许多来自企业一线的声音,如解决企业"融资难融资贵"的瓶颈制约、加强对政府资金监管、探索数据信息开放共享等"企业呼声",直达立法机关,并在立法中得到采纳。

三是在密切联系群众上有了新举措。以人民为中心,多措并举与基层群众保持密切联系,以法治之力引领和推动改革,服务城市发展,使市民生活更有品质、更有尊严、更加幸福,是提高现代化国际大都市基层治理能力和水平的一个重要环节。这次"扩点",不仅增加了"直通车"的班次,优化了"直通车"的线路布点,也让"直通车"的形式更加丰富多样。如,崇明区农业农村委联系点依托

---

① 该数据系根据本市 25 个基层立法联系点 2020 年度分别上报的统计报表汇总,随后由上海市人大常委会法制工作委员会甄别确认后得出的最终统计数据。

农技推广中心信息平台，将立法意见征询延伸到基层村居委，畅通"线上 + 线下"互动手段，实现多点触发、同步征集，直接听取区、镇、村三级意见，在夯实民意基础上打通了"最后一公里"。海通证券有限公司结合上海市公共文化服务立法的意见征询工作，利用公司网络业务平台在客户群体中开展问卷调查。绿色建筑协会注重发挥青年群体作用，通过成立青年委员会，让更年轻的群体发声建言的同时，培养其民主法治意识。

四是在整合社会资源上有了新抓手。扩点后，25 个联系点覆盖全市 16 个区和多个重点领域，成为日常密切联系群众、收集社情民意的平台和"交汇点"。浦东新区工商联联系点发挥统战工作优势，将各级政协委员、人大代表和优秀企业家等纳入专家人才库；田林街道联系点主动将立法信息采集点与党建网络布点并联，组建信息员队伍；曹杨新村街道等联系点注重与代表工作相结合，组织市、区和街镇三级人大代表在联系点召开征集社情民意座谈会；金泽镇人大依托环淀山湖毗邻镇人大的区位优势，将立法意见的征集范围扩大到长三角生态绿色一体化示范区范围内的街镇，为长三角区域协同立法赋能增力。

五是在创新基层治理上有了新成效。各区主动协调区内各部门，研究具体落实方案和保障措施。黄浦区、金山区借鉴市级联系点的有益经验，建立区级联系点，以市带区同步构建立法意见征集的两级网络。区人大常委会主动发挥市级联系点作用，启动区人大决议决定以及执法检查通过辖区内市级联系点征求基层民意工作。市人大常委会还结合年轻干部培养，设立联络员制度，加强对联系点的指导。尤为值得一提的是，市人大常委会基层立法联系点是在学习借鉴全国人大常委会法工委虹桥街道基层立法联系点经验的基础上设立的。这次新设立的联系点纷纷赴虹桥街道联系点学习取经，主动将自身作为虹桥街道联系点的信息采集点，接受其委托，在《中华人民共和国退役军人保障法》等国家法律的立法调研中征集相关立法建议，实现虹桥街道联系点与市级联系点的互联互通、工作协同，积极为国家立法贡献智慧。

六是在宣传人大制度上有了新作为。人民群众的深度参与，无疑将提升公民法治意识和参与社会治理的工作热情。江宁路街道联系点在参与生活垃圾分类、疫情防控决定等立法过程中，将征集意见、法治宣传、社区共治等有机结合，同步谋划、同步宣传、同步部署，实现了法规通过与实施的无缝衔接。市人大常委会进一步发挥对联系点宣传的制度溢出效应，通过联系点自身宣传和市级媒体宣传，努力讲好人大故事、立法故事、上海故事。据统计，2020 年以来国家和本市各类主流媒体对联系点扩点提质工作进行了超过 30 多次的报道。各联系点也积极运用微信公众号等方式开展形式多样的宣传展示，进一步扩大了联系点的社会影响力。例如,四川北路街道联系点采用线下揭牌、线上"云直播"的方式举办挂牌仪式;古北市民中心联系点自 2019 年 11 月以来共接待各类参观调研 298 批次 5809 人,其中,接待外国议长和议员就有五批次。基层立法联系点的生动实践本身就是重要的普法,让人民群众感受到民主法治就在身边,成为生动展示人大制度优势的重要窗口。许多参加座谈会的市民说,"参与国家立法真光荣,我们的民主是真民主"。"开过各种大会小会,但立法调研会真真切切把自己的意见写进法规。"一些外国议长参观虹桥街道基层立法联系点后表示:中国基层民众能直接参与立法进程,体现了立法的公开和民主,更好地保护公民权益,充分展示了中国民主的制度优势。同时,基层立法联系点也进一步发挥了"家、站、点"的连心桥作用,①建立了人大社情民意表达和反映的平台,提高了代表意见建议办理的质效。

四、持续探索完善机制,进一步发挥基层立法联系点 在推动"全过程民主"中的重要作用

习近平总书记指出:"社会主义民主不仅需要完整的制度程序,而且需要完整的参与实践。"②联系点的扩点提质是市人大常委会加强和改进地方立法工作、推动实现"全过程民主"的重要举措。随着联系点建设的有序推进,在助力提高地方立法质量和效率的同时,更要使其赋能增效。因此,联系点的建设与相关工作如何实现无缝衔接和深度嵌入就成为一项新的课题,需要在制度机制上进行探索完善。

一是进一步整合完善协调功能。随着各方对"全过程民主"理论认识的不断深入,联系点征询社情民意的功能不断向立法两端延伸,实现立法前、立法中和立法后各环节的全覆盖,包括立法项目征集、立法起草中的听取意见、立法审议中的意见征询到立法后的执法检查和立法后评估等,联系点承担的任务越来越多样化。一方面,环环相扣的立法民意征集流程,体现了中国特色社会主义民主的全过程性;另一方面,由于各个环节的主导部门不同,信息沟通渠道尚不畅通,往往会造成重复调研、多头联系、缺乏整合等弊端,不仅加重了联系点的工作负担,也影响了工作效率和意见征询工作的严肃性。例如,虹桥街道是全国人大常委会法工委的基层立法联系点,虹桥街道古北市民活动中心既是首批

---

①　参见王海燕:《贯彻落实"全过程民主"重要理念》,载《解放日报》2020 年 11 月 24 日第 1 版。

②　转引自《人民日报评论部:紧紧依靠人民推动国家发展——让我们的制度更加成熟更加定型》,载《人民日报》2019 年 11 月 11 日第 9 版。

市人大常委会基层立法联系点,也是新挂牌的市政府行政立法联系点之一,在联系点设置和项目安排上难免会出现重合情形。相关部门之间有必要建立一个信息互通、资源共享、成果整合的工作平台,以提高工作效率,为联系点松绑减负。

二是进一步完善立法程序机制。要体现"人民城市人民建、人民城市为人民"的立法理念,真正实现立良法、促善治,就必然要在"全链条"的程序设置和立法过程中充分体现民主精神,联系点建设的推进也对立法程序机制提出了新要求。① 在立法项目的确定、审次安排、意见征询、审议方式、结果反馈等环节的制度安排上仍需不断改进完善,让民意"直通车"和公众"议事厅"的意见建议更好地被吸纳到立法的程序中,切实转化为法治实践成果。②

三是进一步改进赋能增效机制。通过走访调研和相关评估研究工作,发现各联系点之间在管理水平、制度建设和人员配备方面存在一定差异。一方面,面对专业的法律问题和较高的工作要求,亟须提升联系点自身的能力和水平。特别是在人员培训、考核评估、经费保障、信息化建设、宣传激励等方面着力下功夫,更好地为联系点提质赋能增效。另一方面,由于联系点的工作并非所在单位的法定职责或者主要职责,各自的资源禀赋也存在差异,过度追求制度的统一性和工作的同质化,反而不利于联系点工作的差异化、多元化开展。在服务和指导中,市、区两级人大应当因势利导,结合联系点自身特点,充分发挥好其自身独特的优势和资源,鼓励其探索创新,凸显联系点基层性和联通性的属性。

四是进一步加强工作队伍建设。制度的执行,关键在人。③ 一支高水平的专业立法工作者队伍,是联系点意见征询功能切实发挥作用,各项工作有序开展的重要保证。当前,立法工作任务重、时间紧、难度大、要求高。扩点提质后,通过联系点收集到的立法建议在数量和质量方面都有大幅度提升。以《上海市促进中小企业发展条例》的修订工作为例,共有 15 家联系点单位提出了 450 多条意见建议,接近以往所有联系点一年提出意见建议的总和。面对纷繁复杂的利益诉求和意见建议,如何进行统合研判吸收、全面及时反馈,这无疑对工作人员的能力和水平提出了更高要求。同时,联系点也是淬炼机关干部基本功的最佳"训练营",要探索建立"压担子"、正向激励等机制,让机关年轻干部在联系点这个工作平台上切实得到有效历练,从而了解社情民意,增强群众意识、树立群众观点,真正达到培养干部、提高素质的目的。

---

① 习近平:《人民城市人民建,人民城市为人民》,载《人民日报》2019 年 11 月 3 日第 1 版。

② 参见陈竞雄:《公众"议事厅"让人民群众成为社区"主人"》,载共产党员网 2020 年 6 月 28 日 http://tougao. 12371. cn/gaojianphp？ tid =341678。

③ 参见《人民日报》评论员:《制度的生命在于执行——三论认真贯彻落实〈中国共产党问责条例〉》,载《人民日报》2016 年 7 月 20 日第 1 版。

五、拓展思想内涵，在凝心聚力中推进基层 立法联系点建设行稳致远

"全过程民主"是习近平总书记站在新时代推进国家治理体系和治理能力现代化的高度，对我国人民民主重要特点和优势的集中表达和高度凝练，充分展现了人民民主的方向性、真实性、程序性、参与性、实效性。深入学习总书记的讲话精神，方向豁然开朗；遵循总书记的重要指示，扎实推进有力。我们一定要提高政治站位，严格在"四个方面"做到"对标对表"，按照市委要求，在深入学习贯彻习近平法治思想、习近平总书记考察上海重要讲话和在浦东开发开放30周年庆祝大会上的重要讲话精神、抓好落实党中央交给上海重要任务和建设"人民城市"的过程中，要切实增强探索"全过程民主"的自觉性，充分发挥人大在推进城市治理现代化中的重要作用。同时，通过学习和实践，我们深刻认识到：推进基层立法联系点建设，是实现党的领导、人民当家作主和依法治国有机统一的实践载体；是坚持和完善人民代表大会制度，坚持中国特色社会主义民主政治发展道路，实现最广泛、最真实、最管用的"全过程民主"的有效形式；是贯彻党的群众路线，发挥联系点接地气、察民情、聚民智、惠民生"直通车"作用，推进科学立法、民主立法、依法立法的生动实践；是展示中国特色社会主义民主政治优势，讲好立法故事，坚定制度自信的重要窗口。准确理解并不断拓展其内涵，对推进联系点工作行稳致远十分重要。工作中，我们对这一内涵的理解主要把握了以下几点：

一是注重程序缜密。对于如何发挥基层立法联系点的民主功效，全国人大形成了包括立法决策前、决策中、决策后等在内的完备的程序规则，形成了一整套环环相扣的立法民意征集流程，体现了中国特色社会主义民主的全过程性。[①]面对日益多元的利益群体的纷繁声音，立法者如何取得"最大公约数"，在矛盾焦点上恰如其分"砍一刀"，真正实现立良法、促善治，就必然要在"全链条"的程序设置和立法过程中充分体现民主精神。为此，我们要围绕中央和市委决策部署、重大民生关切和全面推进依法治国，紧盯构建新发展格局、治理之需和民生之痛，通过周延的程序设计，综合开启形式多样的民意表达"直通车"，加强重点领域立法，着力在"补短板、锻长板"加强制度供给与优化立法资源配置上下功夫，探索形成更多富有"上海智慧"的立法成果。

二是涵括内容全面。我国的民主不仅表现在政治选举上，还体现在经济、

---

① 参见张维炜：《"全过程民主"的生动典范》，载《中国人大》2019 年第 24 期。

文化、社会等各个领域各个方面。我国的民主不仅是政治选举时的民主,还体现在微观工作和日常生活中。① 党的十九大报告将"人民民主"从"四大民主"上升为"五大民主",即在"选举民主、决策民主、管理民主和监督民主"基础上增加了中国特色的"协商民主",②这充分说明了全过程的民主强调横向内容的全覆盖,彰显了人民民主的真谛,让亿万人民在有序的政治参与实践中,以主人翁的意识保障人民民主权利的实现。为此,我们要落细落实人民民主的"全链条",积极探索各环节上的有效实现形式和途径,做到贯通、衔接、融合,让"众人的事情由众人商量"成为"全过程民主"的重要方式。③

三是强调上下联动。人大工作的根基在人民,发挥作用的力量在人民,依法履职的归宿也在人民。谱写人民城市新篇章,尤其需要认真倾听人民声音、真实反映人民诉求、切实保障人民利益,充分发扬民主,使各项决策更加科学,经得起历史和实践的检验。人民民主的全过程从纵向来看体现在国家层面、地方层面和基层层面的民主活动是上下联动的,这样既能上接"天线"举全国之力办大事,又能下接"地气"因地制宜、因时制宜。正是这种上下联动,才能祛除"上有政策,下有对策"的痼疾。同时,通过"上下一心"的倾听和沟通,才会有足够的智慧权衡取舍,才会有足够的胆识创新抉择。为此,我们要坚持人民观,广泛凝聚人民城市共建共享力量,健全人大常委会联系代表、代表联系社区和人民群众的机制,做到对人民负责、替人民代言、为人民谋利。把人民对美好生活的向往作为人大工作的出发点和落脚点,不断提升人民群众的获得感、幸福感和安全感。

四是凸显主体耦合。④ 我国宪法规定:"中华人民共和国的一切权力属于人民。"立法决策体现了"全过程民主"中各类主体的交互关系。在立法实践中,党委、人大、政府、社会、公众、专家等不同主体都参与到这一政治活动中,形成了"党委领导、人大主导、政府依托、社会参与"的立法格局,强调不同主体各司其职、各尽其能。同时,"两代表一委员联系群众制度"也较好地体现了党、人大、政协之间的通力合作。⑤ 它充分表明,在党的全面集中统一领导下,以民主集中制保障了高效率,也保障了国家制度和国家治理体系的有效运行、充满活力、富有朝气。为此,我们要动员可以动员的人民群众在依法管理公共事务中持续实

① 参见韩震:《人民民主的强大生命力和巨大优越性》,载求是网,http://www.qstheory.cn/wp/2019-12/04/c_1125304501.html。

② 参见郭广银:《全面把握以人民为中心的发展思想》,载《光明日报》2018年4月2日第11版。

③ 参见马奔:《众人的事情由众人商量》,载《人民日报》2018年8月24日第16版。

④ 参见郑辉:《实现"全过程民主"的硬核力量》,载《上海人大月刊》2020年第11期。

⑤ 参见丁远明:《"两代表一委员"联系群众制度的调研与思考》,载《公民导刊》2016年第10期。

现知情权、参与权、表达权和监督权,及时回应人民群众的期待和关切。

五是体现治理效能。习近平在 2014 年庆祝全国人民代表大会成立 60 周年大会上的讲话中指出,评价一个国家政治制度是不是民主的、有效的有"八个能否"标准,其中就包括"国家决策能否实现科学化、民主化"。① 从古北市民中心和江宁路街道联系点实际治理效果便能看出,"全过程民主"在基层社会治理中的显著优势:通过民主集中制,发挥各方主体的作用和优势,实现系统治理;运用法治思维和法治方式,实现依法治理;通过社区自治服务,满足人民需求和纠纷化解,实现源头治理;通过自治、法治和德治多措并举,实现综合治理。② 为此,我们要广泛引导人民群众通过民主途径参与城市治理,把发展的目标、改革的任务转化为全市人民的自觉行动,让重大战略实施更有底气,让改革更有穿透力,让高质量发展在法治的轨道上"跑得更快",③更好地把人大制度优势转化为城市治理效能。

六是厚植文化自信。中国传统文化中存在着大量民主协商的因子,它追求的是和谐而非冲突,是合作而非排他,是公益而非私益。这些文化理念为我国以民主协商为突破口深入推进中国特色社会主义民主政治建设提供了得天独厚的文化土壤。④ 在社会主义协商民主中,政治参与是公民平和、理性的参与,参与程度越深,社会就越和谐稳定。这从根本上有别于西方一些国家片面追求"选战取胜"所造成的社会动荡,甚至带来国家、社会、族群分裂。⑤ 从这个意义上讲,我国的民主实践本质上是在吸取西方数百年政治发展经验教训的基础上,在中国共产党和亿万人民的 70 多年波澜壮阔的伟大实践中,共同开辟出来的一条新路。为此,我们要以聚沙成塔、久久为功的韧劲,探索创新更多富有成效的实现形式,以地方的生动实践丰富"全过程民主"的时代内涵,以解决问题的实效体现"全过程民主"的成果,以一件件可观可感的民生成果,充分彰显人民民主的真实性、优越性。

上海作为"全过程民主"重要论断的首提地,我们将进一步增强贯彻落实习近平总书记关于"全过程民主"重要理念的自觉性、主动性和责任感,牢记"以

---

① 参见习近平:《在庆祝全国人民代表大会成立六十周年大会上的讲话》,载《求是》2019 年 9 月 16 日第 18 期。

② 参见孙培军:《充分认识和发挥人民民主的全过程优势》,载《学习时报》2019 年 11 月 27 日第 2 版。

③ 参见李强:《根基在人民力量在人民归宿在人民》,载《解放日报》2020 年 9 月 18 日第 1 版。

④ 参见王鹏:《海外网评:为什么说中国式民主是全过程民主》,载海外网 2019 年 11 月 5 日,https://news.sina.com.cn/c/2019-11-05/doc-iicezuev7329493.shtml。

⑤ 参见林尚立:《论人民民主》,上海人民出版社 2016 年版,第 121—128 页。

人民为中心"的发展思想,秉持"人民城市人民建、人民城市为人民"的理念,开展更多有益探索,创造更多实现形式,以地方的生动实践不断诠释、拓展"全过程民主"的时代内涵,为有效推动人大工作守正创新、切实提高城市治理能力现代化、创造新时代上海发展新奇迹提供富有特色的制度样本。

基层立法联系点建设之浅见

代水平　　杜渊庚[*]

2021 年 7 月,习近平总书记在庆祝中国共产党成立 100 周年大会上特别提出要"践行以人民为中心的发展思想,发展全过程人民民主",随即"全过程人民民主"的理念引起社会各界的广泛探讨,并不断推动我国社会主义民主政治的发展与全面依法治国的建设。"全过程民主"这一概念,是 2019 年 11 月习近平总书记在考察上海市虹桥街道基层立法联系点时总结概括出的我国民主政治实践的鲜明特点,并在此基础上加入"人民"二字,形成了"全过程人民民主"这一极具中国特色的民主政治理念。基层立法联系点作为"全过程人民民主"的实践载体,是立法主体依托乡镇、街道,高等院校等基层组织建立的,收集基层群众关于立法的意见建议的经常性联系单位。[①] 基层立法联系点制度为展现全过程人民民主所蕴含的理论意涵提供了实践前提。与此同时,基层立法联系点也正是我国在丰富和发展民主形式的过程中的一次创新性探索,二者相辅相成,共同促进我国法治民主化水平的提高。

在发展全过程人民民主的过程中,如何进一步发掘基层立法联系点制度的法治价值,更好地提高科学立法、民主立法水平,使立法工作反映人民意愿、得到人民拥护,具有很高的研究意义。本文拟在分析基层立法联系点制度建设的背景与功用,在梳理其发展现状与存在问题的基础上,进一步提出相应的完善建议,以期基层立法联系点在提高立法质量、发展全过程人民民主、增强国家治理效能方面发挥更大的作用,为全面建成社会主义现代化强国、实现第二个百年奋斗目标,以中国式现代化全面推进中华民族伟大复兴提供制度保障。

一、基层立法联系点制度建设的背景与功用

(一)基层立法联系点建设的背景

当前基层立法联系点制度正处于不断丰富与发展的推广完善阶段,考察其发

---

* 代水平,西北大学法学院副教授;杜渊庚,西北大学法学院硕士研究生。
① 陈淑鑫:《基层立法联系点制度研究》,华东政法大学硕士论文,2021 年。

展历程可以发现,制度建设主要经历了初步探索、制度确立、推广完善三个阶段。

1. 初步探索阶段

基层立法联系点最早的尝试始于 2002 年甘肃省人大常委会设立了 10 家"地方立法联系点",其中的临洮县还在后来成了首批全国人大常委会立法联系点。在此之后,湖北省人大常委会也在 2008 年确定了 9 个"立法基层联系点"。在这一阶段,基层立法联系点的工作职能只是初具雏形,没有建立起完备的运行机制,但这些初创性的探索为上级立法机关提供了丰富的实践经验。

2. 制度确立阶段

宪法构成了基层立法联系点制度的制度基石,我国宪法明确规定,国家的一切权力属于人民,人民通过人民代表大会制度行使权力。基层立法联系点作为人民代表大会制度的丰富和发展,是极具中国特色的民主政治实践探索。党的十八届四中全会通过的《中共中央关于全面推进依法治国若干重大问题的决定》提出要"建立基层立法联系点制度,推进立法精细化",随后全国人大常委会法工委于 2015 年确认了首批 4 个基层立法联系点,初步建立起了基层立法联系点制度,促使基层立法联系点制度建设飞速发展。此外,2015 年修订的《中华人民共和国立法法》突出强调"立法公开""科学立法""民主立法",基层立法联系点制度能够更好地将民之所思所想与立法工作紧密结合在一起,从而提高立法质量,使法律能更好地保障人民群众的利益。

3. 推广完善阶段

2019 年,习近平总书记在考察虹桥立法联系点时充分肯定了基层立法联系点在民主立法方面的积极探索意义,极大地激励了基层立法联系点制度的发展与完善。随后,全国人大常委会法工委分别在 2020 年和 2021 年增设了第二批和第三批基层立法联系点,基层立法联系点在不断地推广过程中进一步得以完善。此外,新修订的"全国人大组织法"和"地方组织法"将"坚持和发展全过程人民民主"写入法律中,全过程人民民主更加具有制度保障、法律依据,民主立法原则也将得到更好的贯彻落实。

(二)基层立法联系点建设的功用

根据《全国人大常委会法制工作委员会基层立法联系点工作规则》(以下简称"工作规则")中的规定,基层立法联系点主要具有以下作用:征集立法意见建议;协助开展立法调研;参加座谈会、听证会;调查法律实施情况等。从"工作规则"中可以看出,基层立法联系点制度的功用重点围绕立法工作展开,兼顾民主协商、普法宣传,具有增强立法科学性、体现立法民主性、创新民主实现方式三大功用。

1. 增强立法科学性

立法程序的科学性关乎立法结果的质量,而立法质量对于法治建设至关重要,习近平总书记强调,"人民群众对立法的期盼,已经不是有没有,而是好不好、管用不管用、能不能解决实际问题;不是什么法都能治国,不是什么法都能治好国;越是强调法治,越是要提高立法质量"。① 立法科学性的增强,主要从获取基层民意和保证公众参与两条进路得以实现。

获取基层民意方面,基层立法联系点通过收集基层民众的立法建议获取第一手立法资料,可以为立法机关解决"信息不足"与"表达不畅"的问题,增强立法程序的科学性,从而最大程度地提高立法质量。在具体的实践中,如重庆市沙坪坝区自 2021 年成为全国人大常委会法工委的基层立法联系点以来,至今已有 20 条立法意见建议被采纳到"噪声污染防治法"等 3 部法律中,②立法工作有了坚实的民意基础,立法结果能够有效地关切人民群众切身利益,立法质量显著提高,立法的科学性显著增强。

保证公众参与方面,基层立法联系点通过让社会各行各业的公众充分参与到立法过程中,使得立法结果更加顺应社会发展的需要、更加符合公众利益,基层群众也会认为个人利益得到了认可与尊重,最终产生的法律也更容易得到认可,法律的实效性显著增强。例如,在江苏金湖县施尖村立法联系点参与《江苏省粮食流通条例(草案)》意见征询的过程中,基层群众感受到自己的意见被采纳并体现在随后正式出台的条例中,参与立法的热情随之高涨,守法、用法的意识也得到了增强。③

2. 体现立法民主性

中国特色社会主义建设,归根到底是为了人民。在全面依法治国的过程中,必须坚持为了人民、依靠人民。正如马克思指出的:"只有使法律成为人民意志的自觉表现,也就是说,它应该同人民的意志一起产生并由人民的意志所创立。"④基层立法联系点在体现立法民主性这一功用上,不但可以拓宽立法意见征询的方式,还可以畅通民意与立法的沟通渠道。

从拓宽意见征询方式的角度出发,基层立法联系点实质上是以往民主立法传统路径如立法公开、立法听证会、法律草案意见征求等的进一步延伸,使立法公众参与更加制度化、具体化,提高立法公众参与积极性,实现公众意见建议与

① 习近平:《习近平关于全面依法治国论述摘编》,中央文献出版社 2015 年版,第 43—44 页。

② 王亚同:《"国字号"基层立法联系点飞出"金点子"》,载《重庆日报》2022 年 10 月 11 日。

③ 徐道红、李家兴:《基层立法联系点:让更多基层声音直通省人大》,载《人民代表报》2021 年 9 月 2 日。

④ 《马克思恩格斯全集》(第 1 卷),人民出版社 1956 年版,第 184 页。

立法工作的有效畅通衔接。沙坪坝区基层立法联系点在工作开展过程中,充分利用区人大官网、微信公众号、小程序等平台扩大意见征询范围,还通过统一装备、发放聘书、颁发证书等增强"仪式感"的方式提升基层立法联系工作的荣誉感,以激励民众的参与热情。①

从畅通民意与立法沟通渠道角度出发,基层立法联系点可以使立法工作更准确、更深入地了解人民群众所想所思,并将人民群众的"朴素价值取向"通过立法联系点的专业平台转化为"科学立法语言",显著提升民主立法的工作效率。重庆沙坪坝区立法联系点立法咨询专家、重庆大学法学教授秦鹏充分发挥专业优势,通过该联系点建立的"法言法语"与"民言民语"双向转化平台,在工作过程中既能帮助基层群众更好地理解法律,也能将群众的声音更加准确地反映给立法机关。②

3. 创新民主实现方式

习近平总书记在党的二十大报告中提出:"……继续推进实践基础上的理论创新……必须坚持人民至上……站稳人民立场、把握人民愿望、尊重人民创造、集中人民智慧……不断提出真正解决问题的新理念新思路新办法。"③发展全过程人民民主,就是要继续坚持和完善人民代表大会这一根本政治制度,不断创新民主政治的实现方式。当前,我们正处在中国式现代化全面推进中华民族伟大复兴开局起步的关键时期,发挥好法治固根本、稳预期、利长远的保障作用尤为关键。立法作为推进治理体系与治理能力现代化的前提环节,必须探索出具有中国特色、体现人民意志、保障人民权益的立法方式,为全面建设社会主义现代化国家铺平法治轨道。

基层立法联系点制度的探索,拓宽了民主立法渠道,强化了基层单位参与立法职能,使得立法工作更能体现社会主义民主政治的本质特征。基层立法联系点制度不仅仅在立法层面发挥着重要作用,还在培养基层群众政治素养、参政意识等方面起着积极作用。习近平总书记在虹桥街道立法联系点考察时,萍聚工作室党支部书记朱国萍告诉总书记"居民们不仅'零距离'感受到了人民民主,也更有主人翁意识,更具法治思维"。④ 基层人民群众通过参与基层立法联系点的各项工作,个人的意见建议直通立法机关,民主参与感、获得感最大程度得到满足,更加调动人民群众参政议政的热情。

---

① 王亚同:《"国字号"基层立法联系点飞出"金点子"》,载《重庆日报》2022 年 10 月 11 日。

② 王亚同:《"国字号"基层立法联系点飞出"金点子"》,载《重庆日报》2022 年 10 月 11 日。

③ 习近平:《高举中国特色社会主义伟大旗帜 为全面建设社会主义现代化国家而团结奋斗》,载《人民日报》2022 年 10 月 26 日。

④ 祝越:《捕捉一线民意,积极践行全过程人民民主》,载《文汇报》2022 年 6 月 22 日。

二、基层立法联系点制度建设的成效与不足

（一）基层立法联系点建设的成效

2015 年以来，全国人大常委会法工委先后分三批设立 32 个基层立法联系点，随后各省区市设立了 400 余个省级立法联系点，设区的市设立了 4000 多个市级立法联系点，极大拓展了公众参与立法的深度和广度，丰富了全过程人民民主的实践和内涵。其中，上海市虹桥街道立法联系点与广东省江门市江海区人大常委会立法联系点在建设过程中逐步发展出具有当地特色的工作模式，"虹桥经验"与"江海经验"是当前立法联系点制度建设过程中值得推广学习和借鉴的特色工作经验。

1. 上海市的"虹桥经验"

上海市虹桥街道基层立法联系点是 2015 年全国人大常委会法工委首批立法联系点中唯一深入到街道的立法联系点，这里既有外国居民，也有产业园区，具有国际化、商务化的特点。在过去几年的工作中，虹桥街道基层立法联系点形成了"民意广覆盖，流程全链条，信息全方位，联动聚合力，征询促法治，宣传接地气"的虹桥经验，建立起了"一体两翼"的工作组织架构，形成了"一二三四"工作法，为全国其他基层立法联系点的建设提供了真实可靠的实践样本。

"一体两翼"中"一体"是以信息员为主体，"两翼"是指将律师事务所作为专业人才库，将区人大、法院、高校作为顾问单位，通过这样的架构，虹桥街道可以根据草案的不同需要，选择合适的信息员，合适的征询范围，实现了样本多元化与典型性的统一。"一二三四"工作法中，"一"是指提前一周将法律草案送给信息员并进行解释说明，"二"是指召开普通民众与业务人员两种类型的座谈会，"三"是指收集意见的方式分为座谈、书面和个别访谈三种，"四"是指每部法律草案座谈会召开数量至少为四场。通过细化具体的工作方法，可以有效提高基层立法联系点的工作质量，避免联系点工作流于简单开开会、拍拍照的形式主义，确保每一次的意见收集都落到实处。

在"一体两翼"的组织架构和"一二三四"工作法的共同推动下，过去几年间，虹桥街道基层立法联系点已参与了 30 余部法律的修改，提出 600 多条各类建议意见。① 其中的不少立法建议已被纳入了"民法典婚姻编""反家庭暴力法""未成年人保护法"等法律之中。

---

① 祝越：《捕捉一线民意，积极践行全过程人民民主》，载《文汇报》2022 年 6 月 22 日。

2. 广东省的"江海经验"

2015 年 11 月,广东省积极响应党的十八届四中全会精神,在全省 21 个地级市各选 1 个县(市、区)人大常委会作为省级联系点。2020 年,江门市江海区人大常委会被选定为全国人大常委会法工委第二批基层立法联系点,短短两年时间,江海基层立法联系点立足于当地的"侨乡特色",与侨联、侨商加强合作联系,不断扩大立法联系对象的范围,探索出具有当地特色的"江海经验"。

江海区人大常委会制定了《信息收集制度》《上下联系联络制度》《管理服务制度》等联系联络专项制度,并在工作实践中形成法律法规草案的收文、方案制定、征集、整理、撰写、审定、上报、归档全过程的"八步流程工作法"。此外,江海区还采用在社区中设立立法意见义务收集员、建立与省内其他立法联系点沟通联系渠道、建立立法联系咨询专家库等方式,形成了立足江海、辐射广东、面向全国的立法联系网络。

截至 2022 年 10 月,江海基层立法联系点已完成 42 部法律法规草案的立法意见收集整理,上报全国人大常委会的 549 条意见建议中有 70 条被采纳,[1]"江海经验"也被广东省人大常委会在全省的立法联系点交流中积极推广。

(二)基层立法联系点建设的不足

基层立法联系点的不断探索发展为立法工作与民主政治注入了新的活力,但不可否认的是,作为一种新兴的制度,基层立法联系点在实践中暴露出了许多仍需进一步解决的问题。要想让基层立法联系点在提高立法质量、发展全过程人民民主、增强国家治理效能方面发挥更大的作用,还需要在实践中不断总结经验,进一步加强基层立法联系点建设,完善基层立法联系点制度。从目前全国各级基层立法联系点建设的现状来看,主要存在以下问题。

1. 基层立法联系点的设置数量不充足

基层立法联系点在短短几年内经历了从无到有、由少到多的发展历程,截至目前,共有 4400 多个。联系点建设首先要考虑的是数量到底够不够? 数量的多少要根据以下几个方面的因素来确定。一是人口多少。基层立法联系点的基本功能在于倾听民意,让更多的公众参与到立法活动中来,如此,则立法联系点的数量应该和人口数量成正比。二是地域大小。一般来说,地域越广需要的联系点数量越多。基层立法联系点建设务必要关照到老百姓的方便,让他们在家门口就能便捷地参与相关活动。三是领域宽窄。在社会分工越来越复杂的情况下,任何领域的立法都可能牵一发而动全身,牵涉各行业领域人们的切

---

① 刘武俊:《立法是每个人都触手可及的》,载《检察风云》2022 年第 20 期。

身利益,基层立法联系点应该尽可能实现各行业领域的全覆盖。

综合考虑以上因素,应该说,我国当前的基层立法联系点数量还不够充足,不能更好地发挥制度的民主优势。

2. 基层立法联系点的选择布局不合理

基层立法联系点的选择布局合理与否,关乎立法建议意见内容的质量,而这正是基层立法联系点制度的重中之重,对立法的实效有着重要影响。当前基层立法联系点的布局,主要存在区域不合理和行业领域不合理两方面。从区域来说,我国东中西部不同区域的经济发展水平、历史文化传统、少数民族分布等有较大的差别,即便是在同一大区域内,不同小区域间、城乡之间的差别也不可忽视。因此,不论是中央立法,还是地方立法,都必须从实际出发,充分考量每个区域的情况。目前来看,国家级立法联系点在有些省区市还是空白,省、设区的市一级在其辖区内设置的立法联系点布局也不够合理。从行业领域来说,随着第四轮工业革命的迅猛发展,新兴行业领域层出不穷,每一项新技术的出现都会对诸多行业领域产生重大影响,对法治建设也提出更高的要求。以人工智能为例,该技术的出现对法律主体制度、部分法律原则都会带来冲击,相关立法活动必须吸纳该行业领域的意见,否则在立法过程中可能犯一些常识性错误,有违科学立法、民主立法的要求。

3. 基层立法联系点的工作机制不健全

基层立法联系点作为立法机关的经常性联系机构,要想长期有效地运行,离不开健全的工作机制保障。当前全国人大常委会法工委的"工作规则"侧重于原则性指导,工作权责不够明确具体,这很容易导致基层立法联系点的工作不能落到实处;也没有相应的培训考核激励制度,立法联系点工作的水平与质量也无法得到充分保证;更没有建立多方联动机制,不能更好地发挥立法联系点工作的制度优势。由此可见,立法联系点工作的程序、内容规范的缺位,不利于制度长期稳定的发展。立法法为基层立法联系点制度提供的制度支撑较为有限,使得立法联系点工作没有统一的、规范的程序与标准,这就容易造成工作的混乱。

4. 基层立法联系点的功用创新不充分

"天下之事,不难于立法,而难于法之必行。"立法是法治的制度前提,而法治建设的好坏还要看执法、守法等环节。作为全过程人民民主的实践载体,基层立法联系点潜在的功用可能性远比当前已表现出的更为丰富,但除了极少数基层立法联系点外,许多联系点对其功用正向溢出的实践探索还较少,仅停留在立法层面。基层立法联系点制度在各地推广过程中,暴露出一些职能创新性不足的问题:一方面,各地在建立基层立法联系点的过程中,只是简单模仿全国人大常委会的工作方式,不能很好地结合本地区特色,难以实现制度创新。另一方面,各基层立法联系点也不能很好地结合其行业特点,发挥所处行业的优势,探索制度功能的拓展,进一步完善全过程人民民主的形式。

三、基层立法联系点制度建设的完善建议

(一)扩充数量,与更多人民群众建立广泛联系

一方面,要增加国家级、省级、设区的市(自治州)级基层立法联系点的总体数量;另一方面,每一层级的联系点数量也要增加,如国家级联系点至少保证每个省(市、区)全覆盖,省级联系点实现各县(区)和主要行业领域全覆盖,设区的市(自治州)这一级有必要拓展至街道、乡镇、园区、企业和协会等其他组织。大体估算,如能实现"百、千、万"这样的数量,应该是比较合理的,即国家级联系点一百个左右[每个省(市、区)设置三个左右,分布在有代表性的城市社区、乡村和社团组织],省市(区)联系点一千个左右[每个省(市、区)在所辖设区的市均设置一个联系点、在省级党政部门设置十个左右、在省内各类群团组织中设置十个左右],设区的市(自治州)联系点一万个左右(在所辖县、区均设置三个左右联系点)。这样才能满足与更多的人民群众建立广泛联系。

(二)优化布局,联通更广泛的区域和行业领域区域

布局方面,熟悉各地实际情况的莫过于当地的民众,因此,有必要在设立基层立法联系点时尽可能覆盖到所有县(区)。特别是2015年以后,设区的市在城乡建设与管理、环境保护和历史文化保护等方面有了立法权,地方立法较为活跃,民主立法受到了空前的重视,作为一条较为新颖的立法公众参与路径,基层立法联系点有必要在区域分布上优化布局。

行业领域方面,基层立法联系点的建设应当尽可能多地覆盖绝大多数行业领域,虽然没必要在近百个细分领域都有涉及,但在国民经济的二十多个大的行业领域(农林、制造业、批发业、房地产业、金融业等)应该尽可能全覆盖。实践中的一些做法也证明了注重吸收行业领域专业人士的意见,对提升立法质量大有裨益。如上海虹桥街道立法联系点在证券法修订草案征求意见时,听取了证券公司、银行、金融办、保险公司、税务等多个专业队伍的意见,提出的诸多立法建议被吸收采纳,得到了很好的效果。

(三)健全机制,完善多方多级联动工作新体系

基层立法联系点的建设,有了数量基础和合理布局之后,更要注重运行质量的提高,质量高低主要取决于是否有健全的运行机制。近几年来,各地的基

层立法联系点已经开始不断总结经验,重视建立健全长效机制,完善多方多级联动工作新体系,关键举措有以下几个方面。

第一,明晰工作权责,建立激励机制。任何组织的良性运转都需要明确组织及其内部工作人员的权责。本着有权必有责的原则,基层立法联系点建设首先要明确其职责,主要是立法中的意见征集,立法前和立法后的调研与评估。履行好上述职责,一方面,需要在组织内部建立激励机制,激发工作人员的积极性,另一方面,要采取有效措施给参与的公众一定的物质和精神激励,以避免"走过场"。如上海就制定了《基层立法联系点购买服务专项经费使用管理的指导意见》《使用志愿者经费支出与补贴标准的指导意见》,明确了联系点的定位、任务及其权责利,使其运行更加规范。

第二,加强人员培训,健全考核机制。立法界分的是各种利益,是在"矛盾的焦点上'砍一刀'",要把这一刀砍得不偏不倚很不容易,这也正是建立基层立法联系点的意义所在。联系点的工作比较复杂,不论是日常工作台账的建立,还是意见的"上传下达",都需要讲究工作方法且需要一定的专业素养,特别是和老百姓的沟通要力求"接地气",把他们的日常语言"转化"为法律语言。这就需要对基层立法联系点的工作人员进行培训和考核,提高他们的履职能力。对于工作开展得比较好的要给予表彰、奖励,对于那些"挂牌发证"履职不力的"僵尸点"要建立相应的退出机制,适时对联系点进行动态调整。

第三,聚集多方主体,完善联动机制。基层立法联系点的功用重在"联系",聚集各方面的力量,并在相关主体之间形成有效的互动。从宏观层面讲,我国已经形成了"党委领导、人大主导、政府依托、各方参与"的立法工作格局。基层立法联系点作为公众参与的重要平台和有效形式,当然要与各级党组织、各级人大和政府联系,既要为党委决策提供有价值的建议,也要在人大和政府立法活动中全程参与,与党和国家的各类机构开展良性互动。从微观层面讲,在具体的立法活动中,要和人大代表、基层民众、行业专家建立密切联系,聚焦特定议题展开深度讨论。可以适当借鉴和推广虹桥基层立法联系点"一体两翼"的工作组织架构,将信息员、顾问单位和专业人才库的联动机制融入基层民众中。

第四,畅通信息渠道,丰富联系方式。在基层立法联系点制度的建设与探索过程中,应当加强信息渠道的畅通。一方面,对于民众的立法意见建议处理情况应当建立反馈机制,及时将处理情况反馈给参与民众,使民众获得更多的立法"参与感",提高民众参与的积极性;另一方面,对于民众的立法意见、建议也应当保质保量地上报立法机关,确保立法联系工作的有效衔接。同时,为了便利民众参与、提高工作效率,基层立法联系点还应该加强多渠道、多方位联系方式的探索,充分利用信息网络技术的优势,建立相应的信息平台,将工作动态、意见征询、处理反馈等发布于互联网平台，不仅能够为立法联系工作带来便利性，也能有效扩大参与民众的范围，提高立法工作的民主性。

（四）延伸环节，发挥全程参与的正向溢出效应

法治运行本身就是互相联动的过程，即立法与执法、守法等环节密切关联。设立基层立法联系点的初衷是出于制定良法的需要，但是近年来各级基层立法联系点的运行实践表明，基层立法联系点还可在普法宣传、增强民主法治意识、培养法治人才等方面发挥正向溢出效应。立法的过程实际上就是一个很好的普法宣传过程，在征集意见过程中，一般会交代立法的背景，这有助于增进人们对立法必要性的认识。此外，任何法律均不是孤立存在的，其立改废释均需要论及它和其他法律法规的相互关系，自然就能够给参与民众普及一定的法律知识。立法联系点的意见征集需要遵循一定的程序，民众在参与过程中能够增强民主法治意识，进而有助于带动基层治理，提升社会治理水平。至于培养法治人才，很多省市都在高等院校设立基层立法联系点，选拔法律专业研究生和大学生组成基层立法联系点志愿者服务队，协助开展基层立法民意的汇总、分析，修法意见和建议的归纳、提炼等工作。这样既能让研学法律的师生参与到立法实践中，又能锻炼学生分析问题解决问题的能力，可谓一举多得。

设区的市基层立法联系点建设的思考

李文珊* 易 清**

摘 要:基层立法联系点制度是立法协商、开门立法、民主立法的平台。设区的市基层立法联系点建设,要科学合理设点,并进行规范化、标准化、制度化建设。在工作开展中,基层立法联系点应建立多元征询机制,有效成为立法"民意直通车";建立参与激励机制,激发群众参与立法的积极性。

关键词:设区的市;基层立法联系点;机制建设

基层立法联系点是人大及其常委会推动全过程人民民主的重要平台。经历了由地方探索开始,接着中央试点,然后对成功经验进行全国范围地方推广的发展过程。这一制度起始于 2002 年,甘肃省人大常委会在临洮县设立了首个地方立法联系点,标志着我国基层立法联系点的开端;2014 年,中共十八届四中全会决定建立这一制度;2015 年 7 月,全国人大常委会法工委正式确定了湖北襄阳、江西景德镇、上海虹桥和甘肃临洮等四个国家级基层立法联系点;2019 年 11 月,习近平总书记在考察上海虹桥立法联系点时,对其在民主立法方面的积极探索给予高度评价。① 随后,各地根据自身特点逐步设立了富有地方特色的基层立法联系点。基层立法联系点已成为行之有效的畅通基层群众直接参与国家立法的制度平台,2023 年新修订的《中华人民共和国立法法》第七十条明确规定"全国人民代表大会常务委员会工作机构根据实际需要设立基层立法联系点,深入听取基层群众和有关方面对法律草案和立法工作的意见"。② 党的二十大报告也明确提出:"健全吸纳民意、汇集民智工作机制,建设好基层立法

---

* 李文珊,惠州学院马克思主义学院教授、惠州学院地方立法研究院研究员,研究方向为政治法律制度。

** 易清,惠州学院政法学院教授、惠州学院地方立法研究院院长,研究方向为地方立法。

① 席文启:《在党的领导下不断扩大人民有序政治参与》,载《新视野》2024 年第 3 期。

② 任文岱、池泽梅、吴思敏:《首席法律咨询专家为"侨都"高质量发展贡献法治力量》,载《民主与法制时报》2023 年 3 月 23 日第 1 版。

联系点。"①然而,基层立法联系点的实践运行过程中仍然出现一些问题,要贯彻全过程人民民主的初心,充分发挥各级立法联系点功能作用,仍需继续厘清问题,突破障碍。

一、基层立法联系点的合理设置和标准化建设

基层立法联系点的合理设置和科学运行一方面能够提升立法质量,确保法律反映社会需求;另一方面,能够加强法治宣传,促进公众参与,增强法治意识。此外,标准化建设有助于完善法律体系、实现资源共享和提高工作效率,最终促进社会稳定与和谐发展,推动法治建设的深入开展。

(一)基层立法联系点的合理设置

目前,全国人大常委会法工委设立了 45 个基层立法联系点,辐射带动各省市设立 6500 余个基层立法联系点。② 然而,我国各设区的市所设立的基层立法联系点的设点主体、设点条件、选点布局目前还没有统一的规范。基层立法联系点作用日益被重视,全国设区的市设立的基层立法联系点也在不断增加,但并不意味着可以盲目地增加设点,要切实发挥基层联系点的作用,还应该科学合理布局,结合地域、行业、群众等特点和需求,建立涵盖范围广、较为典型突出的联系点网络。

1. 立法点覆盖范围应多样化。基层立法联系点是"立法民意直通车",工作职责就是协助市人大常委会征集立法项目、开展立法调研、收集立法建议,进行法治宣传,其功能就是汇集和报送立法信息,正如习近平总书记指出的,"国家立法机关在法律草案的立项、起草、调研、审议、评估、宣传、实施等立法全过程、各环节,通过联系点听取基层群众意见建议,并把群众诉求'原汁原味'反馈给国家立法机关作研究吸纳的参考"。③ 建立基层立法联系点是为了便于收集立法民意,从扩大立法意见建议来源的深度与广度出发,应综合考虑区域布局规划、辐射带动效应、行业代表性、历史民族文化等因素,以保证立法建议来源的全面性。

2. 将基层立法联系点分为普通基层立法联系点和特定基层立法联系点。

---

① 习近平:《高举中国特色社会主义伟大旗帜 为全面建设社会主义现代化国家而团结奋斗——在中国共产党第二十次全国代表大会上的报告》,人民出版社 2022 年版,第 38 页。

② 任才峰:《发挥基层立法联系点在宪法宣传教育中的重要作用》,载《人大研究》2024 年第 7 期。

③ 全国人大常委会法制工作委员会:《基层立法联系点是新时代中国发展全过程人民民主的生动实践》,载《求是》2022 年第 5 期。

普通基层立法联系点,是根据市人大常委会的立法规划确定的参与地方立法工作的单位组织,它们固定地常态化地协助市人大常委会征集立法项目、开展立法调研、收集群众立法建议,开展普法宣传。① 特定基层立法联系点,则是为了满足特定地方性法规的立法需要,依托具有特定区域特点和专业优势的基层单位组织,例如在城乡建设与管理、环境保护、历史文化保护等领域具有专业优势的区域和单位,便于吸纳特定领域人群的立法意见。立法机关可以提前将立法项目与相应的联系点挂钩,推动联系点聚焦研究、跟踪了解、精准实施此类法规项目。②

3. 探索实施分级分类建点机制。例如,全国人大常委会法工委沙坪坝基层立法联系点实施"示范点、孵化点、普及点"分级分类管理机制,就能够精准地对基层立法联系点进行工作部署和分类管理。具有良好基础的基层立法联系点应该优化拓展功能,除了征询立法建议外,还与普法宣传、法治评估、基层治理等工作融合促进,逐步向以全过程人民民主作用发挥的综合功能转变。

4. 多设立信息采集点。信息采集点工作主要是参加联系点组织的调研,协助联系点组织征求群众对法律草案、决定决议草案的意见建议,做好法律宣传工作。为拓宽社会各方有序参与立法意见征询,联系点应该结合自身的实际情况,在多处设立信息采集点,形成广泛的基层立法联系点网络体系,更大范围地协助收集群众对立法工作的意见建议。

(二)基层立法联系点的标准化建设

目前,根据现行法律法规,我国对于设区的市所设立的基层立法联系点的组织架构、职能流程、权限范围、工作机制、考核奖励机制、立法意见征询流程等均没有统一的、明确的要求,随意性和任意性较大。较之国家级、省级所设立的基层立法联系点,许多市级基层立法联系点硬件和软件都较差。多数市级基层立法联系点没有编制、没有专门的办公场所和办公设施;多数联系点没有独立出来,是和单位的综合办公室、法务部门、综治部门合署办公;工作流程和相关制度不完善,采集网络不健全,台账不完善,规范化管理程度不高。③ 因此,基层立法联系点迫切需要标准化、规范化、制度化建设,应在市人大常委会法工委的主导下,运用标准化原理,探索制定一整套规范明晰、简洁有效的标准化实践方案。方案要对基层立法联系点建设的功能定位、目标任务、工作流程等方面予以明确,原则上要求做到"八个有":有固定的办公场所、有统一的标识标牌、有

---

① 张二芳:《全过程人民民主是最广泛、最真实、最管用的民主》,载《前进》2023 年第 3 期。
② 转引自陈宇博:《"虹桥经验":基层立法联系点六大工作法》,载《山东人大工作》2022 年第 9 期。
③ 汪德华:《市级基层立法联系点运行中遇到的问题与思考》,载《人大研究》2023 年第 7 期。

明确的规章制度、有固定的工作人员、有立法联络员和信息采集员队伍、有固定的信息采集点、有运行的网络平台、有日常的台账登记。

1. 场地设施方面。有条件的地方应该单独建设联系点,但应遵循适度原则,避免设施建设奢侈化倾向,给群众以不良印象。基层立法联系点的核心价值在于群众提出高质量的意见建议,应将人力物力更多用在吸纳群众提出建议上。有条件的地方,可以打造敞开式办公、畅通式联络、沉浸式展示、体验式宣传的基层立法联系点标杆。根据实际情况,联系点可与其他场地相结合,尤其是与人大代表工作站相结合,因为两者工作性质具有类似之处。

基层立法联系点发展晚、数量少,而我国已建成数量较多的人大代表联络站以及相关的人大代表履职平台。目前,我国有 22 万多个代表之家、代表联络站等,我国建设的众多提供人大代表履行职责的平台,充分打通了群众声音传达的通道,使得人民的声音更好地被听见,人民的需求更好地被满足。① 所以,基层立法联系点可以与人民代表之家、代表联络站以及党群服务站等其他基层联系点联合建设,整合人力、物力、财力,实施场地、设施、设备、人员共享,避免重复建设和资源浪费。这种"点""站"融合建设,能实现资源共享、全面互动。例如,《广东省人大常委会关于进一步加强基层立法联系点建设的意见》已明确提出基层立法联系点可以与人大代表联络站共建共用,实行"点""站"融合发展。

当然,在"点""站"融合时,也要注意保持立法联系点的独特性。目前,基层立法联系点的职能职责还应该限于收集群众对立法规划、立法计划、立法起草、法律草案审议、立法后评估以及立法宣传等各个环节的意见建议,还不应拓展到收集监督意见、反映社情民意、办理民生实事等方面。

2. 人员方面。首先,落实专人专岗。调研发现,部分市级基层立法联系点的立法联络员和信息员大多是街道或社区工作人员、乡镇人大领导和秘书、司法所长兼任。他们不仅负担本职工作,往往还身兼其他工作业务,没有足够的工作精力投入基层立法联系点的建设中。他们多数还不是法律科班出身或具有法律工作经验。因此,每个联系点人员数量根据所在区域的实际情况确定具体人数,落实专人专岗,保证每个联系点都有负责人、有行政事务工作人员,负责承担立法活动的具体实施及相关工作。人员配备到位的情况下,各点应当形成自己的信息收集和反馈机制,以及信息公开途径,在工作中发挥基层立法联系点的立法基础作用。在调研中,我们发现有的立法联系点至今尚未明确"核

---

① 王萍:《代表联系群众平台充分彰显人大制度优势》,载《中国人大》2024 年第 11 期。

心工作人员",接到任务后"临时派活",未形成工作常态。[①]

其次,要加强立法信息员队伍建设。应当建立立法联络员和信息员的入岗、工作、培训的制度机制。基层立法联系点是联系群众的桥梁,连通着立法工作和群众工作,在工作中需要发挥法律知识、法律素养、文字能力、组织能力。因此,应对工作人员进行专业培训和素质培训,提高履职能力。在专业培训上,要提高对法规汇编、立法技术规范的掌握能力,和信息采集的技术运用,将立法联络员和信息员塑造成能够在实践中发挥重要作用的人员:征询前把"法言法语"转换为"方言方语",将法律知识融入群众日常生活认知中,让群众能够明白立法和生活的关系、立法对群众的影响,当好立法工作的"解说员";征询中引导群众谈出"真情实意",深入了解和领悟群众的需求,当好立法工作的"记录员";征询后把收集到的意见建议适当归纳整理,转换为对立法的"社情民意",当好"报送员"。

3. 整合社会各种力量。社会中的各界力量是社会民声的代表,如人大代表、政协委员、专家、行业代表、群众代表等,他们的需求代表了人民群众的需求,在立法工作中尤其应该充分发挥人大代表在基层立法联系点中的作用。人大代表本就是法定的民意反映角色,人大代表应该以代表联络站、代表联络点为平台,参与立法,表达人民群众的心声。在此过程中,人大代表应当结合自身的法律素养和综合能力对基层群众有序引导、充分沟通,使基层群众能够充分表达自己的立法建议,让基层群众的声音能够通过平台有效表达、切实传达。

4. 运行机制方面。基层立法联系点应制定和落实相关制度机制。

一是工作规章制度和工作流程。制定征集渠道、机构设置、工作氛围、督办落实、成果转化、表彰奖励等方面的工作实施细则。

二是信息采集和反馈制度。明确信息采集的方式、流程、综合、上报和反馈相关内容。明晰程序保障,制定意见征询的规范工作流程,形成"建议收集、沟通见面、专业会商、修订完善、审批报送、跟踪反馈"等立法建议征集工作的标准环节。实施成效评估,采取研讨、论证、评议等方式,对立法联系工作运作实施后的社会效果、所起作用、制度缺陷等问题作出评估分析。[②]

三是立法建议采纳激励机制。对基层立法联系点的意见建议在立法调研报告中予以反映,对采纳的意见建议予以物质奖励或通报表扬或颁发荣誉证书,提高基层立法联系点和人民群众参与立法的积极性。各市应该制定统一的

---

① 莫晓:《设区的市基层立法联系点设立规则及机制保障完善建议——以南宁市立法联系点为例》,载《法制博览》2019 年第 34 期。

② 浦东新区潍坊新村街道人大工委:《高水平推进基层立法联系点工作的思考与建议》,载《上海人大月刊》2023 年第 12 期。

基层立法联系点激励办法。规定信息采集员每次的上报、采纳、普法、宣讲、接受采访、参与志愿者服务等给予金额奖励,对于立法建议被国家、市人大采纳和部分采纳给予金额奖励,保障联系点规范有序运行。

四是考核机制和考评问效制度。可以由市人大常委会法工委制定全市统一的绩效考评量化标准,科学合理设置综合评价指标,细化量化征集意见数、采纳数和普法开展次数,将科学量化应用到基层立法联系点的工作中,综合考核立法联系点工作情况,将立法信息收集反馈情况、信息采集来源面、参与立法培训情况、经验交流情况等作为考评内容,进行量化考评,履职合格的予以肯定,履职不佳的进行约谈并督促整改。

基层立法联系点的合理设置与科学运行机制是提升立法质量的重要举措。目前,全国设立了众多基层立法联系点,但缺乏统一的规范。合理布局联系点应考虑地域、行业及群众需求,以确保广泛的立法意见来源。可将联系点分为普通和特定两类,结合分级分类管理,推动其多功能化。此外,标准化建设迫在眉睫,建议建立固定的办公场所和专门人员,以提升工作效率。同时,整合社会力量和完善运行机制,将立法建议采纳与激励机制相结合,以增强基层参与的积极性,最终实现更高效的立法反馈与执行。

二、基层立法联系点的多元征询机制

基层立法联系点的多元征询机制能够广泛收集不同群体的意见,增强立法过程的民主性与合法性,提高法律的适用性和科学性。通过鼓励社会各方参与,可以有效缓解社会矛盾,促进信任与和谐。此外,多元化的意见来源有助于适应地方特色,确保立法更贴近实际,提升立法质量,最终推动法治建设的全面发展。

(一)及时地、准确地将立法信息公之于众

群众有效行使权利的前提是被充分告知,决定群众参与成效的关键变量是信息公开,群众只有在充分知晓立法信息的情况下,才会选择是否参与。立法机关要优化立法资料提供形式,对于立法目的、重点条款、相关争议点等重点内容,在背景资料中要尽可能详细且通俗易懂地进行说明,便于联系点工作人员和参与群众迅速掌握立法内容,明确意见建议征询的方向和重点。[1] 同时,可以专门列出法规草案的核心条款、争议较大的条款等征求意见的提纲,由联系点

---

[1] 周天泓:《地方人大立法协商的概念辩正与发展方向——基于实现全过程人民民主的视角》,载《社会科学动态》2022 年第 12 期。

聚焦这些问题开展征询活动。

在做好立法信息的公示之后,应当将相关的资料整理汇总,如法规案起草说明、修改情况报告和审议结果报告等,立法联系点应当在相关平台详细公布。利用融媒体矩阵广泛宣传立法信息,并进行法律草案的解读和解释引导,当好解说员,讲清楚法律草案与群众的关系,用通俗易懂的语言把"法言法语"讲给基层群众,让基层群众了解立法及立法和生活的关系,调动群众的积极性,引导群众提出立法意见。

(二)全方位、多角度地吸纳汇聚立法意见

基层立法联系点要听取群众对整个立法工作的意见,包括对立法规划、立法计划、立法起草、立法审议、立法评估以及立法宣传等各个环节的意见建议。在工作程序上,按照立法前中后的顺序,确保群众能够参与到法律草案的立项、起草、调研、审议、评估、宣传、实施等全过程、各环节。

基层立法联系点要注重采取多样的方式听取和收集群众的立法意见,例如发放问卷调查,召开座谈会、茶话会、漫谈会,设置意见收集箱,个人访谈,现场询问,走村串户,蹲点调研等。要坚持问题导向,抓住立法中与老百姓相关联的最急愁忧怨的困难问题和最关心、最现实的利益问题,引导群众表达心声,提出立法意见。

充分利用形式多样的新媒体渠道。在现在信息发达的科技社会,基层立法联系点应强化科技赋能,运用互联网、物联网、人工智能等信息技术,提供便捷平台让群众提出意见时不受地域、时间、空间的因素限制。征询意见可以通过"云端＋线下"形式开展。一方面要建设好维护好线下的参与渠道和方式,另一方面,要将参与渠道扩展到线上的多种形式上,善于把大数据、人工智能等现代科技手段与基层社会治理深度融合,用公众号、立法或党建 App、微信群、微博、抖音、腾讯会议,等等,全方位有效地促进沟通,改进意见征询。为了进一步提高征询立法意见的效能,基层立法联系点可以建设微端融合、服务联动的智慧立法网,例如开发建设网上办公系统、专门应用程序等平台,方便群众能够通过移动终端随时随地地参与立法意见征询,提高立法意见征询效能。

(三)长触角、广联系地征询征集立法意见

联系点在征询立法意见过程中,要延伸触角、广泛联系,邀请多元主体参与民主立法,实现多方互动,尽可能全面地汇聚各方意见。对于专业性较强的立法的意见建议征集,要"精准滴灌",做到对象精准。

联系点要有针对性地征求法规利益相关群体意见,注重听取相关领域基层一线人员的意见。联系点的一个显著优势,是为各个群体提供了有价值的发声平台,包括那些在社会上处于弱势地位的群体,如独居老人、高龄老人、残疾人、失业人群等,他们可以无门槛、无差别地参与到立法过程当中,表达对自身利益的主张,推动立法彰显公正价值。因此,立法意见征询工作要关注弱势群体权益,注意倾听他们的声音。

要处理好参与度和参与面的关系。一些立法联系点在开展意见征询工作时,过于注重意见建议被采纳的情况,"采纳意见多少条"成为目标导向,而对参与法律意见征询主体的广泛性关注不足。这是违背联系点制度设计初衷的。联系点应当坚持广泛参与、倾听各方诉求的原则,吸引多元群体和各类人群参与到立法工作中来,形成社情民意"最大公约数"。

征询意见后,要将群众的立法意见汇总整理上报。立法联络员和信息员要做好"传声筒",将这些立法的"社情民意"适当归纳整理,把"方言方语"有效转化为"法言法语",把"群言群语"有效集中为意见建议,将群众意见原汁原味地反映给立法机关,当好"报送员"。立法联系点则发挥"立法民意直通车"作用。

此外,立法联系点还应充分发挥立法意见征询的功能增量,以立法意见征询作为抓手,让每一次法治意见建议征集的过程都成为普法的过程,致力尊法、学法、守法、普法、用法一体化推进。如走近青少年,以立法意见征询推动学法;走进社区、楼宇,以立法意见征询促进守法;走近特殊群体,以立法意见征询倡导尊法;关注弱势群体,以立法意见征询推动用法等。以立法和普法相结合的形式,通过线上普法课堂和线下游园活动广泛征集群众的立法意见建议。

基层立法联系点通过多元征询机制,确保公众及时获取立法信息,以便积极参与立法过程。为提升信息透明度,立法机关需提供详细、易懂的立法资料,并专注于法规草案中的核心条款和争议点。此外,联系点应采用问卷、座谈会等多种形式,全方位汇聚群众意见,特别是关注弱势群体的声音,确保立法反映广泛社会需求。通过运用现代科技,联系点可实现线上线下结合,提升意见征集的效率。最终,立法意见需被整理、反馈给立法机关,推动法律与公众生活紧密结合,同时也通过征询过程加强法治宣传。

三、基层立法联系点的参与激励机制

基层立法联系点要收集信息,必须有激励群众参与的机制。进行物质和精神的奖励,激发内生动力,强化吸引居民持续关注的正向动力。这样在群众参与增多的情况下,不断强化建立立法机关与群众的互动机制与互信关系。

(一)健全表彰奖励制度,激励群众提意见

公共行政管理学认为,"管理当局如果想获取公民参与并使其达到某种特

定的水平,那么提供与之相当影响的权益作为激励是十分必需的"。① 为解决群众集体参与的困境,建构激励机制是有效的路径选择。目前市级基层立法联系点对于提意见群众的奖励和表彰,规定较为宽泛,应该建立实施细则,落到实处。因此,立法机关和联系点要健全表彰奖励制度,即健全表彰奖励的主体、程序和标准。同时,要注意两个方面。

一是要放宽认定标准。意见被采纳对于群众而言是最大的激励。为增强群众的参与体验感,在采纳意见建议的认定标准上可以执行宽泛标准,无论是关于立法方向、立法方法、立法价值取向的意见,还是关于法意、法条、法权的意见,抑或关于结构、文句、标点的意见,只要群众提出了,并被最后的立法成果所吸收,都应该作为意见被采纳予以肯定。这意见无论是自己单独提出的,还是与大家提出一致,都应该被作为采纳来看待。

二是要采取形式多样的表彰奖励方式。应该给予积极提出立法建议的群众以物质和精神的奖励,如通过对积极参与立法的群众给予物质奖励、发送采纳证明、寄送感谢信、具名表扬、颁发荣誉证书、赠送纪念小礼品等方式加强荣誉奖励,提高其参与积极性。这里,积分制是个好办法。在社会管理中,将群众参与社会事务量化为积分指标,制定积分评价办法,对此行为进行评价形成积分,根据积分给予相应的精神鼓励、物质奖励,能够有效解决群众参与基层治理积极性不高的问题。这种方法在激励群众参与立法上也能采用。部分基层立法联系点可以探索建立积分制度,根据征求意见以及被采纳情况,对团体或个人计分,作为评优表彰的依据。

(二)完善结果反馈机制,提升参与积极性

反馈制度是一种鼓励性的制度设计,立法机关和立法联系点可以制定一定的反馈途径、反馈条件、反馈力度和反馈周期,对群众提出立法意见形成正反馈激励,形成良好循环。不可讳言,由于工作量较大,现实中广泛存在群众所提意见"悄无声息"的问题。群众提出立法建议后,不知道自己的意见是否被采纳,又缺乏有效的跟踪反馈机制,这极大影响参与积极性。因此要大力完善结果反馈机制,加强结果反馈的时效性与正式性,提升群众参与积极性和真实体验感。

在反馈方式上,可以采取集中反馈和个别反馈的形式。立法机关和立法联系点对于群众的立法意见,不管是否采纳,都要正式、及时地予以回复。对于共

---

① [美]约翰·克莱顿·托马斯:《公共决策中的公民参与》,孙柏瑛译,中国人民大学出版社2010年版,第38页。

性意见,为避免逐一反馈的超大工作量,可以采用集中反馈的形式,由立法机关撰写反馈报告,载明意见采纳情况,说明采纳与否的依据,及时在立法机关官网中发布,并向各基层立法联系点发送。对于群众较为特殊的意见,尤其是涉及敏感或偏激的,应单独向群众反馈。

在征询意见被采纳的认定上,应当注意措辞。因为一条征询意见最终被写进法律法规,一般不会是只有个别人、个别联系点提出,往往是多方主体基于多维度、不同理由提出的,是诸多因素共同作用的结果。因此鉴于立法工作的这种特殊性和科学性,在给联系点和个人反馈时,不能言语含糊,造成联系点和个人认为这个法条只有其提出的错误印象,这是不科学的。

总而言之,基层立法联系点的参与激励机制旨在提升群众参与立法的积极性。首先,通过健全表彰奖励制度,鼓励群众提出意见,放宽认定标准,确保各种意见都能得到采纳和认可。同时,采用物质和精神奖励形式,如颁发证书、赠送小礼品等,提高参与热情。其次,完善结果反馈机制,及时、正式地回应群众意见,建立集中和个别反馈的方式,增强参与感和信任感。这种双向互动机制有助于建立立法机关与群众之间的良好关系。

结 语

基层立法联系点制度是立法协商、开门立法和民主立法的重要平台,为提升立法质量和效率提供了基础。在设区的市建设基层立法联系点时,应科学合理地选择设点,确保其覆盖面广泛,能够真实反映民意。同时,推进规范化、标准化和制度化建设,以确保各项工作的顺利开展。在实际工作中,基层立法联系点应建立多元征询机制,积极吸纳各界意见,真正成为立法"民意直通车",让群众的声音能够及时传递到立法决策层。此外,建立参与激励机制,通过各种方式鼓励和激发群众的参与积极性,使其更愿意主动参与立法过程。这不仅可以增强法律法规的科学性和合理性,还能增强公众的法治意识,提升社会对立法工作的认同感和支持度。基层立法联系点将成为促进法治建设的重要纽带,推动社会治理的创新与发展。

基层立法联系点铸牢中华民族共同体意识的时代价值与实践路向
——以三江县基层立法联系点为个案分析

陈宗波* 韩晋雷**

摘　要:基层立法联系点已经成为新时代人民民意表达的重要平台,成为彰显新时代中国民主话语的重要话题。工作流程反映少数民族群众心声、独特属性赋能中华民族团结进步、组织架构代表少数民族地区利益,基层立法联系点的这三点延伸属性将其对铸牢中华民族共同体意识的内在机理予以勾勒。少数民族地区是铸牢中华民族共同体意识的重要场域和关键阵地。通过对作为国家级立法联系点中唯一一个位于少数民族地区的三江县基层立法联系点进行考察,发现其对于促进毗邻地区民族团结、推动民族地区文化共融、实现民族地区社会和谐具有重要的时代价值。民族地区基层立法联系点在今后的运行过程中,应当以铸牢中华民族共同体意识为重要工作方向,始终协调"五对辩证关系"、充分发挥"五大主体作用"、大力拓展"两条征集渠道",不断提升民族事务治理体系和治理能力现代化水平,努力创建民族团结进步新典范,以此来使基层立法联系点对于铸牢中华民族共同体意识的时代价值充分实现。

关键词:铸牢中华民族共同体意识;基层立法联系点;民主立法;民族团结;全过程人民民主

---

　*　项目支持:广西地方法治与地方治理中心基金项目"广西少数民族地区自治立法权研究"(GXD-FFZ201703);三江县人大常委会委托课题《三江侗族自治县全国基层立法联系点五年发展规划》研究"(RH2200000421);2023年广西研究生教育创新计划项目"立法机关践行全过程人民民主的实践探索——以全国基层立法联系点三江县立法联系点为例"(YCSW2023153)。
　　陈宗波,广西师范大学法学院院长,广西地方法治与地方治理研究中心主任,教授,博士生导师。
　**　韩晋雷,广西师范大学法学院硕士研究生。

一、研究缘起

习近平总书记在党的十八届四中全会中提出,要完善民主立法机制,拓宽公民有序参与立法途径,广泛听取各方面意见建议,建立基层立法联系点制度。在此背景下,全国人大常委会法工委于 2015 年 7 月首批设立了 4 个基层立法联系点试点单位。自首批基层立法联系点试点单位设立后,全国各地的基层立法联系点建设工作也如火如荼地开展起来。截至目前,全国人大常委会法工委共建设有覆盖 31 个省(区、市)的 32 个基层立法联系点,各省级人大常委会的立法联系点有 509 个,设区的市(自治州)的立法联系点有 5000 多个,我国已经形成国家级、省级、设区的市(自治州)级三级联动的基层立法联系点工作体系。基层立法联系点已经成为新时代人民民主民意表达的重要平台和载体,成为发展全过程人民民主的标志性实践,在增强国家治理效能方面发挥了独特作用和优势。2020 年 7 月,三江县人大常委会被确定为第二批国家级基层立法联系点,成为我国国家级立法联系点中唯一的民族自治县,也是广西唯一的国家级基层立法联系点。三江县基层立法联系点作为少数民族地区的代表,收集和反映本民族地区群众的意见和呼声,直击少数民族地区政治、经济、社会、民生等方面亟待解决的突出问题。围绕其展开研究,对加强全国人大与少数民族地方联系,推动少数民族地区依托基层立法联系点铸牢中华民族共同体意识具有重要意义。

2019 年 9 月,习近平总书记在全国民族团结进步表彰大会上提出,要以铸牢中华民族共同体意识为主线,做好各项民族团结进步基础性事业。① 之后,习近平总书记在多个场合发表关于铸牢中华民族共同体意识的重要讲话精神。总书记关于铸牢中华民族共同体意识的重要论述,为新时代各项民族事业的有序开展指明了前进方向,把民族团结进步提升到了治国理政的战略地位。② 从学理上来看,对铸牢中华民族共同体意识进行的研究工作具有系统性、综合性和学科交叉性。学界当前主要从民族学、政治学和社会学等不同学科角度,对中华民族共同体意识的基本原理、内涵外延、实现路径等方面进行了较为系统的大量研究。在现有的研究成果中,基于法治视角对铸牢中华民族共同体意识的研究仍然较少,并且其主要集中在:对铸牢中华民族共同体意识入法问题的探讨、③

---

① 习近平:《在全国民族团结进步表彰大会上的讲话》,载《中国民族》2019 年第 10 期。

② 何文钜:《习近平关于铸牢中华民族共同体意识重要论述的理论精髓》,载《广西民族研究》2021 年第 2 期。

③ 蒋慧、孙有略:《"铸牢中华民族共同体意识"入法:理论阐释、规范考察与制度完善》,载《广西民族研究》2021 年第 3 期;乔良、朴宗根:《铸牢中华民族共同体意识入法问题探讨》,载《湘潭大学学报(哲学社会科学版)》2022 年第 3 期。

对铸牢中华民族共同体意识的法治保障展开论述、[①]对铸牢中华民族共同体意识的基本法理和法治内涵进行阐释、[②]对铸牢中华民族共同体意识的法治进路进行分析。[③] 迄今为止,还没有站在基层立法联系点视角对铸牢中华民族共同体意识进行研究的成果,尚未明确也并未深入阐述基层立法联系点对铸牢中华民族共同体意识的重要意义,不利于充分实现基层立法联系点在铸牢中华民族共同体意识方面的时代价值。本文基于三江县基层立法联系点的代表性、独特性、重要性,以其为分析样本,通过对基层立法联系点铸牢中华民族共同体意识的内在机理予以明晰,并对基层立法联系点对于铸牢中华民族共同体意识的时代价值进行阐释,最后提出基层立法联系点铸牢中华民族共同体意识的实践路向,希望能够对少数民族地区和覆盖不同民族同胞地区的基层立法联系点实现铸牢中华民族共同体意识这一重大政治目标作出贡献。

二、基层立法联系点发挥铸牢中华民族
共同体意识作用的内在机制

基层立法联系点作为铸牢中华民族共同体意识的实践载体,是立法机关依托乡镇、街道、行政机关、高等院校等机构组织建立的,收集基层群众立法意见建议的经常性联系单位,其作为丰富和发展中国特色社会主义民主形式过程中的一次创新性探索,[④]在促进我国法治民主化水平提高的同时,也为民族地区团结共进作出了突出贡献。基层立法联系点的工作流程反映少数民族群众心声、独特属性赋能中华民族团结进步、组织架构代表少数民族地区利益,这些特征构成了基层立法联系点铸牢中华民族共同体意识的内在机制,为基层立法联系点制度促进民族团结进步工作提供了实践前提。

[①] 黑静洁:《以习近平法治思想为指引 夯实铸牢中华民族共同体意识法治基础》,载《北方民族大学学报》2022 年第 4 期;马杰:《铸牢中华民族共同体意识的法治保障——基于刑事保障路径的考察》,载《西北民族大学学报(哲学社会科学版)》2022 年第 3 期;边巴拉姆、嘎松泽珍:《铸牢中华民族共同体意识法治保障的西藏实践与完善路径》,载《中国藏学》2022 年第 3 期。

[②] 程荣、虎有泽:《铸牢中华民族共同体意识的法理阐释——以〈地方组织法〉为例》,载《中南民族大学学报(人文社会科学版)》,2022,42(11):58-64 + 183;徐亚文、郁清清:《法治在"铸牢中华民族共同体意识"中的特殊作用》,载《湖南大学学报(社会科学版)》2021 年第 6 期。

[③] 李涵伟、程秋伊:《铸牢中华民族共同体意识的法治进路》,载《中南民族大学学报(人文社会科学版)》2021 年第 8 期;宋才发:《铸牢中华民族共同体意识的法治内涵及路径研究》,载《广西民族研究》2021 年第 4 期;常安:《铸牢中华民族共同体意识的文化法治路径》,载《西南民族大学学报(人文社会科学版)》2023 年第 1 期。

[④] 代水平、杜渊庚:《基层立法联系点建设之浅见》,载《人大研究》2023 年第 2 期。

（一）工作流程反映少数民族群众心声

基层立法联系点的立法意见征集流程主要包括以下几个阶段：一是接受征询任务。及时查收立法机关下发的法律意见征询任务。二是前期解读学习。组织立法联络员、信息采集员对接收的草案进行前期深入学习。三是制定工作方案。根据征询任务的特点，合理确定征集意见范围、征集意见方法、实施时间步骤。四是征求意见建议。采取座谈会、现场调研、问卷调查等方式，收集基层群众对法律草案的意见建议。五是形成报告初稿。在保证原汁原味反映群众意见的基础上作适当归纳整理，形成征求意见情况报告初稿。六是咨询专业人员。将征集到的意见建议咨询人大有关专门委员会、常委会办事工作机构、政府有关部门以及相关专业学者，以保障群众的意见建议符合专业规范的要求。七是上报报告定稿。在规定期限内完成征求意见情况正式报告，并按要求及时上报。八是做好档案工作。将有关资料分类整理归档，保存好工作档案，同时在法规草案表决通过后，对比法规文本和所提意见建议，向提出意见建议被采纳的单位和个人进行及时有效反馈。在上述八个工作步骤里，"征求意见建议"在整个工作流程中处于核心地位，"接受征询任务""前期解读学习""制定工作方案"可以被归为"前期的工作准备阶段"，"形成报告初稿""咨询专业人员""上报报告定稿""做好档案工作"则可以视为"后期的工作汇总阶段"，前期准备工作与后期汇总工作均围绕"征求意见建议"这一中心环节展开。

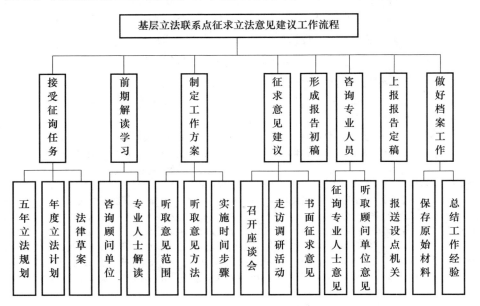

基层立法联系点有效解决了弱势群体、边缘群体、立法信息不对称群体在立法过程中的意见表达和利益诉求问题，极大增强了基层群众参与立法过程的存在感和获得感。人民群众在基层立法联系点运行过程中广泛参与立法，有利于更广泛地汇聚社情民意，更全面地协调各方利益，更有效地凝聚社会共识，各方利益在此过程中逐步形成最大公约数。在少数民族地区和覆盖不同民族同胞地区的基层立法联系点运行过程中，民族群众可以在立法意见建议征集过程中充分表达自身的权益诉求，而立法机关不论是在"前期的工作准备阶段"，还是在"后期的工作汇总阶段"，都可以在立法工作过程中考量少数民族地区群众的呼声意愿，也可以为不同民族同胞利益协商提供交流平台，从而为铸牢中华民族共同体意识提供切实有效的交流渠道。截至 2023 年 4 月 30 日，同时作为全国人大常委会、广西壮族自治区人大常委会和柳州市人大常委会三级立法机关的基层立法联系点，三江县基层立法联系点已经完成全国人大常委会法工委立法征询意见任务 34 项，征集到意见 1070 条，归纳整理上报 954 条，被采纳 49 条；完成自治区人大常委会法工委立法征询意见任务 51 项，征集到意见 2073 条，归纳整理上报 1596 条，被采纳 83 条；完成柳州市人大常委会法工委立法征询意见任务 7 项，征集到意见 132 条，归纳整理上报 97 条，被采纳 9 条。在这些立法意见征集、整理和采纳的过程中，少数民族群众的利益诉求得到充分表达，民族团结进步的精神纽带得到显著加强。

（二）独特属性赋能中华民族团结进步

基层立法联系点已经成为新时代基层群众表达立法诉求的重要平台，成为践行全过程人民民主的生动载体，成为彰显中国特色社会主义民主政治的重要议题，在增强国家治理体系和治理能力现代化方面发挥了显著优势，彰显了新时代中国民主在铸牢中华民族共同体意识过程中的制度优越性和强大生命力。铸牢中华民族共同体意识是新时代民族工作的精神指引和工作主线，是实现中华民族伟大复兴的核心要义。无论是对民族工作的开展，还是对民族问题相关法律法规的制定修改，都要正确处理不同民族地区群众之间的共同性和差异性问题，不断增强对共同性的培育，对差异性的尊重和包容。[1] 作为立法意见的直通车和法律实施的观察窗，基层立法联系点的独特属性对于中华民族团结进步具有重要意义。

立法意见的直通车——公众表达意见更直接。基层立法联系点是国家立法机关与基层群众取得直接联系的有效渠道，是立法机关实现全过程人民民主

---

[1] 童卫东：《新〈立法法〉的时代背景与内容解读》，载《中国法律评论》2023 年第 2 期。

的生动实践。它畅通了基层群众直接向最高立法机关反映诉求的渠道,使得国家立法机关获取的立法意见能够尽可能地保持其"本色",实现了基层群众在国家立法工作中的实质性民主,彰显了中国特色社会主义民主的真实性、有效性、人民性和广泛性。

三江县基层立法联系点坚持依托少数民族文化优势,拓宽立法联系基层人民群众形式,创新立法意见建议征集模式,积极畅通当地基层群众向全国人大常委会反映立法意见和诉求的渠道,切实发挥好联系群众"最后一公里"的关键性作用。在法律草案的立项、起草、调研、审议、评估、宣传、实施等立法全过程、各环节,将从基层群众收集到的立法意见建议,"原汁原味"地反馈给国家立法机关作为立法参考。2021 年,全国人大常委会法工委行政法室召开《中华人民共和国噪声污染防治法(草案)》视频座谈会,会议广泛听取了三江县基层立法联系点以及桂湘黔三省(区)周边县各少数民族同胞对该草案的意见,民族地区基层群众的呼声意愿在此过程中直达国家最高立法机关,使得立法工作的科学性与民主性得到充分彰显。作为立法联络点的三江县司法局,在三江县基层立法联系点的要求下,广泛开展《广西壮族自治区预防未成年人犯罪条例(草案)》立法意见征集活动,先后组织全局干警、中学教师和部分基层干部召开了3 场专题座谈会,对收集到的 22 条立法意见进行分类汇总后,最终向广西壮族自治区人大常委会报送 8 条有效意见,基层群众民主政治参与的广泛性、积极性和真实性在此过程中得到显著提升。三江县基层立法联系点在发挥"立法意见直通车"作用的过程中,也为铸牢中华民族共同体意识、促进民族团结进步作出了突出贡献。

法律实施的观察窗——功能作用日渐多元。"法律实施的观察窗"可以理解为两个方面:一是法律制定阶段预测法律实施状况的观察窗,二是跟踪制定后法律实际运行效果的观察窗。首先,作为法律制定阶段预测法律实施状况的观察窗,基层立法联系点能够在立法过程中使作为立法调整对象的广大人民群众的意志和利益得到充分反映,使广大人民的民主权利得到充分实现、根本利益得到切实维护,从而使广大人民的意愿得到交流整合,使法律获得更大的认同感,使得社会成员尊法守法的自觉性和责任感逐步增强,进而大幅降低法律实施的阻力,扩大法律的社会基础,为全民守法奠定坚实根基。① 其次,作为跟踪制定后法律实际运行效果的观察窗,基层立法联系点不是仅仅运行于立法机关起草法律的初始阶段,而是充斥于囊括法律实施、法律监督等在内的法律运行全过程。法律法规在制定后并不是一劳永逸的,其在实际运行过程中是否符

① 张鸣起、袁曙宏、姜伟等:《学习十九大报告重要法治论述笔谈》,载《中国法学》2017 年第 6 期。

合立法机关预期设想的立法目的,能否有效发挥社会治理的应然效能,都需要去跟踪观察,以此来保障法律法规体系不断健全,法律治理效能显著提升。

基层立法联系点作为"法律实施的观察窗",不仅可以在法律制定的源头上舒缓社会情绪、协调各方利益、化解社会矛盾,还可以在法律实施的过程中敦促相关规范与时俱进,保障作为上层建筑的法律制度能够适应不断发展的经济基础,以此来推动社会和谐有序、民族团结进步、国家安全稳定。三江县基层立法联系点在运行过程中制定法律法规实施情况跟踪机制,主动开展法律法规实施情况调研,持续跟踪在三江经济社会发展及基层治理中的实践情况,统筹监察、执法、司法等职能部门及时收集、整理、报送法律实施的有关情况和典型案(事)例,共收到立法修法意见建议 15 条,典型案(事)例 7 件,及时掌握法律法规实施过程中出现的各类问题,并主动分析研判提出对策建议,为各级国家立法机关制定、修改、完善相关法律法规提供参考意见。除此之外,对基层人民群众反映的社会治理问题,三江县基层立法联系点也及时向立法机关反映沟通,引导基层群众依法有序参与共建共治共享的社会治理活动。

(三)组织架构代表少数民族地区利益

基层立法联系点虽然在某种程度上来说是一个"点",但它以涵盖各个方面、各个阶层、各个乡镇社区的联系点办公室、立法联络点和立法信息采集点为分支机构,以覆盖不同行业、不同地区、不同民族的立法联络员和信息采集员为机构骨干,实现了以点带面的工作网络,扩大了立法征询意见平台的覆盖范围,更广泛地凝聚了立法共识,有力地铸牢了中华民族共同体意识。基层立法联系点下设机构中的办公室主要负责:学习贯彻党中央和国家关于基层立法联系点的重要指示精神,与设立该点的国家立法机关加强联系,对立法联络点、立法信息采集点、立法联络员和信息采集员进行日常管理。立法联络点的日常工作主要是:配合基层立法联系点开展立法调研或受托开展立法调研,参加基层立法联系点立法座谈会、论证会、听证会等活动。立法信息采集点的主要职责则是:收集整理基层群众对法律草案的意见建议进行上报,引导信息采集员积极主动向基层群众收集立法意见,引导群众依法有序参与共商共建共治活动。

三江县基层立法联系点目前设立了 13 家立法联络点,7 家立法信息采集点,选聘了 122 名联络员和信息员,使立法联系点的触角不断延伸,为铸牢中华民族共同体意识提供了有效的组织保障。其设立的立法联络点主要覆盖了当地的政法系统、医疗系统、行政审批系统,以及具有民族特色或者区位优势明显的乡镇,具体包括:林溪镇、独峒镇、高基瑶族乡、富禄苗族乡、梅林乡、老堡乡、良口乡、三江县人民检察院、三江县公安局、三江县人民法院、三江县司法局、三江县医疗保障局、三江县行政审批局。其中的立法联络员既有干部职工,也有人大代表、政协委员,同时体现了政治性、民主性、社会性等特征,具有广泛的群众基础和民意基础。立法信息采集点则主要分布在一些具有鲜明民族特色或具有丰富历史文化的村屯,具体包括:林溪镇冠洞村、独峒镇岜团村、八江镇布央村、高基瑶族乡桐叶村、富禄苗族乡富禄村登晒屯、古宜镇江滨社区、丹洲镇丹洲村。其中的信息采集员覆盖了单位业务骨干、退休干部、人大代表、政协委员、村干、寨佬、民族文化传承人和妇女代表,充分体现了信息采集员的广泛性、代表性、民族性。三江县基层立法联系点的组织架构覆盖了不同民族地区,囊括了不同民族同胞,为不同民族地区文化交流融合、少数民族同胞协商共进提供了有效的交流平台,对铸牢中华民族共同体意识作出了重要贡献。

三、基层立法联系点对于铸牢中华民族共同体意识的时代价值

基层立法联系点在征集立法意见过程中,不仅可以通过培养社会成员的民主意识与公共协作精神,增进彼此之间的信赖与认同,以此来促进毗邻地区的民族团结;也可以通过各种具有鲜明民族特色的征集意见形式,来使民族地区文化深度交流共融;还可以通过基层群众对相关立法问题的深度交流,使得法律规定与社会主流意志不相违背冲突,从而舒缓社会情绪、化解社会矛盾、实现民族地区社会和谐。① 总之,基层立法联系点对于铸牢中华民族共同体意识具有重要的时代价值。

(一)促进毗邻地区民族团结

民族群众之间充分交涉协商是民族团结进步工作的核心命题。真理是绝对与相对的统一。在这一哲学思想的影响下,作为一种法学研究方式的解构主义在方法论上摒弃传统观念对同一、统一与绝对的迷恋,注重强调差异、矛盾和相对的价值,认为不存在绝对统一的、一成不变的理性,相反只存在利益多元的、价值平等的见解和看法,意在尊重个体差异,破解定式的牢笼。② 在立法过程中,验证法律规范的正当性所依靠的便往往是取决于多数人意见而形成的"共识"。当代德国著名哲学家哈贝马斯通过提出交往行动理论和交往理性概念,认为现实世界中的真理本质上是一种共识,以"真理共识论"将"真理符合

---

① 封丽霞:《全过程人民民主视域下的立法协商》,载《科学社会主义》2023 年第 3 期。
② 张文显:《西方法哲学》,法律出版社 2011 年版,第 104—116 页。

论"予以替代。① 然而,立法论证过程中的"共识"不是简单的少数服从多数,"票数"与真理并不统一。真理通常最初只由少数人掌握,最先掌握真理的人,在争论的过程中逐渐说服更多的人与自己站在同一阵营。只有在理性论辩充分实现的基础上,让所有人的意见得以平等自由表达,才能在真正意义上形成最大程度的多数人共识,所以,一个能够确保理性论辩充分展开的制度尤为关键。② 而基层立法联系点这一制度设计的目的就在于保证所有参与者都能够理性参与决策形成过程并最终达成共识。达成这一目的主要依赖于参与主体之间的理性对话和充分交涉。对话是参与主体间为达成理性的合意围绕争论点而展开的一种意见交涉活动。在基层立法联系点运行过程中,参与主体通过作理性说明的对话方式设法说服征求意见主体与被征求意见的其他主体,并在其他主体的观点主张下不断反思和完善自己的观点,直至在这种对话和反思的妥协下形成最大合意。由此一来,不仅使法律规范的实体性内容获得正当性基础,还可以提高社会成员的民主意识与公共协作精神,增进彼此之间的信赖与认同,以此来促进毗邻地区民族团结。

三江侗族自治县位于广西北部,与湖南省通道侗族自治县,贵州省从江县、黎平县接壤,和柳州市融水苗族自治县、桂林市龙胜各族自治县毗邻,是湘、桂、黔三省(区)的交界地。2021 年 6 月,三江县人大常委会充分发挥区位优势,与上述五(自治)县人大常委会共同创建了桂湘黔三省(区)六县人大常委会基层立法联系点工作区域协同机制,这一全国首创的协同机制使得三江县基层立法联系点这一"国字号立法直通车"驶入了三省(区)交界的少数民族地区,为桂湘黔三省(区)六县少数民族地区群众反映自身诉求搭建了交流平台。在区域协同工作机制下,六县人大常委会共同承接全国人大常委会立法征询意见工作,以三江县基层立法联系点为桥梁和纽带,共同反映制约少数民族地区发展的关键问题,共同解决民族地区群众急难愁盼的现实问题,在推动少数民族地区民主法治建设和经济社会发展的同时,也为铸牢中华民族共同体意识奠定了扎实的群众基础。总的来说,桂湘黔三省(区)六县人大常委会基层立法联系点工作区域协同机制是全国首创,具有重大的现实意义和深远的历史意义。自协同机制创立以来,三江县基层立法联系点发挥少数民族语言相通、习俗相近、民风相融、联系密切等优势,共邀请五县参加全国人大常委会法工委视频连线征求意见座谈会 3 次,协同开展立法意见征询 12 项,征集到意见建议 69 条,将三江县基层立法联系点的基层性、广泛性、民族性、联通性充分体现,有效实现了

---

① ［德］哈贝马斯:《交往行动理论》(第 1 卷、第 2 卷),洪佩郁、蔺青译,重庆出版社 1994 年版。
② 张文显:《法理学》(第五版),高等教育出版社、北京大学出版社 2018 年版,第 302 页。

协同推进民族地区团结进步协调发展,把铸牢中华民族共同体意识推向纵深。

(二)推动民族地区文化共融

习近平总书记曾指出,文化是民族生存和发展的重要力量,[①]每种文明具有其独特魅力与深厚底蕴,皆是人类的精神瑰宝。[②] 悠久的中华文化作为各族文化之大成,是我国各族人民共同创造的伟大结晶,是建设中华民族共有精神家园的重要载体。[③] 法律的价值在于通过条文的形式将本民族的民族精神和民族意识表达于外,而这些民族精神和民族意识也常常蕴含在民族文化当中。民族特性是民族立法的关键所在,也是民族立法的前置基础,一部没有地方民族特性的地方民族立法缺乏必要性前提。[④] 法律的民族精神和民族意识的对外表达不仅通过条文的实体内容还通过其立法程序来实现。首先,在实体内容上。法律并非立法者个人主观能动的构想成果,只有经由历史沉淀出来的、客观存在的共同"民族意识"才是法律价值与内容的根源所在。[⑤] 其次,在立法程序上。实践证明,一个具备本民族特色的立法意见征集形式往往能使征集工作取得最佳效果。基层立法联系点作为新时代人民民主民意表达的重要制度载体,各地的具体工作形式往往不同程度地存在着自身特色。基层群众深度融入具有民族文化与地域特色的立法意见征集形式当中,将会进一步加强人民群众精神的寄托,构筑各族人民的精神家园。在基层立法联系点的建设运行过程中保护、传承与发展中华民族文化,不仅是铸牢中华民族共同体意识的重要举措,也是建设社会主义文化强国,实现中华民族伟大复兴中国梦的现实要求。

三江县基层立法联系点自设立以来,通过"款坪讲款""鼓楼议事""多耶普法""村寨月也"等富有少数民族地区优秀传统文化的独特方式,积极畅通当地基层群众向全国人大常委会反映立法意见和诉求的渠道。通过"款坪讲款"的形式化解矛盾纠纷,增进安定团结;以"鼓楼议事"的形式征求意见,收集社情民意;通过"多耶"的特色形式开展普法宣传,提供法律咨询;以"村寨月也"的形式促进民族团结,共建边界和谐。三江侗族自治县辖区与接边地区的民族文化在此过程中得到了深度交融,民族团结进步的共同体意识显著提升。

"款坪讲款"往往是德高望重的"寨老"或"款首"凭借其威信在款坪以"讲款"的形式传递优秀传统文化、进行思想道德教育、开展法律宣讲活动。"款坪

---

① 习近平:《坚定文化自信,建设社会主义文化强国》,载《求是》2019 版第 12 期。

② 习近平:《共同构建人类命运共同体》,载《人民日报》2017 年 10 月 20 日第 2 版。

③ 陈学军、陈建樾:《中华民族文化的保护、传承、发展与互鉴——以习近平文化建设重要论述为视角》,载《贵州民族研究》2022 年第 2 期。

④ 宋才发:《乡村振兴视域下地方立法存在的问题及矫正研究》,载《贵州民族研究》2020 年第 12 期。

⑤ 蒋海松:《民法典传统基因与民族特色的法理解析》,载《现代法学》2022 年第 1 期。

讲款"使得在解读法律草案的同时向各族群众征集意见成为现实。鼓楼作为增进民族团结的核心载体,是侗族群众聚会、议事和娱乐的重要场所,是鼓楼议会、传承文化、宣传法律和征询立法意见的重要平台。"鼓楼议事"有利于使民族群众在参与立法协商的过程中逐步增进其公共协商与社会合作精神,加强相互之间的信赖与认同。"多耶"意为"踏歌而舞",是侗族的一种大型集体舞,参与者需拉手围成一圈边唱边舞。三江县基层立法联系点把法律法规的内容融入耶歌中加以创作,通过这种代代相传的古老形式宣传法律知识,体现出鲜明的民族特色。"村寨月也"意为集体出访做客,是侗族传统文化中规模最大的交际联谊活动。它以村寨为主体,以文化交流为纽带,将侗族文化不断传承发展,使侗族村寨、族群间的团结友谊不断加深,社会和谐安定不断加强。总的来说,三江县基层立法联系点通过"款坪讲款""鼓楼议事"弘扬侗族传统文化,增强民族文化自信,增进民族团结友谊;与湖南、贵州接边各村寨开展"多耶普法""村寨月也"活动,使得两地群众在往来中增进情感,在交流中增进理解,促进了桂湘黔三地侗族文化交流,加强了边界地区的和谐稳定,推动了接边地区经济协同发展,铸牢了民族团结的共同基础。

(三)实现民族地区社会和谐

通过基层立法联系点在法律运行过程中广泛征集基层群众意见建议是一种正当的法律程序。正当法律程序是解决纠纷的基础。能够促进纠纷得到根本解决,从而实现实体公正。正当法律程序还是法律权威的保障。尽管法律权威需要国家强制力来保证不言而喻,但是这种可能被运用到极致的强制力存在异化为粗暴武力的风险。因此,在服从某一决定之前,人们必须考虑该项决定是否满足法律程序的正当化前提。① 人们对公正的理解和对法律权威的认识首先是从程序形式中直观感受到的。正当法律程序的意义正在于通过法律程序使人们在参与过程中体会到法的公正与尊严,也会在法律运行过程中增强人们对法律的敬意和信心;而不正当的法律程序将会引起人们对法律的轻蔑和怀疑。一部未体现多数人意志的法同时也会失去其最基本的社会基础,最终导致该法不可能在社会中得到有效的贯彻实施。② 法律的根基在于人民发自内心的拥护,法律的伟力在于人民真诚的信仰。只有在立法过程中充分发挥基层立法联系点的意见征集功能,法律规范才能深入人心,法律生命才能长青,法律实施才能真正成为全体人民的自觉行动,从而舒缓社会情绪、化解社会矛盾、实现民

---

① 季卫东:《法治秩序的建构》,中国政法大学出版社 1999 年版,第 53 页。
② 张文显:《法理学》(第五版),高等教育出版社、北京大学出版社 2018 年版,第 366 页。

族地区社会和谐。

和谐社会能够给人类提供追求物质与精神利益以及生存发展机会的便利条件,借此把各种社会资源整合起来并形成合力,从而推动社会进步和个人发展。三江侗族自治县地处桂湘黔三省(区)交界,有 200 多个村寨与贵州省、湖南省的村寨相邻,在历史长河中相互聚居的侗、苗、瑶、壮、汉等民族同胞形成了和睦共处、团结共进的良好社会关系。三江县基层立法联系点立足传统文化等资源禀赋,助力少数民族聚居区和边界少数民族杂居区实现巩固拓展脱贫攻坚成果与乡村振兴战略有效衔接,切实增强了各族人民的获得感、幸福感、安全感,为桂湘黔"环三省坡"边界地区铸牢中华民族共同体意识示范带、强化民族团结精神纽带、创建民族团结进步新典范作出了突出贡献。三江县林溪镇林溪村将王屯与湖南省通道侗族自治县陇城镇洞雷村成立了联合调解中心,用以处理两地矛盾纠纷,通过联合调解机制,将"跨省"纠纷转变为两个村屯之间的内部纠纷,利用两村之间的文化融合,把边界地区的矛盾纠纷化解在基层的萌芽状态,推动了边界地区长期的民族团结与和谐稳定,促进了民族地区经济的协同发展。

四、基层立法联系点铸牢中华民族共同体意识的实践路向

随着我国经济社会不断发展、法治建设水平逐步提高,人民大众自主参与国家事务的权利意识日益加强,立法工作在某种程度上已经成为不同民族群众和不同利益群体之间进行博弈的"主场域"和"主阵地"。① 过去那种"立法机关关门立法,社会公众不闻不问"的立法困境已经得到实质性转变。随之运用而生的基层立法联系点,为多元利益主体交流协商搭建了制度化平台,有助于立法机关找到立法调整对象的利益最大公约数。作为推动民主政治发展、民族团结和谐的新生事物,基层立法联系点仍需要始终协调"五对辩证关系"、充分发挥"五大主体作用"、大力拓展"两条征集渠道",如是,才可以充分发挥这一制度对于铸牢中华民族共同体意识的重大时代价值。

(一)始终协调"五对辩证关系"

一是始终协调守正与创新的关系。党的二十大报告将"必须坚持守正创新"作为建设社会主义法治中国进程中所必须坚守的原则之一。其作为习近平法治思想的理论内核,是我们继续推进法治中国建设,在法治轨道上不断提升

① 封丽霞:《"全过程人民民主"的立法之维》,载《法学杂志》2022 年第 6 期。

国家治理体系和治理能力现代化所必须坚持的立场观点方法。① 守正才能不迷失方向,不犯原则性错误,创新才能够紧跟时代步伐。基层立法联系点要在守正的基础上全面深入思考铸牢中华民族共同体意识这条民族工作主线,在做好立法意见建议征询工作的基础上,还要坚持正确的政治方向积极探索推进实践创新,不断丰富联系点实践的形式和内容,提升联系点的质量和效率,为实现民族团结进步贡献基层立法联系点力量。

二是始终协调自身发展与联动建设的关系。联动建设在一定程度上可理解为系统思维,系统思维作为基本的思想和工作方法,其精髓在于利用该方法全局性地把握事物发展规律,探求事物的本质与内在关联,提高分析和解决问题的全面性与科学性。习近平法治思想是对马克思主义系统观念的深刻领会与辩证创新。② 习近平总书记将马克思主义哲学的系统观念作为基本要领巧妙地运用于法治领域,在社会主义法治建设过程中提出了"共同推进""一体建设",旨在解决法治发展区域不平衡、不充分的突出问题和实现各民族同胞团结共进的良好局面。新时代法治中国建设经验充分表明,系统思维是整体性推进法治建设各项工作不可或缺的科学思维。基层立法联系点在坚持自身发展的同时,也要遵循系统思维,不仅要与协同工作区域的其他地区共同发展,还要处理好中央顶层设计和地方分层对接的关系,使其各项制度与国家大政方针相得益彰,从而将制度优势转化为民族团结进步的新势能。

三是始终协调激励机制与反馈机制的关系。在基层立法联系点运行过程中,反馈机制实际上并不能完全等同于激励机制。当一条立法意见被立法机关采纳并最终出现在相关法律条文中,立法机关和基层立法联系点对立法意见的提出主体及时作出反馈,无疑是对参与主体的一种极大的激励。但一条立法意见最终被写进法律往往是诸多因素共同作用的结果。如果一条立法建议被某一主体单独提出并被立法机关采纳,对其反馈是必然且可行的。但往往有一些立法意见是多方主体基于各自领域的不同维度提出来的,如果对提出这一立法意见的全部主体都一一作出回应缺乏必要性与可行性。因此,基层立法联系点应当处理好激励机制和反馈机制的关系,不能因为在立法意见征询过程中未收到及时反馈便认为自己的工作没有得到有效激励,从而丧失配合立法机关开展立法意见征集工作的积极性。基层立法联系点和基层群众均应当树立正确的立法参与价值观,充分参与协商的立法过程才是基层立法联系点铸牢中华民族

---

① 马怀德、张航:《推进法治中国建设的立场观点方法》,载《法律科学》(西北政法大学学报)2023年第2期。

② 张文显:《习近平法治思想中的立法原则》,载《中国法律评论》2021年第3期。

共同体意识的关键所在。

四是要始终协调意见数量和意见质量的关系。基层立法联系点在运行过程中不应把征求意见的数量作为主要绩效和工作目标,立法意见的质量更为重要。立法意见质量包括意见本身的质量和征求意见过程的质量。实现立法意见质量的提升:首先要坚持从实际出发,以解决实际问题为工作导向;其次要坚持走群众路线,始终遵循以民为本的重要理念,充分体现人民意愿;最后是要完善立法意见征集制度,优化立法意见征集的模式与实效,让立法意见征询工作更具针对性和有效性。党的十八届四中全会"决定"明确指出:"要恪守以民为本、立法为民理念,贯彻社会主义核心价值观,使每一项立法都符合宪法精神、反映人民意志、得到人民拥护。"这充分体现了党中央建设法治中国必须坚持为了人民、依靠人民的根本思想与理念。① 基层立法联系点只有不断提升立法意见实体内容和征集过程的质量,民族团结进步工作才会更加高质量发展。

五是要始终协调广泛参与和意见采纳的关系。基层立法联系点制度的设计初衷是丰富基层民主参与形式,运行目标是吸引更广泛的主体参与到法律制定的全过程中,让人民群众切实感受到中国特色社会主义民主的真实性、广泛性、时效性。所以,基层立法联系点作为基层群众行使知情权、参与权、表达权、监督权的重要平台,应该回归到制度设计的初衷,不应只关注提出、采纳了多少条意见建议,而不对参与征询意见的主体和过程予以关注。基层立法联系点的设立机关也不应仅以征集意见的多少来评判联系点的工作成效,基层群众的参与范围和程度比提出或采纳立法意见的数量更为重要。在立法意见征集过程中,即使基层立法联系点向立法机关上报的立法意见数量较少、价值较小,但只要有足够广泛的基层群众深入参与到这一过程中,基层立法联系点的制度作用便得到了有效发挥。只有让基层群众广泛参与其中,民族团结进步之花才会愈加灿烂。

(二)充分发挥"五大主体作用"

基层立法联系点组织架构中包含着工作内容不尽相同的工作人员队伍,具体主要包括"立法联络员""立法信息员""立法翻译员""立法宣传员""立法服务员"五大主体。充分发挥基层立法联系点对于铸牢中华民族共同体意识的重要价值,要求不断提升联系点工作队伍业务能力,提高联系点解决基层问题、化解基层矛盾的工作水平。

五类工作人员在提升铸牢中华民族共同体意识方面业务能力的过程中各

---

① 宋方青:《习近平法治思想中的立法原则》,载《东方法学》2021 年第 2 期。

有侧重。一是当好桥梁纽带,充分发挥"立法联络员"作用。"立法联络员"应当与基层群众保持密切联系,充分调动基层群众关心、支持、参与立法工作的积极性,广泛收集基层群众的立法意见建议,确保所提意见建议的全面性和代表性。二是收集民情民意,充分发挥"立法信息员"作用。"立法信息员"要注重调查研究,将收集到的意见建议原汁原味地反馈给立法机关,全面客观地反映基层群众的立法诉求。三是双向发力引导,充分发挥"立法翻译员"作用。要不断提升"立法翻译员"的能力水平和法律素养,有效把法律法规草案条文解释成基层群众听得懂的语言,提高基层群众的参与热情,同时把收集到的意见建议转换成法律规范用语,如实反馈给立法机关。四是拓展宣传方式,充分发挥"立法宣传员"作用。采取丰富多样的形式,组织面向基层的立法宣传活动,引导社会舆论,凝聚各方共识,推动共同发展。五是立足本地实际,充分发挥"立法服务员"作用。服务基层群众了解掌握相关法律法规,便于群众根据本地社会治理问题提出有效可行的意见建议,激发基层群众依法有序参与共商共建共治活动的热情。

对上述五类工作人员的专业程度和综合能力的提升途径主要包括以下几个方面。首先,加强队伍培训,提升综合能力。积极开展专业知识培训,系统学习社会主义民主政治理论、民族区域自治制度、基层群众自治制度和习近平关于铸牢中华民族共同体意识的重要论述,用中国特色社会主义科学理论武装头脑,提升立法工作人员的业务素质和专业能力。其次,加强对外交流,学习经验做法。组织工作人员外出学习考察调研,向民族团结进步工作作出较大贡献的地区学习经验和做法,拓宽自身视野,提升自身水平。最后,注重人才培养,提升专业水平。积极与高校、行业协会等组织合作建立学研基地、实务培训基地,积极探索专业人才培养模式,制定立法人才培养计划,力争培育出能够坚持正确历史观、国家观、民族观和文化观的模范集体和个人,为铸牢中华民族共同体意识提供坚实的队伍保障。

(三)大力拓展"两条征集渠道"

基层立法联系点的立法意见征集渠道总的来说可以分为线下和线上两种渠道。扩大征集渠道覆盖范围,可以让更多的基层群众有效参与到立法工作全过程,有助于立法机关找到立法调整对象的利益最大公约数,实现民族地区和谐社会的发展。

首先,扩大意见征集范围,实现参与主体的广泛性。以三江县基层立法联系点为例,其目前设立了 13 家立法联络点,7 家立法信息采集点,覆盖三江县辖区的 7 个乡镇。但三江县下辖共 16 个乡镇,基层立法联系点的延展空间显然还不够广泛。因此,基层立法联系点需要进一步延伸其触及范围,持续拓展意见征集渠道,形成以点带面、以面带片、片区联动的工作网络,增强意见征集的代表性、专业性和多样性。除此之外,各地还可以建立健全立法意见征询区域协同、联合调研等制度,进一步加强协作交流,延伸立法联系工作末端,让立法机关听到更多边远少数民族地区群众的呼声和愿望。

其次,充分利用科技力量,助力联系点扩能增效。基层立法联系点可以借助互联网平台,多渠道宣传立法意见征求的重要价值,使基层立法工作深入人心。同时探索多渠道征求广大人民群众的意见建议,充分利用政府外网建立终端和系统软件,密切联系点办公室与各立法联络点、信息采集点,以及联络员、信息员和广大干部群众的联系。统筹线上线下,探索"互联网 + 意见征集"等信息化、智能化建设,以数字化赋能意见征集,加强大数据对立法意见的收集梳理、处理分析、跟踪反馈,建设一支网络信息员队伍,推进立法沟通"零障碍"、服务"零距离"的现代化民族立法工作新格局。

五、结　语

基层立法联系点制度极大程度地实现了我国立法机关在政治和法律上不对任何公民厚此薄彼,而是平等尊重广大公民的政治自由与法律权利,确保每个人享有的平等发言权得到充分实现,最终实现了政治权力对每个公民的平等关切。它摒弃了传统的聚合式民主立法模式和简单的多数决原则,使得立法活动从一个简单的投票过程转变为一种诉求的表达与协商过程,更加强调基层群众在立法过程中独立思考的重要性,从注重公民的集体决定转变为注重公民的共同思考,将立法活动由单纯的投票转变为基层群众互相学习交流的过程,彰显了立法机关对公民自主性的平等尊重。① 基层立法联系点通过对各种立法意见建议的收集、分析、反馈、吸纳,使得社会各方面提出的疑惑和问题得到了及时有效的回应,广泛凝聚了全社会、各民族的立法智慧和立法共识②,有力地铸牢了中华民族共同体意识。

基层立法联系点在今后的运行过程中仍应当精准把握和坚决贯彻习近平总书记关于加强和改进民族工作的重要讲话精神,将铸牢中华民族共同体意识作为工作中的重要目标,逐步建立健全民族地区基层群众意见表达、利益协调、纠纷解决机制,并且把维护各族群众合法权益纳入法治化轨道,不断提升民族

① 叶会成:《超越工具论:民主立法的内在价值》,载《法学家》2022 年第 2 期。
② 封丽霞:《民主立法:全过程民主的展现》,载《中国党政干部论坛》2021 年第 7 期。

事务治理体系和治理能力现代化水平。还要持续加强基层立法联系点建设,不断扩大其覆盖范围,鼓励不同民族地区的多元利益主体广泛参与,并为之提供高效便捷的交流协商平台,从而达到社会整体利益的最大化,①实现深刻凝聚党心民心、广泛凝聚社会共识、集中凝聚中国力量的伟大目标,推动各民族坚定对伟大祖国、中华民族、中华文化、中国共产党、中国特色社会主义的高度认同,不断推动中华民族共同体建设,②不断铸牢中华民族共同体意识,让国家立法充分体现人民意志,让民族团结进步之花开放得更加灿烂。

---

① 黎堂斌:《地方民主立法存在的问题、成因及对策》,载《学习与探索》2018 年第 12 期。
② 《习近平谈治国理政》(第四卷),外文出版社 2022 年版,第 244 页。

基层立法联系点的运行困境与制度完善

张运昊　张筱婧[*]

摘　要：基层立法联系点是基层群众参与立法的重要载体，体现了从代议制民主到参与式民主的转型。2023 年修正的立法法对基层立法联系点制度作出了规范要求。然而，随着我国基层立法联系点制度的地方扩散，已逐渐暴露出职能分散、模式不一、定位不清、效力不明等现实困境，极大阻碍了基层立法联系点制度的进一步发展。与既有的立法意见征集制度相比，基层立法联系点是立法机关根据立法工作需要，在基层设立的协助收集和反映立法工作意见和建议的常设性机构。基于此，其制度设计也应在常设性立法意见征集机构的定位基础上展开，确立其核心职能，优化运行模式，厘清体系定位，强化意见效力，推动全过程人民民主实践提质增效。

关键词：基层立法联系点；全过程人民民主；常设性机构；运行模式；制度完善

一、问题的提出

立法是社会主义法治建设的首要环节，是全面推进依法治国的关键手段。全过程人民民主立法将民主思维落实体现在国家立法活动中，旨在寻求一种体现新时代民主的立法形式。[①] 基层立法联系点制度在发展全过程人民民主中应运而生、蓬勃发展。党的二十大报告中指出："密切人大代表同人民群众的联系，健全吸纳民意、汇集民智工作机制，建设好基层立法联系点。"在庆祝全国人民代表大会成立 70 周年的大会上，习近平总书记再次强调，"一切国家机关和国家工作人员必须牢固树立人民公仆意识，把人民放在心中最高位置，倾听人

---

　*　张运昊，东南大学法学院讲师，江苏省地方立法研究基地研究员；张筱婧，东南大学江苏省地方法研究基地研究人员。本文系江苏省社科基金项目（项目编号：23FXC003）的阶段性研究成果。

　①　参见马涛、龚雪：《论立法联系点制度——兼论全过程人民民主立法的基层问题》，载《江汉大学学报（社会科学版）》2023 年第 3 期。

民群众意见和建议,保持同人民群众的密切联系"。落实到规范上, 2023 年《中华人民共和国立法法》规定:"全国人民代表大会常务委员会工作机构根据实际需要设立基层立法联系点,深入听取基层群众和有关方面对法律草案和立法工作的意见。"基层立法联系点是全国或地方人大常委会在基层设立的用以收集和反映立法工作意见的平台,平台将基层群众的意见与诉求"原汁原味"地反馈给立法机关,突破了传统民主代议制立法的限制,为人民群众有序参与国家立法提供了现实有效的途径。在全国人大常委会法工委设立基层立法联系点的带动下,各地创新实践井喷。据统计,省、市两级人大设立基层立法联系点 6500 多个。① 广大基层群众和各界人士的意见被广泛征求和听取,立法工作充分凝聚了群众智慧,保证了决策科学有效。

但是,作为一个还处在不断完善过程中的新生事物,基层立法联系点制度还存在职能分散、模式不定、定位不清、效力不明等诸多困境,大大阻碍了其作用发挥。有鉴于此,本文将首先结合已有地方实践梳理基层立法联系点的运行现状、归纳运行困境,进而从规范逻辑和功能逻辑两个角度明确基层立法联系点的性质定位,最后提出基层立法联系点制度的具体改进方案,以期发挥基层立法联系点的制度价值,提高科学立法、民主立法的水平。

二、基层立法联系点的实践考察与运行困境

我国尚未就基层立法联系点作出统一的制度安排,地方性的政策文件复杂多元,运行模式差异巨大,导致基层立法联系点制度的运行陷入困境。

(一) 基层立法联系点的职能分散

通过考察各地的政策文件和实践做法,我国基层立法联系点大致承担了三个方面的具体职能,分别是群众意见征集、法治宣传教育以及专业人才培养。

1. 群众意见征集

基层立法联系点以群众意见征集为抓手,一头连着立法机关,一头连着基层群众,是发展全过程人民民主的生动实践。基层立法联系点征求意见建议的范围包括人大常委会征求意见的法律法规草案、人大常委会五年立法规划、年度立法计划以及人大常委会立法工作。同时,基层立法联系点也会参与人大专门委员会和常委会工作机构组织的立法课题研究,接受人大常委会有关工作机

---

① 周楚卿:《全国人大常委会法工委已设立 45 个基层立法联系点》,载新华网 2024 年 3 月 8 日,ht-tp://www. news. cn/politics/20240308/b474f073cad64f6e9d7aa669e98221a1/c. html。

构委托，就立法中的重点问题开展调研，对法律法规实施情况进行跟踪了解，收集并反映实施过程中的群众困惑与难题，在此基础上提出有关法律法规修改完善的意见建议。如江海基层立法联系点即通过走村居、进企业、访群众的方式，倾听基层群众的所思所想，并围绕 2022 年全国人大常委会法工委下发的《中华人民共和国农村集体经济组织法（草案）》等 4 部法律草案，就农村集体经济组织成员资格认定问题、农村集体经济组织与村民委员会的属性界定问题、特殊群体的利益维护问题开展专题座谈，提出立法修改建议，并通过直报机制，直达全国人大常委会。[1]

截至 2023 年底，全国人大常委会法工委先后通过联系点，就 172 件次法律草案、立法规划稿征求群众意见建议 22000 多条，其中有 3100 多条被立法研究吸纳。[2] 作为民主立法的直通车，基层立法联系点突破了分层对接、分级负责的传统秩序，基层人民群众的意见和诉求可以直通立法机关，有效缓解了意见在逐层向上递交过程中的打折和损耗，也缩短了人大及常委会在立法过程中与基层群众沟通的制度成本，为提升立法民主性和广泛性发挥了独特作用。

2. 法治宣传教育

党的二十大报告强调："加快建设法治社会……深入开展法治宣传教育，增强全民法治观念。"[3]对此，有学者指出要让全民普法教育脱离"照本宣科""被动灌溉"的局限，与法治实践紧密结合，调动人民群众在普法教育中的主观能动性[4]；还有学者提出"1 + N"工作目标，认为基层立法联系点除了作为民意征集平台外，还应致力于将其打造为法律法规的宣传平台、法律实施的监督平台、用法律解纷的工作平台，使其成为宣法、用法的引领阵地和示范阵地。[5] 实践中，也有基层立法联系点力求将征求意见的过程转变为社会动员、法律知识普及和为法律制度执行创造条件的过程，使人民群众不再是普法活动中的旁观者，而

---

① 参见江海区人民政府办公室：《江海基层立法联系点：汇聚"湾区声音"，为全国立法提供"活态样本"》，载江海区人民政府网 2023 年 3 月 15 日，http：//www.jianghai.gov.cn/gkmlpt/content/2/2816/post_2816912.html#984。

② 王雪：《全国基层立法联系点已征集到群众意见建议 22000 多条》，载新华网 2023 年 11 月 8 日，http：//www.xinhuanet.com/2023-11/08/c_1129964959.htm。

③ 参见习近平：《高举中国特色社会主义伟大旗帜　为全面建设社会主义现代化国家而团结奋斗——在中国共产党第二十次全国代表大会上的报告（2022 年 10 月 16 日）》，人民出版社 2022 年版，第 42 页。

④ 参见冯玉军：《立法联系人民——基于五个"国字号"基层立法联系点的实证研究》，载《甘肃政法大学学报》2024 年第 1 期。

⑤ 参见肖辉、孙颖颖：《推进基层立法联系点"1 + N"功能完善与拓展的思考》，载《保定学院学报》2023 年第 2 期。

成为具有主人翁意识的参与者,积极投身于法治链条的各个环节。① 例如,上海市人大常委会将基层立法联系点的职能由"立法中"向"立法后"两端延伸,使其逐渐成为服务立法、推动守法、优化社会治理的"建言站、直通车、助推器、宣传台"②;广东省江门市陈皮协会联系点积极开展法治"进企业""进社区"系列法治宣传活动,现场设置《江门市新会陈皮保护条例》等法律法规的宣传展板,以及普法主题造型区,推动建立联系点立法衔接普法的长效机制。③

3. 专业人才培养

基层立法联系点也是法治工作者与法科学子锻炼与成长的基地。④ 全国人大常委会法工委定期安排年轻干部到基层立法联系点挂职锻炼。⑤ 挂职锻炼干部参加基层立法联系点相关工作,及时报送相关情况,做好全国人大常委会法工委与基层立法联系点之间的沟通联络,反映基层立法联系点工作中遇到的实际问题。通过挂职,来自法工委的立法干部可以深入了解基层,弥补经验之不足,改进工作思路;同时,立法干部也能带来先进的工作方法和管理经验,创新开门立法形式,推动基层治理水平不断提升。基层立法联系点的扩点提质还对联系点工作人员的素质提出了更高的要求。部分联系点通过与高校共建学生实践基地,深化校地法治建设交流互鉴,助力基层法治人才队伍建设。如江海基层立法联系点与中山大学法学院签订合作意向书,合作建立"全过程人民民主研学实践基地"。中山大学法学院组织师生赴江海基层立法联系点联合开展立法意见征集、实践教学、理论研究、现场宣讲、实习实训等活动⑥,为法科学生提供了基层实训机会,也为基层立法联系点建设与地方立法工作注入了专业力量。

4. 小结

如上所述,各地基层立法联系点积极开展法律法规贯彻落实和法治宣传教

---

① 据实证研究,湖北省、呼和浩特市、揭阳市、泸州市、潍坊市、成都市、恩施土家族苗族自治州、云浮市、葫芦岛市、七台河市、南充市、中山市、大连市、襄阳市、雅安市、梅州市、蚌埠市、南充市、常州市、黄冈市、百色市、常德市、普洱市、淮北市、金华市等地在有关基层立法联系点的工作规定中,均提及对法治宣传教育活动的开展。

② 参见郑辉、张明君:《践行"全过程民主"的实践探索与理论思考——以上海市人大常委会基层立法联系点为视角》,载《人大研究》2021年第4期。

③ 参见新会区司法局:《新会区着力把立法基层联系点打造为法治建设前沿阵地》,载澎湃新闻网2023年10月13日,https://www.thepaper.cn/newsDetail_forward_24931029。

④ 参见冯玉军:《立法联系人民——基于五个"国字号"基层立法联系点的实证研究》,载《甘肃政法大学学报》2024年第1期。

⑤ 参见《全国人大常委会法制工作委员会基层立法联系点工作规则》第二十条。

⑥ 参见江门高新:《江海基层立法联系点与中大法学院共建"全过程人民民主研学实践基地"》,载澎湃新闻网2024年1月30日,https://m.thepaper.cn/baijiahao_26215537。

育活动,引导社会舆论,为法规的有效实施做好基础性工作。许多有关基层立法联系点的工作规则也明确规定,联系点有必要开展地方性法规宣传教育活动。但基层立法联系点是一个民意征集、民主协商的平台,究其根本还是为了发挥立法"直通车"功能,其功能不能任意拓展,否则会消耗立法资源,造成基层立法联系点职能冗余和制度空心化。司法局具有承担统筹规划本市法治社会建设的责任,负责拟订法治宣传教育规划,推动人民参与和促进法治建设,普法宣传工作本应由当地司法局组织实施。此外,法律并非孤立存在,其"立改废释"均需要论及它和其他法律法规的相互关系,[①]自然就能够给参与民众普及一定的法律知识,无须将司法部门等其他机关的管理职责旁落到基层立法联系点,确保立法联系点工作始终围绕"服务立法"这个中心展开。

(二)基层立法联系点的运行模式不一

基层立法联系点的运行模式大体可分为三种,分别为垂直型运行模式、扁平化运行模式和封闭式运行模式,体现了各地因地制宜的智慧,也存在些许的不足之处。

1. 垂直型运行模式

垂直化组织结构的特点是各级单位从上到下垂直贯通,呈金字塔结构。该结构中,立法信息传递的来源与流向基本固定,各级关系简明清晰,信息传递的准确性在客观上有一定的保证,也有助于确保组织内部的秩序与效率。例如,上海虹桥街道基层立法联系点通过探索和实践,建立了"一体两翼"的工作模式。其中,"一体"是典型的对垂直型运行模式的实践,它是指将街道下辖的 16 个社区和 50 家单位纳入基层立法信息采集点,每个居民区或单位均配备相应的信息员和联络员,活跃于群众之间。两翼,则是将区人大、法院、高校等作为咨询单位,把律师事务所作为专业人才库,做到采集信息网格化、领域全覆盖。[②]类似地,鹤壁市人大常委会从县区人大常委会、执法部门、院校和法律服务机构中,确定了 20 个市人大常委会基层立法联系点,再从乡(办事处)和农村(社区)中,确定了 13 个市人大常委会基层立法信息采集点,将立法信息传递到每一个居民,再把来自基层一线的声音传递给立法机关,打通收集民情民意的"最后一公里"。但受到层级结构的限制,垂直型运行模式可能导致组织缺乏灵活性,且立法信息在内部流动不畅,从而影响沟通效率。

---

① 参见代水平、杜渊庚:《基层立法联系点建设之浅见》,载《人大研究》2023 年第 2 期。

② 参见席文启:《基层立法联系点:立法机制的一项重要创新》,载《新视野》2020 年第 5 期。

2. 扁平化运行模式

金字塔状的组织形式被"压缩"成扁平状,即为扁平化组织形式。扁平化组织结构相较于垂直化组织结构更为简化,减少了立法信息传递层级,增加了立法信息传递幅度。以广州市基层立法联系点为例,广州市人大常委会共设立了11 个基层立法联系点,58 个基层立法联络站。其中,立法联络站包括但不限于图书馆、公证处、妇女儿童活动中心、高科技企业、高校研究所等。① 广州市基层立法联系点在接到人大常委会立法任务后,将立法任务下发给广州市立法联络站,再由立法联络站收集各方面意见。意见收集完毕后,立法联络站对立法资料进行初步汇总,交至基层立法联系点,再由基层立法联系点上交至立法机关。昆山市人大常委会为保障立法工作顺利开展,选择区镇"人大代表之家"、若干商协会组织和律师事务所作为立法信息联络站,将全国人大常委会法工委委托征求意见的法律法规草案及说明向基层征求意见,对收集到的各方面意见建议,及时归纳整理,严格按照时限报送立法联系工作办公室。该运行模式依托相关企事业单位、行业协会、经济功能区等相关单位,带动各界人士参与立法,提高了立法效率,充分发挥了立法积极性。

3. 封闭式运行模式

不同于垂直型和扁平化运行模式,封闭式运行模式实行内部化运营和管理方式,对外部资源的依赖较少,具有简单直接和封闭聚焦的特点。立法机关将立法任务下达后,基层立法联系点内部直接对意见进行征集、整理并上报立法机关。中国政法大学是基层立法联系点封闭式运行模式的典型代表,通过调动校内专家教授、在校学生参与中央和地方各级立法,参与形式包括执笔起草法案,提出草案专家意见稿、专家意见书,为法案进行调研、研讨、参加座谈会等等,依托法律院校的学科优势和专业能力,集中服务立法,汇聚师生反映,为科学立法、民主立法、依法立法贡献智慧。② 类似地,西南政法大学同样作为国家立法的"直通车",以立法研究院等创新平台为载体,深度参与国家与地方立法工作,全面征集、准确反映立法意见建议,高质量服务立法工作。但是,科研院校在立法建议上更侧重于理论分析和学术探讨,而较少涉及具体的实践经验和基层需求,与外部社会特别是基层社会的直接联系较少,立法意见缺乏一定的实践性和基层性。

---

① 参见广州人大:《新增 27 个! 新一批广州市基层立法联络站名单出炉》,载广州人大网 2024 年 6 月 11 日,https://www. rd. gz. cn/xwdt/content/post_252577. html。

② 参见夏红真:《中国政法大学立法联系点》,载中国人大网 2023 年 4 月 26 日,http://www. npc. gov. cn/npc/c2/c30834/202304/t20230414_429030. html。

(三)基层立法联系点的体系定位不明

基层立法联系点在设立与运作过程中还面临着体系定位不明的现实难题,不利于基层立法联系点的制度化、规范化发展。

1. 基层立法联系点与其设立机关的关系不明

基层立法联系点往往是由人大常委会通过相应程序设立。然而,各地对于人大常委会与基层立法联系点的关系定位有所不同。大体可分为两种:一是指导与被指导的关系,即立法联系点接受人大常委会的组织协调和业务指导,如《淄博市人大常委会基层立法联系点工作办法》第八条规定,基层立法联系点在市人大常委会的指导下开展工作。该体系定位下的联系点接受人大常委会的立法委托,完成立法任务,和人大常委会之间不存在直接的上下级领导关系。二是领导与被领导的关系,即人大常委会具体负责立法联系点联系服务和检查考核等日常工作,如《南充市人民代表大会常务委员会基层立法联系点工作办法》第四条规定,基层立法联系点在市人大常委会领导下开展工作。该体系下的人大常委会可以命令、指挥和监督立法联系点的工作,伴有一定的强制机制,与指导关系存在本质区别。

同一规范文件对于基层立法联系点与人大常委会的关系定位也有冲突。如《七台河市人大常委会基层立法联系点工作规定》第三条中已明确规定立法联系点在市人大常委会领导下开展工作,但又规定有关区、县人大常委会根据市人大常委会总体要求,组织指导本地立法联系点开展工作;再如《海西蒙古族藏族自治州人民代表大会常务委员会基层立法联系点工作规定》中第三条明确规定基层立法联系点在州人大常委会领导下开展工作,又在第十一条规定州人大应当指导和协助基层立法联系点有效开展工作。基层立法联系点与其设立机关的关系不明,容易造成管理混乱,对联系点工作带来不利影响。

2. 基层立法联系点与其他群众意见征集机构的关系不明

在基层立法联系点之前,我国已有信访部门、人大代表联络站等多个吸纳民意、汇集民智的群众意见征集形式与平台,也存在听证会、座谈会以及法律草案网上公开征求意见等制度形式,与联系点存在功能竞合。而联系点到底在群众意见征集机构中起到何种作用,与其他群众意见征集机构是何种关系尚未明晰,面对这种相近的、交叠的设置,群众往往选择多头参与的保险办法,既增加了参与成本,也消耗了立法资源。此外,随着立法事项的日益繁杂,同一事项往往牵涉多个平台,容易产生互踢皮球的推诿扯皮现象,造成不必要的矛盾冲突,不利于立法联系点的制度化、规范化。

3. 不同基层立法联系点之间的关系不明

对于不同基层立法联系点之间的关系,已出台的工作办法鲜有规定。多数基层立法联系点之间缺乏互动,需要依靠人大常委会进行工作协调与交办。如《常德市人大常委会基层立法联系点制度》第十一条规定,区县市人大常委会应当协同推进所辖区域内基层立法联系点的建设,协调解决基层立法联系点工作中遇到的困难和问题,完成上级人大常委会交办的基层立法联系点相关工作。实践中,也有少数地区通过各联系点之间的交流发挥联系点辐射带动作用,推进基层立法联系点工作提质增效。例如,青海省通过邀请全省各市州和部分县(区、市)人大常委会及 34 个省人大常委会基层立法联系点负责同志参与交流座谈,"链接"各基层立法联系点之间的交流和协作。不同基层立法联系点之间还存在互相协助的情况,如广东省江门市江海区基层立法联系点在征集"农村集体经济组织法(草案)"的意见过程中,就向江门市市级基层立法联系点提出了协助征集意见的请求。[①] 但目前此类情况在实践中还属少数,各基层立法联系点之间的关系,仍需进一步探讨与明确。

(四)基层立法联系点的立法意见效力不明

与其他民主渠道反映的立法意见相比,由基层立法联系点征集来的意见效力如何,是否有被采纳的优先权尚且不明。目前多数地方出台的有关规范并无关于征集意见效力的规定。部分规定中提到应当对联系点提出的意见建议予以重视或对基层立法联系点报送的意见建议认真研究,积极采纳。如《绵阳市人大常委会基层立法联系点工作规定》第六条规定,市人大专门委员会、常委会办事工作机构应当充分重视基层立法联系点所提出的重要意见建议,在有关立法调研报告、审议意见或说明中予以反映。部分立法机关还会优先选择立法联系点参加活动,对其提出的立法意见和建议,及时进行研究、处理和反馈;[②]有的立法机关开展立法调研与工作考察也会优先考虑基层立法联系点。[③] 然而,从上述规定中可以看出,这些立法意见更多的还是为立法和政策制定提供参考和依据,并没有因其来源而明确给予特别的优先权。

强化对基层立法联系点立法意见的反馈,也是提升立法意见效力的重要路

---

① 参见冯玉军:《立法联系人民——基于五个"国字号"基层立法联系点的实证研究》,载《甘肃政法大学学报》2024 年第 1 期。

② 《常州市人大常委会立法联系点工作规定》第九条第三项规定,市人大常委会相关工委应当优先选择立法联系点参与相关活动,对其提出的立法意见和建议,及时进行研究、处理和反馈。

③ 《湖北省人大常委会基层立法联系点工作规定》第二十一条第一项规定,省人大常委会应当关心和支持基层立法联系点队伍建设,开展立法调研与工作考察应当优先考虑基层立法联系点。面向基层招考机关工作人员时,同等条件下优先考虑基层立法联系点。

径。基层立法联系点与人大常委会之间的反馈主要有两种情况：一是基层立法联系点负责将征集到的各方面的意见建议，整理汇总到人大常委会；二是人大常委会向联系点反馈采纳情况。目前，基层立法联系点制度呈现"重征集、轻反馈"的现状，立法机关大张旗鼓地征集意见，而意见有没有采纳，采纳了多少，往往没有解释和说明。我国立法法缺少对社会公众意见反馈的相关规定，各地基层立法联系点工作办法中的反馈条款规定得并不明确。例如，虽然《揭阳市人民代表大会常务委员会基层立法联系点工作规定》第十二条规定，人大常委会要及时向联系点反馈采纳情况，但未对意见反馈的形式和渠道等作出具体的程序规范。尽管有办法强调采纳意见可以通过调研报告的形式反馈给群众，但调研报告的公开力度较弱，群众难以直接获取到相关信息，参与立法的效果也会大打折扣。立法本身涉及对相关利益主体的博弈与调整，而博弈与调整的过程属于立法机关内部信息，群众无从获得与知晓。[1] 因此，立法机关对群众意见的反馈显得更为重要，有必要采取相应措施提升立法意见的约束力，让群众参与的立法"落地有声"。

三、作为常设性立法意见征集机构的基层立法联系点

要想彻底破解基层立法联系点制度面临的困境，关键在于厘清其制度定位。与其他既有立法意见征集制度相比，基层立法联系点具有组织、人员设置上的常设性，是一种常设性的立法意见征集机构。

（一）基层立法联系点与传统立法意见征集制度的比较分析

传统立法理论认为，立法民主和科学通过代议制体现。代表经民主的方式选举而来，其立法被认为是体现了民意。随着社会的发展，代议制下的民主和科学受到挑战，立法听证制度和专家听证制度逐渐发展。[2] 根据立法法第三十九条的规定，对于列入常务委员会会议议程的法律案，全国人大常委会工作机构应当听取各方面意见。听取意见可以采取座谈会、论证会、听证会等多种形式。立法听证与座谈作为我国民主立法的重要形式，将相关组织和个人的意见纳入立法决策的考量，使立法决策合乎民主和尽可能达致科学。[3] 此外，专家参与立法也是我国公众参与立法的一个主要形式。专家无论是相对于立法机关

---

[1] 参见李宇昊：《政府基层立法联系点的价值内涵与优化进路》，载《三晋基层治理》2023 年第 5 期。

[2] 参见周祖成、张印：《立法学》，中国法制出版社 2022 年版，第 176 页。

[3] 参见孙莹：《立法过程研究述评》，载《中山大学法律评论》2014 年第 12 期。

的人大代表还是参与立法过程的普通民众,都具有丰富的法律知识,对提升立法效率,保证立法科学性具有重要意义。

然而,在传统意见征集制度的规范下,群众对立法的民主参与,往往被弱化在民主立法之中,无论在参与的程度还是在参与的效果方面,都表现出被动性、有限性和间接性等特征。立法听证制度更侧重于其民主价值,注重程序的公开性和公平性,而对于听证结果的执行力度关注不足,即对听证结果的后续处理较为忽视,对收集到的意见缺乏系统有效的评估手段。加之听证活动和座谈活动临时性和松散性的特点,公众对于听证或座谈结果更是难以知悉,这导致立法过程中的公共参与相对较低。从 2000 年立法法颁布到 2015 年底,我国省一级的人大常委会举行的立法听证仅有 150 余次,近年来立法听证数量在全国各地呈下降趋势。① 另外,专家学者等特定群体也代表着特定阶层的意愿和利益,无法将社会各界广大民众的利益诉求传达给立法机关,社会中某些阶层、群体成为沉默的大多数。

基层立法联系点制度则是群众意见征集制度与现代民主理论的重要创新。相较于传统立法意见征集制度,基层立法联系点经过正式程序设立,通常设立于企事业单位和有关行业组织中,拥有更为明确的组织架构和工作流程。由于组织上的常设性,基层立法联系点也往往配备有专业的工作团队,具有明确的职责和分工,长期稳定地在立法联系点收集、整理和评估立法意见,同立法机关与人民群众保持着密切联系。作为大众参与立法的制度建设,基层立法联系点为普通群众表达利益诉求、说明想法提供途径和创造便利,是代议制民主与协商民主的结合,体现了从代议制民主向参与制民主的转型。

（二）作为常设性立法意见征集机构的规范依据

基层立法联系点制度作为一种常设性的立法意见征集机构也具有法规范依据。2022 年修正的地方组织法第六十条规定,县级以上的地方各级人民代表大会常务委员会通过建立基层联系点、代表联络站等方式,密切同人民群众的联系,听取对立法、监督等工作的意见和建议。从篇章结构上看,本条位于第三章第四节"常务委员会各委员会和工作机构"之中。因此,从体系解释的角度,立法者显然意在将基层立法联系点视作常务委员会根据需要设立的工作机构。此外,从文义解释上看,本条款中的"建立"二字,旨在概括某种事物从无到有的过程,是典型的用来搭配工作机构使用的及物动词,有产生、设立的含义在内。

---

① 参见王腊生:《关于地方立法听证中存在的问题及其对策建议》,载《人民与权力》2021 年第 2 期。

立法法第七十条和第九十条提到"设立基层立法联系点",同样在规范层面彰显了基层立法联系点属于常设性机构的本质属性。

此外,基层立法联系点作为一种常设性工作机构的属性在各地方规定中也有章可循。① 浙江省人大常委会办公厅发布《关于公开征集立法基层联系点的公告》,明确这些联系点是通过相应程序在县以下基层建立的,用以协助收集立法工作相关信息的固定联系单位;②潍坊市人民代表大会常务委员会将基层立法联系点定义为市人大常委会通过一定程序设立的协助收集和反映立法工作信息的固定联系单位;常州市人大常委会在《立法联系点工作规定》中明确能够安排相对固定的人员负责立法联系点的日常事务是联系点应当具备的条件之一,也从侧面反映了基层立法联系点已然成为常设性立法意见征集机构的事实。

(三)作为常设性立法意见征集机构的功能优势

首先,将基层立法联系点定位为一种常设性立法意见征集机构,弥补了传统立法程序在立法意见征集方面存在的功能性障碍和缺漏,使立法过程更加科学化,也完善了民主的形式。近年来,全国各地基层立法联系点数量不断增长,形成了覆盖城乡、各行各业的立体网络,立法机关可以更广泛地听取具有基层代表性的多方意见,收集立法信息,使立法决策更加科学和民主。其次,基层立法联系点为公众反映立法意见提供固定地点和专业人员,能够长期稳定地参与立法工作,不受短期项目或活动的限制,减少公众的办事成本,为公众长期参政议政提供基础保障。最后,基层立法联系点还可以大大减轻立法机关的工作量,通过发挥基层立法联系点制度的意见筛查功能,否决明显不适当的立法意见,保证重要法案的立法质量。因此,基层立法联系点具有以常设性工作机构形式存在的必要性,而非一种特殊的立法程序或调研活动。

四、常设性立法意见征集机构定位下 基层立法联系点的制度完善

制度层面,应当基于常设性立法意见征集机构的定位,进一步完善基层立法联系点的制度体系,健全工作机制,避免维持草创时期行先于思、缺少规制的

---

① 据实证研究,潍坊市、常州市、揭阳市、邢台市、云浮市、中山市、松原市、汕尾市、黄冈市、百色市、清远市、三亚市、淮北市等市均在地方工作规定或管理办法中承认基层立法联系点的常设属性。

② 参见孙龙、秦博文:《基层立法联系点制度的起源与历史演进》,载《甘肃政法大学学报》2024 年第 1 期。

状态,为立法工作的民主化、科学化提供有力支持。

(一)基层立法联系点核心职能的确立

基层立法联系点作为广大基层群众和社会各界人士表达立法诉求的有效途径,其核心功能应限定在"服务立法"上,即征求群众意见,基于群众意见上报和提出立法意见,在立法前和立法后就重点问题开展实地立法调研,同时适当兼顾年轻法治干部和青年法科学子的培养,确保立法工作能够深入基层、贴近群众、贴近实际。为避免基层立法联系点的核心功能被冲淡,甚至与司法局的法定职责产生冲突,不应强行赋予基层立法联系点普法宣传的职能。当然,在实践中,基层立法联系点可以考虑和当地司法局开展合作。例如,上海市奉贤区司法局携手青村镇,共同谋划设立立法征询与全民普法相结合的基层立法联系点,打造"参与立法 + 征集反馈 + 全民普法"综合体,既能避免重复劳动,又能将全过程民主融入立法征询工作中,在立法工作中常态化开展普法宣传教育。

在人员配备上,基层立法联系点应基于实际情况,吸纳具有实践工作经验且热衷于地方立法事务的人士参与其中,探索设立顾问机构和专业人才资源库,建立一支稳定的立法联络员或信息员队伍,形成长期有效的工作机制。

(二)基层立法联系点运行模式的优化

不同基层立法联系点依托各自的资源与优势,形成了各具特色的运行模式,但也存在些许不足之处。因此,有必要突破以往单一、各自为政的运行模式,顺应信息化发展,推进运行模式的优化,为立法工作提供可持续性保障。具体而言,可以参考全国检察机关统一业务应用系统,利用信息网络技术,建立全国基层立法联系点统一业务应用平台。各地基层立法联系点可以通过平台收集立法机关的立法信息、公开相关法律草案,采集各点位征集的立法意见并公开以供参考;同样的,群众也可以通过应用平台,根据地理位置确定其附近的基层立法联系点,对该基层立法联系点公开的法律草案发表意见,并吸纳其他地方基层立法联系点最新征集的意见以供参考。该信息化模式是独立于几种既有模式之外的新模式,在一定程度上减少了立法信息传递的层级结构,降低了因层级传递产生的额外人力物力成本,提高了沟通效率,同时打破了封闭式运行结构与外部社会的沟通壁垒,实现法律草案的立项、起草、调研、审议、评估、宣传、实施全过程、各环节的信息共享,提高了立法的透明度与公众的参与度,进一步促进基层立法联系点长效化运行的实现。

(三)基层立法联系点体系定位的厘清

要明确基层立法联系点的体系定位,厘清基层立法联系点与设立机关、其他群众意见征集机构的关系以及不同基层立法联系点之间的关系,推动基层立法联系点逐步走向制度化、规范化的轨道。

1. 基层立法联系点与其设立机关的关系

基层立法联系点作为立法机关与基层群众之间的桥梁,其设立涵盖了多个行业和领域,包括政府部门、高等院校、科研机构、律师事务所、行业协会等有关单位。这些单位一般由人大常委会办事工作机构或有关方面推荐,并经过法工委的实地考察和审批程序后设立,并非市人大常委会的下级行政机关或直属机构,与人大常委会之间不存在直接的领导与被领导关系。市人大常委会对基层立法联系点的管理更多是以工作指导的方式进行,通过制定工作规则、执行立法规划、提供业务培训、组织立法调研等方式,为基层立法联系点的立法工作提供支持。为提升基层联系点工作的质量和水平,市人大常委会可以通过印发指导意见的方式,建立对基层联系点的考评机制,根据平时工作记录对照考评量化标准,综合联系点自我评议和人大专门委员会等有关部门的评议意见,提出考评等次和意见。最后,人大常委会还应建立经费保障机制,从立法专项经费中拨付适当工作经费,为联系点开展工作提供必要的经费支持,同时统筹协调辖区内的法律资源参与法律法规解读和专业咨询,为联系点提供专业人才和法律知识保障。

2. 基层立法联系点与其他群众意见征集机构的关系

基层立法联系点在全过程人民民主的推进中应运而生,相对于人大代表联络站等机构来说,是一个典型的“后来者”。但基层立法联系点是发展基层民主的重要单元,作为民主立法的好载体和民意上达的直通车,展示了既有制度不易发挥的独特价值功能,为立法工作带来了“功能增量”。[①] 因此,可以考虑将基层立法联系点和人大代表之家、人大代表联络站等其他群众意见征集机构进行有机整合,集中立法资源,拓展共治空间,例如基层立法联系点可依托人大代表联络站和人大代表之家等基层组织设立,将其作为开展工作的平台,通过召开座谈会、论证会、听证会和走访群众等方式征集立法问题和建议。

3. 不同基层立法联系点之间的关系

基层立法联系点处于基层第一线,其功用重在“联系”,需要聚集各方面的力量,并在相关主体之间形成有效的互动,拓展联系点的辐射力。不同基层立法联系点之间也要加强沟通交流,通过适时互送工作简报、文件汇编等学习资料,适时召开基层立法联系点工作会议等方式,交流工作经验,改进工作措

---

① 参见严行健、贾艺琳:《后发优势与制度嵌入:“全过程民主”探索中的基层立法联系点》,载《人大研究》2021 年第 3 期。

施。另外,国家级基层立法联系点可以向地方一级基层立法联系点发函征询意见,鼓励基层立法联系点主动探索创新工作方法,与国家级基层立法联系点开展立法经验交流工作,推动社会治理共商共建共治共享,助力基层民主建设。

(四)基层立法联系点立法意见效力的强化

随着社会和经济自主性不断提高,群众逐渐形成了自发的权利意识,意见表达需求逐渐上升,听证制度、信访制度和各种意见征集网络平台也逐渐建立,但意见表达仍面临着分散化、短期化、阶段化的困境。基层立法联系点的良性运作却能够将群众意见整合进其工作的单位或社区等组织中,通过合法组织化增强公民的意见表达,既保护了群众的表达权,激发了参与热情,还支持了社会组织发展,发挥其社会整合功能,最终实现立法机关和基层群众之间信息直通与工作交流的良性互动。因此,相较于其他意见表达渠道反映的意见,立法机关有必要赋予基层立法意见被采纳的优先权,并在各地工作办法中明确规定立法机关对基层立法联系点报送的意见建议应当认真研究,优先采纳。部分立法机关会在开展调研时优先考虑基层立法联系点或优先选择基层立法联系点参加活动,这些做法也体现了基层立法联系点意见效力优先的趋向。

为了防止群众政治参与的积极性因缺少反馈而减弱,及时反馈对群众参与立法的信息与结果也是立法机关的责任和义务。市人大常委会法制工作委员会应对群众意见做好整理、归纳和分析,对于基层立法联系点所提意见和建议的采纳情况,及时向基层立法联系点进行反馈。在反馈形式上,可以将群众意见采纳情况说明通过有关立法调研报告、审议意见或说明予以反映,同时增强意见采纳报告的说理性,列明法律草案名称和与其对应的群众意见和意见的采纳结果;在渠道畅通上,可以运用信息化手段,通过官方网站、微信公众号、一体化平台等方式实现信息互通和资源共享。例如,襄阳市和黄冈市的人大常委会法制工作委员会已建立专门的信息交流平台,充分利用通信工具开展立法反馈工作,不仅提高了工作效率,也增强了意见采纳报告的公开性。最后,反馈机制不应局限于信息的答复,还应增加有形的激励措施,比如向参与度高的群众赠送文创产品,向意见被采纳的群众颁发证书,或学习参考全国人大常委会法工委以"具名"方式对吸收采纳意见的具体情况作出反馈,使群众的名字出现在国家立法工作的情况介绍中。

五、结　语

在全过程人民民主内在价值的统领下,基层立法联系点制度将民主立法原则落到实处,使人民主体地位在立法过程中成为制度性机制,[1]人民当家作主成为可操作的现实。基层立法联系点作为常设性立法意见征集机构,扎根基层,面向群众,同立法机关保持着长期、稳固而又密切的工作关系。有必要进一步改进基层立法联系点制度,拓宽人民群众直接参与国家立法的深度和广度,不断提高立法的质量与效果,使立法更好地体现人民意志、保障人民权益、激发人民的创造活力。

---

[1]　参见习近平:《深入理解新发展理念》,外文出版社 2017 年版,第 215 页。

全过程人民民主视域下基层立法联系点制度的功能定位与实践调适

杨海涛*

摘　要:基层立法联系点既是全过程人民民主的核心要义,也是践行全过程人民民主的基本方式。基层立法联系点参与立法工作具有直接性、常态性、全面性、主动性特征,在立法征询时具有对象广泛、过程真实、结果有效等优势。基层立法联系点制度是民主立法的重要方式而非唯一方式,其制度定位在于广泛性、直接性而非专业性,其主责主业是聚焦立法征询而非功能拓展。为进一步发挥基层立法联系点践行全过程人民民主的独特功能优势,应加强人大与政府多层级基层立法联系点的衔接协调、科学统筹基层立法联系点的规模数量与设点布局、凸显基层立法联系点的特色化和差异化特点、加强基层立法联系点之间的跨区域协同联动与立法合作、注重立法征询的过程导向而非结果导向、培育公民民主参与的自发自觉。

关键词:全过程人民民主;基层立法联系点制度;民主立法;立法征询

党的二十大报告强调"健全吸纳民意、汇集民智工作机制,建设好基层立法联系点"。① 2023 年 3 月最新修正的《中华人民共和国立法法》(以下简称立法法)在第七十条、第九十条增加了基层立法联系点的相关规定。显然,基层立法联系点连接着全面依法治国的大背景,连接着坚持好、完善好、运行好人民代表大会制度的大背景,连接着发展全过程人民民主的大背景。② 作为践行全过程人民民主的重要方式,基层立法联系点制度具有独特的功能和比较优势,在历经"地方实验"和"制度扩散"后,当前已逐步进入"深化拓展"阶段。③ 本文试图

---

*　杨海涛,中共中央党校(国家行政学院)政治和法律教研部博士研究生。

①　习近平:《高举中国特色社会主义伟大旗帜 为全面建设社会主义现代化国家而团结奋斗——在中国共产党第二十次全国代表大会上的报告》,人民出版社 2022 年版,第 38 页。

②　《全国人大常委会法工委基层立法联系点工作交流会在江苏举行 沈春耀出席并讲话》,载中国人大网 2023 年 11 月 9 日,http://www.npc.gov.cn/npc/c2/c30834/202311/t20231109_432847.html。

③　严行健、贾艺琳:《后发优势与制度嵌入:"全过程民主"探索中的基层立法联系点》,载《人大研究》2021 年第 3 期。

对当前基层立法联系点的运行状况及其功能定位进行分析,旨在推动形成关于基层立法联系点制度的正确认知以及富有成效的实践。

一、基层立法联系点:全过程人民民主最具标志意义的实践形式

党的十八届四中全会首次提出建立基层立法联系点制度并进行了先期试点探索,直到全过程人民民主重大理念的提出,基层立法联系点才进入发展的快车道。此后,基层立法联系点的建设扩容始终与全过程人民民主重大理念的发展成熟同频共振、紧密相连。随着全过程人民民主理念在建党百年大会上的强调,到中央人大工作会议上的系统论述和写入党的十九届六中全会决议,再到党的二十大报告中的专章部署,基层立法联系点的数量大幅扩容,基层立法联系点制度更加成熟定型。

全过程人民民主是全链条、全方位、全覆盖的民主,是最广泛、最真实、最管用的民主。全过程人民民主的"全方位""全链条""全覆盖"首先应通过民主立法的过程得以承载和展现,其"最广泛""最真实""最管用"也主要是通过法律规范体系作用于社会政治生活得以彰显。[①] 基层立法联系点制度作为一种兼具过程性与结果性、程序性与实质性的民主立法方式,丰富和拓展了我国民主立法的制度内涵。基层立法联系点制度以立法征询为抓手,实现了国家立法机关与基层人民群众的有效联结联通,通过直接参与立法的方式激发人民群众参与国家政治生活的主动性和积极性,是践行全过程人民民主、保障人民当家作主的重要途径和生动体现。

(一)基层立法联系点制度的提出与实践展开

2014 年 10 月,党的十八届四中全会通过的《中共中央关于全面推进依法治国若干重大问题的决定》提出"健全向下级人大征询立法意见机制,建立基层立法联系点制度,推进立法精细化"。[②] 2015 年 7 月,全国人大常委会法工委将上海市虹桥街道办事处、湖北省襄阳市人大常委会、江西省景德镇市人大常委会、甘肃省临洮县人大常委会设为首批 4 个基层立法联系点试点单位。

2019 年 11 月,习近平总书记在上海虹桥街道考察基层立法联系点时指出"我们走的是一条中国特色社会主义政治发展道路,人民民主是一种全过程的

---

① 封丽霞:《"全过程人民民主"的立法之维》,载《法学杂志》2022 年第 6 期。
② 《中共中央关于全面推进依法治国若干重大问题的决定》,载《人民日报》2014 年 10 月 29 日第 1 版。

民主"。① 由此,基层立法联系点作为全过程人民民主最具标志意义的实践载体,在数量规模和设点布局方面迎来了扩容和优化。2020 年 7 月,全国人大常委会法工委增设江苏省昆山市人大常委会、浙江省义乌市人大常委会、广东省江门市江海区人大常委会、广西壮族自治区三江侗族自治县人大常委会、河北省正定县正定镇"人大代表之家"为基层立法联系点,并且增设中国政法大学为立法联系点。

2021 年 7 月,习近平总书记在庆祝建党百年大会上强调"践行以人民为中心的发展思想,发展全过程人民民主"。② 全国人大常委会法工委进一步推动基层立法联系点的建设发展,增设北京市朝阳区人大常委会、天津市和平区小白楼街道办事处、重庆市沙坪坝区人大常委会、山东省青岛市黄岛区人大常委会、安徽省合肥市人大常委会、福建省上杭县才溪镇人大主席团、海南省三亚市崖州湾科技城、河南省驻马店市人大常委会、湖南省长沙市人大常委会、四川省雅安市人大常委会、贵州省毕节市人大常委会、陕西省汉中市人大常委会为基层立法联系点。

2021 年 10 月,习近平总书记在中央人大工作会议上对全过程人民民主的重大理念和实践要求作出了系统论述,强调"发展更加广泛、更加充分、更加健全的全过程人民民主""要完善人大的民主民意表达平台和载体,健全吸纳民意、汇集民智的工作机制"。③ 2021 年 11 月 2 日,党中央印发《关于新时代坚持和完善人民代表大会制度、加强和改进人大工作的意见》提出"发展和完善全过程人民民主""发挥立法联系点'直通车'作用"。④ 2021 年 11 月 11 日,党的十九届六中全会通过的《中共中央关于党的百年奋斗重大成就和历史经验的决议》,把"发展全过程人民民主"作为习近平新时代中国特色社会主义思想的重要内容。2022 年 7 月,全国人大常委会法工委又增设山西省太原市杏花岭区杏花岭区域党群服务中心、内蒙古自治区鄂尔多斯市人大常委会、辽宁省大连市西岗区人民广场街道办事处、吉林省珲春市人大常委会、黑龙江省北大荒集团黑龙江尖山农场有限公司、云南省大理白族自治州人大常委会、西藏自治区拉萨市堆龙德庆区东嘎街道办事处、青海省格尔木市人大常委会、宁夏回族自治区平罗县人大常委会、新疆维吾尔自治区伊宁县胡地亚于孜镇人大主席团为基

---

① 习近平:《中国的民主是一种全过程的民主》,载中国人大网 2019 年 11 月 3 日,http://www.npc.gov.cn/npc/c1773/c2518/qgcmz/qgcmz001/202106/t20210625_312156.html。

② 习近平:《在庆祝中国共产党成立 100 周年大会上的讲话》,载《人民日报》2021 年 7 月 2 日第 2 版。

③ 习近平:《在中央人大工作会议上的讲话》,载《求是》2022 年第 5 期。

④ 《坚持和完善人民代表大会制度 加强和改进新时代人大工作》,载《新华每日电讯》2021 年 12 月 27 日第 3 版。

层立法联系点。①

党的二十大报告专辟一章"发展全过程人民民主,保障人民当家作主",并明确提出"建设好基层立法联系点"。为贯彻党的二十大精神,2023 年全国人大常委会法工委新增基层立法联系点 13 个,分别是北京金融街服务局、内蒙古自治区兴安盟科尔沁右翼前旗人大常委会、黑龙江省牡丹江市海林市人大常委会、江苏省南通市海门区人大常委会、浙江省湖州市安吉县人大常委会、江西省赣州市章贡区人大常委会、山东省临沂市沂南县人大常委会、河南省信阳市新县人大常委会、湖北省武汉市汉阳区江欣苑社区、广东省广州市南沙区人大常委会、广西壮族自治区南宁市良庆区人大常委会、西藏自治区林芝市巴宜区人大常委会、新疆维吾尔自治区库车市人大常委会。②

截至 2024 年 3 月,全国人大常委会法工委已设立 45 个基层立法联系点,31 个省(自治区、直辖市)至少有 1 个"国字号"基层立法联系点,辐射带动省级人大常委会设立本级基层立法联系点 556 个、设区的市(自治州)级人大常委会设立本级基层立法联系点 5984 个,基本形成国家级、省级、设区的市(自治州)级三级联动的工作格局。

全面分析全国人大常委会法工委设立的 45 个基层立法联系点,可以总结以下几个特点。从阶段特征看:2015 年第一批 4 个基层立法联系点的设立重在试点探索;2020 年第二批次增加的 6 个基层立法联系点拓展了"联系点"新类型,包括专门的"立法联系点";③2021 年第三批次增设的 12 个基层立法联系点,充分考虑了东中西部设点布局、相关地方和单位设点条件等因素;④2022 年第四批次增设的 10 个基层立法联系点,更为侧重边远地区,"除 1 个属于中部地区外,9 个都在东北地区、西部地区和民族地区";⑤2023 年第五批增设的 13 个基层立法联系点,不仅行业性、专业性特征逐渐显现,也更加注重向基层下

---

① 上述全国人大常委会法工委前四批次设立的 32 个基层立法联系点(含 1 个立法联系点),参见《全国人大常委会法工委基层立法联系点简介》,载中国人大网 2023 年 3 月 29 日,http://www. npc. gov. cn/npc/c2/c30834/202303/t20230329_428560. html。

② 《全国人大常委会法工委 2023 年新增基层立法联系点情况》,载中国人大网 2024 年 1 月 17 日,http://www. npc. gov. cn/npc/c2/c30834/202401/t20240117_434312. html。

③ 《全国人大常委会法工委:基层立法联系点增至 10 个》,载中国人大网 2020 年 8 月 7 日,http://www. npc. gov. cn/npc/c2/c30834/202008/t20200807_307067. html。

④ 《全国人大常委会法工委基层立法联系点简介》,载中国人大网 2023 年 3 月 29 日,http://www. npc. gov. cn/npc/c2/c30834/202303/t20230329_428560. html。

⑤ 亢玉昆:《介绍部分法律草案公开征求意见情况及基层立法联系点建设情况》,载《人民日报》2022 年 8 月 27 日第 4 版。

沉、向边远地区拓展。①

从运作机制看,基层立法联系点嵌入和依托地方各级人大常委会是主要模式,在 45 个基层立法联系点中,有 32 个是设区的市和县级人大常委会。从设点布局的地域看,实现了 31 个省(自治区、直辖市)的全面覆盖和均衡分配。从功能类型和分属行业领域看,基层立法联系点涵盖各级党政机关、基层群众自治组织、事业单位、企业等多种类型,党政机关的数量占比较大。从行政管理层级角度看,基层立法联系点大多设在设区的市级和县级行政单位,乡镇街道及基层群众自治组织数量较少。

(二)基层立法联系点建设的制度化与规范化

从中央立法层面来看,2022 年修正的地方各级人民代表大会和地方各级人民政府组织法在第六十条第二款增加规定"县级以上的地方各级人民代表大会常务委员会通过建立基层联系点、代表联络站等方式,密切同人民群众的联系,听取对立法、监督等工作的意见和建议"。2023 年 3 月修正的立法法在第七十条和第九十条增加了全国人大常委会工作机构、省级和设区的市级人大常委会根据实际需要设立基层立法联系点的相关规定。这就实现了基层立法联系点的制度依据从党中央的政策文件到国家法律的跃升。为推动基层立法联系点的深入发展,全国人大常委会法工委出台《全国人大常委会法制工作委员会基层立法联系点工作规则》(以下简称《工作规则》)、《法工委关于进一步加强和改进基层立法联系点工作的意见》,进一步就基层立法联系点的制度定位、设点布局、运作机制、工作流程等进行规定。

在地方立法层面,基层立法联系点制度写入地方性法规也渐成常态。在 2023 年立法法修正之前,有些省以地方性法规形式明确规定了基层立法联系点制度。比如,2015 年修改的《安徽省人民代表大会及其常务委员会立法条例》第三十八条规定"建立常务委员会基层立法联系点制度"。2015 年,新修改的《上海市制定地方性法规条例》第四条第二款规定"建立基层立法联系点,保障人民通过多种途径参与立法活动"。2023 年立法法修正后,部分未规定基层立法联系点制度的省级地方性法规紧随其后,也陆续增加基层立法联系点方面的相关内容。比如,2023 年 5 月 26 日修改的《山西省地方立法条例》在第一百零三条规定"省人民代表大会常务委员会和设区的市的人民代表大会常务委员会根据实际需要设立基层立法联系点,深入听取基层群众和有关方面对地方性法

---

① 《全国人大常委会法工委 2023 年新增基层立法联系点情况》,载中国人大网 2024 年 1 月 17 日,http://www.npc.gov.cn/npc/c2/c30834/202401/t20240117_434312.html。

规草案和立法工作的意见"。2023 年 7 月 27 日修改的《湖北省人民代表大会及其常务委员会立法条例》在第十二条增加规定"常务委员会根据实际需要设立基层立法联系点"。设区的市地方性法规中也有规定基层立法联系点制度。比如,2016 年《西安市制定地方性法规条例》修订时在第五十七条增加规定"基层立法联系点制度"。与此同时,一些基层立法联系点也出台了相关配套措施。①比如,江苏省昆山市人大常委会基层立法联系点出台了《推进基层立法联系点建设的实施意见》《基层立法联系点工作网络建设方案》《立法信息联络站工作规则(试行)》《加强基层立法联系点建设的工作意见》等。②

二、基层立法联系点参与立法工作的特点与优势

相较于其他民主立法形式而言,基层立法联系点在立法过程中展现出鲜明的源头性、常态性、主体多元、形式多样、方便群众等特征,具有的广泛性、真实性、有效性优势,契合全过程人民民主理念的各项要求。

(一)基层立法联系点参与立法活动具有基层性、常态性、全面性、主动性特征

基层立法联系点制度的首要之义在于基层性。基层立法联系点制度的要义在于搭建国家立法与基层民众的"直通车"。长期以来立法都被视为"高大上"的专业化工作,"普通公民缺乏立法参与的热情,他们或者是认为立法跟自己没什么关系,或者是认为自己发表意见不会真正影响立法"。③ 现实当中,由于人大代表的兼职化、荣誉化以及与选民的疏离,使得基层民意经过各级人大代表的层层转达后,可能面临人大代表意见不等于民意的诘问和窘境。《工作规则》第一条明确规定了基层立法联系点的"基层"定位,即"拓宽立法联系基层人民群众形式,畅通社情民意反映渠道,发挥联系点接地气、聚民智的全过程民主优势"。各层级基层立法联系点的设立,致力于打通立法的"最后一公里",让基层民众参与立法活动更具有直接性、源头性。

基层立法联系点参与立法工作具有常态性、连续性特点。基层立法联系点具有完备的组织架构、专门的工作队伍、专项的资金保障和线上线下相结合的多元工作方式,是一种成熟定型的规范化制度载体。相较于其他的民主立法形

---

① 在北大法宝系统以"基层立法联系点"为标题进行检索,涉及地方人大常委会基层立法联系点的工作规定、工作办法、工作规则、管理办法有 21 部,这些工作文件也对基层立法联系点的功能定位、设立、运行进行了明确。

② 参见中国人大网"联系点单位相关工作制度",http://www.npc.gov.cn/npc/lxddwxggz/fzwyhlist.shtml。

③ 黄文艺:《谦抑、民主、责任与法治——对中国立法理念的重思》,载《政法论丛》2012 年第 2 期。

式,基层立法联系点在"征求意见的主体、时间、地点的固定性方面具备着传统分散性、临时性意见建议征集方式所不具备的优势性"。① 借助和依托基层立法联系点制度的桥梁和纽带作用,基层群众和国家立法机关直接互联互通,改变了既往公民参与立法碎片化、无序化、随意化的状况,使得公民参与立法有章可循、常规连续、规范有序。

基层立法联系点参与立法工作具有全方位、全链条、全过程特点。基层立法联系点参与立法实践涉及的环节步骤、层级种类、事项领域全面完整。从立法的环节步骤看,基层立法联系点的工作范围包括立法前端的调研评估、立法规划和立法计划项目征询;立法中端的法律草案征询;立法末端的法律清理和立法后评估等各个环节。《工作规则》第五条就明确规定了基层立法联系点参与立法工作的 8 种途径和形式。从立法的层级种类看,基层立法联系点参与立法征询的范围可以覆盖宪法、法律、行政法规、地方性法规、规章等多种层级,包括人大立法、政府立法、监察立法、军事立法等多种类型。从立法的事项领域看,基层立法联系点参与的立法项目可以涉及经济、政治、文化、社会、生态文明建设等多个领域,涵盖宪法及宪法相关法、民商法、行政法、经济法、社会法、刑法、诉讼与非诉讼程序法 7 个法律部门。

基层立法联系点参与立法工作具有自主选择、形式生动、方便群众的特点。一方面,各地基层立法联系点可以结合本地实际,在全国人大常委会法工委每年度的立法征询项目清单中,重点选取拟参与的立法征询项目。这种主动性的参与和自主性的选择,能有效避免强制性、机械性的任务分配带来的立法征询过程中消极应付和完成任务心理,提高立法征询的针对性和实际效果。另一方面,各基层立法联系点开展立法征询活动时积极探索采取"吃讲茶"(在茶馆里评判是非)、"讲讲张"(聊天)、"榕树下座谈会"、"立法意见征求直播间"、"大樟树下议法议事"等各种喜闻乐见的方式广泛吸纳民意。② 基层立法联系点制度的主动对接性、形式多样性、易于接受性、贴近生活性、低专业门槛性、便利的参与性特征明显。

(二)基层立法联系点参与立法征询具有广泛性、真实性、有效性、科学性优势

首先,基层立法联系点的立法征询对象具有全覆盖、广泛性的显著优势。全国人大常委会法工委 45 个基层立法联系点实现了全国 31 个省(自治区、直辖市)的全覆盖,使得全国各地的基层民众,无论经济状况如何、无论地理位置

---

① 姚聪聪:《基层立法联系点运行制度的完善——基于 22 个"国字号"基层立法联系点运行现状分析》,载《人大研究》2022 年第 12 期。

② 孙梦爽:《让国家立法"直通车"载满民意》,载《中国人大》2023 年第 15 期。

远近、无论民族差异、无论文化水平高低都有平等地参与立法活动的机会,都有可能将合理可行的立法建议直通最高国家立法机关。三级联动的基层立法联系点工作格局合力打通了立法征询的基层盲点和堵点,调和了精英主义立法模式和平民主义立法模式之间的张力。

其次,基层群众参与立法征询过程具有真实性。基层立法联系点不是面子工程、形象工程,而是畅通利益表达、提升民主立法水平,让立法活动真正可知、可感、可触的重要渠道。基层立法联系点一头连着国家权力机关,一头系着基层代表和群众,为人民群众有序参与立法工作,在立法程序和法律内容上体现人民立场、维护人民权益提供了有效途径。① 比如,在十四届全国人大常委会立法规划的编制过程中,全国人大常委会法工委专门向 31 个基层立法联系点征集立法项目,听取基层群众"原汁原味"的意见建议,使立法规划编制工作更加接地气、汇民意。②

再次,基层群众参与立法征询结果的有效性、管用性。习近平总书记强调"民主不是装饰品,不是用来做摆设的,而是要用来解决人民需要解决的问题的"。③ 基层立法联系点制度作为民主的实践形式,能有效助力人民群众通过立法方式管理国家事务和社会事务、管理经济和文化事业,参与国家政治生活。依托基层立法联系点,"自发性的民意表达也在不断激活制度性的公众参与,影响乃至改变了立法的走向"。④ 2015 年至 2024 年 4 月,全国人大常委会法工委先后就 183 件次法律草案征求联系点意见 27880 多条,其中有 3200 多条被立法研究采纳。⑤ 各地基层立法联系点的工作成果也非常醒目。截至 2023 年 10 月,上海虹桥基层立法联系点已完成 86 部法律草案的征求意见工作,包括征询意见 44605 人次,上报立法建议 2722 条,被研究吸纳 247 条。⑥ 江苏昆山基层立法联系点已累计参与 48 部法律草案的意见征求工作,提交意见建议 2485 条,有 209 条被认可采纳。⑦

---

① 孙剑纲:《新时代全过程人民民主的人大实践》,载《中共中央党校(国家行政学院)学报》2021 年第 6 期。

② 黄庆畅:《全国人大常委会法工委有关负责人就十四届全国人大常委会立法规划答记者问》,载《人民日报》2023 年 9 月 8 日第 4 版。

③ 习近平:《在中央人大工作会议上的讲话》,载《求是》2022 年第 5 期。

④ 阿计:《民主立法的前世今生》,载《浙江人大》2019 年第 11 期。

⑤ 金歆:《全国人大常委会法工委基层立法联系点工作片会暨联系点工作和建设高质量发展推进会举行》,载《人民日报》2024 年 5 月 31 日第 2 版。

⑥ 朱宁宁:《中国式民主的缩影》,载《法治日报》2023 年 11 月 28 日第 5 版。

⑦ 朱宁宁:《擦亮"双桥"品牌打造全过程人民民主县域典范》,载《法治日报》2023 年 11 月 14 日第 6 版。

最后,基层立法联系点制度能有效提升立法的科学性。习近平总书记指出"人民群众对立法的期盼,已经不是有没有,而是好不好、管用不管用、能不能解决实际问题;不是什么法都能治国,不是什么法都能治好国;越是强调法治,越是要提高立法质量"。① 基层立法联系点兼具民主立法和科学立法的双重价值。基层立法联系点的民主功能更侧重于立法过程的公开性、参与性、亲历性。而立法过程的民主性会进一步促进立法内容的科学性。立法法第七条规定了立法应当从实际出发的科学立法原则。立法从实际出发,最根本的是从中国的国情出发,深入实际调查研究,全面把握客观规律,而不能从愿望和想当然出发,不能从本本和概念出发,更不能照搬外国的法律制度。② 长期主持立法和法制工作的彭真同志也多次强调,"立法要从中国实际出发,解决中国的实际问题,并且以我们的社会实践来检验"。③

而我国幅员辽阔、人口规模巨大、地区发展差异明显,南北之间、东西之间、城乡之间都有各自不同的利益诉求。如何全面客观地把握各地实际情况,找到立法的最大公约数,关乎立法的科学性,也是立法中的难点问题。三级联动的基层立法联系点,面向基层、服务基层、辐射范围广、参与人数多,能广泛收集各地方最真实、最基层的民意,使得"立法从实际出发"不至于沦为一句难以把握的"空话""套话"。依托基层立法联系点,各级立法机关与基层民众双向互动,在不同意见、不同声音、不同诉求的基础上多谋善断,兼听则明,防止纸上谈兵和闭门造车式的立法工作脱离基本国情和实际。通过基层立法联系点开展立法征询工作,也有利于将立法的条款内容设计得更具针对性、可执行性,避免法律颁布实施后成为束之高阁的"闲法""仙法"。同时,基层立法联系点的建设与人民代表大会制度紧密融合,依托各级人大常委会和人大代表之家,能有效整合汇聚各种分散的立法资源,提升立法的科学性和民主性。

三、基层立法联系点制度的功能定位与效用边界

党的二十大报告和新修正的立法法中关于基层立法联系点的要求和规定,将基层立法联系点的建设推向高潮。从中央到地方,基层立法联系点的建设热度始终高涨。在基层立法联系点建设"热"的背景下,对其进行适度客观的"冷"思

---

① 中共中央文献研究室:《习近平关于全面依法治国论述摘编》,中央文献出版社 2015 年版,第43 页。
② 全国人大常委会法制工作委员会国家法室:《中华人民共和国立法法解读》,中国法制出版社2015 年版,第 23 页。
③ 彭真:《论新中国的政法工作》,中央文献出版社 1992 年版,第 395 页。

考,有利于全面认识和把握基层立法联系点的制度定位和功能限度。总体而言,基层立法联系点的制度定位和效用边界应与制度能力相匹配,其功能发挥应始终聚焦于"基层属性""立法属性",其建设目标应从"大而全"转向"小而精"。

（一）基层立法联系点是实践全过程人民民主立法的基本方式但并非唯一方式

民主立法始终是立法法的原则之一,也是立法机关遵循的价值理念。2000年立法法第五条规定"立法应当体现人民的意志,发扬社会主义民主,保障人民通过多种途径参与立法活动"。2015年立法法第一次修正对"拓宽公民有序参与立法的途径,开展立法协商,完善立法论证、听证、法律草案公开征求意见等制度"进行了补充完善。[①] 2023年立法法第二次修正进一步丰富了民主立法原则,增加规定"立法应当坚持和发展全过程人民民主"。立法法的相关规定表明,民主立法的方式丰富多元,基层立法联系点制度只是其中一种方式,并不能完全排除和替代其他民主立法机制功能的发挥。并且从体例结构上看,全国人大常委会法工委设立基层立法联系点仅规定在立法法第二章第五节"其他规定"中,并非法定的立法必经程序。从修正过程看,2023年立法法修正草案一审稿和二审稿都没有规定地方人大常委会可以设立基层立法联系点,三审稿才临时增写。这些都表明基层立法联系点制度在立法过程中仅发挥着辅助性、配合性而非主导性、垄断性功能。

实践中,有关部门过于强调和注重基层立法联系点参与立法的民主功能,忽略了其他民主立法和科学立法方式的运用。党的十八届四中全会通过的《中共中央关于全面推进依法治国若干重大问题的决定》对深入推进科学立法、民主立法进行了全面部署。《全国人大常委会2024年度工作要点》在明确"建好用好基层立法联系点"的基础上,也强调"灵活运用调研、座谈、论证、听证、评估等方式,丰富和拓展公众有序参与立法的途径"。未来在积极推进基层立法联系点建设的同时,也应当促进各种民主立法制度相互配合、分工协作、取长补短。在与其他民主立法制度的良性竞争中,找准功能定位和优势所在,避免基层立法联系点作为"后来者",出现职能冗余和职能交叉,导致制度空心化。[②]

比如,积极宣传通过中国人大网、国家法律法规数据库在线提交立法建议意见这一覆盖面更广,更易操作的立法参与方式。以备受关注的"《中华人民共和国治安管理处罚法（修订草案）》"征求意见稿为例,截至2023年9月30日,通过中国人大网法律草案征求意见系统已征求意见125962条,参与人数99375

---

① 武增:《2015年〈立法法〉修改背景和主要内容解读》,载《中国法律评论》2015年第1期。

② 冯雷:《全过程人民民主理念下基层立法联系点的实践探索与制度完善》,载《中国司法》2022年第9期。

人次,为全国人大常委会法工委在梳理和研究基础上,"提出修改完善或者妥善处理的建议"提供参考。① 实践中,同一公民关于立法草案的建议,可能通过基层立法联系点、法律草案征求意见系统等多种方式重复提出,从而造成立法机关及其工作人员的重复低效工作,浪费立法资源。这就需要全国人大常委会法工委采取适当的过滤和筛选机制,有效精准识别重复性的意见建议,提升工作效率。

（二）基层立法联系点的制度特色在于广泛性、基层性而非专业性

基层性、广泛性是基层立法联系点制度的首要特征,专业性居于辅助性和次要性的地位,专业性要为基层性服务不能取代基层性,基层性和专业性不能本末倒置。全国人大常委会法工委设立的 45 个基层立法联系点,涵盖市级和县级人大常委会、乡镇人大主席团、人大代表之家、社区党群服务中心、街道办事处、科技城、企业等多种类型,基层特征明显,这也是基层立法联系点"基层性"的应有之义。而实践中,一些基层立法联系点在具体运行过程中有走偏之嫌,没有处理好基层性与专业性的关系。比如,有的基层立法联系点与政法院校、专业律所合作对接,以工作简报或专报的形式将合作单位对法律制定、修改、实施等立法工作的调研报告和意见建议报送全国人大常委会法工委。这种合作方式固然能提升立法征询的专业性,但是否符合基层立法联系点制度的设计初衷值得追问。事实上,全国人大常委会法工委对中国政法大学最初的设定就是"立法联系点",而非"基层立法联系点"。

如果立法征询的对象过度倚重和偏向专业力量,与基层群众渐行渐远,基层立法联系点的制度优势将难以凸显。专业资源和力量的作用发挥应始终服务于调动基层民众参与立法征询的主动性和积极性。比如,专业力量可以对基层立法联系点建设和运行提供可行建议,推进立法联系点建设的规范化、程序化和法治化。再比如,立法征询过程中专家学者、职业律师和其他法律从业者可以通过详细介绍和解读法律草案,让基层群众更直接和深入地了解立法的起草背景、指导思想、基本原则、章节设置、重点内容、关键条文、争议焦点等,从而提出有针对性的意见建议。

实践中,各地基层立法联系点组织和依托立法联络员、立法信息采集员开展工作,但也不同程度地存在立法征询程序空转,立法征询对象从基层群众收缩为基层立法联系点工作人员、立法联络员和立法信息采集员等特定范围内数量有限的"职业参与者"现象。基层立法联系点的专门工作队伍在整个立法征

---

① 《全国人大常委会法工委发言人办公室就治安管理处罚法修订草案公开征求意见有关情况作出回应》,载中国人大网 2023 年 9 月 11 日,http://www.npc.gov.cn/npc/c2/kgfb/202309/t20230911_431647.html。

询流程中职责特殊,应发挥"承上启下""上传下达"的作用,及时将立法征询草案下发给基层群众,并整理上报相关的意见建议。

还需进一步思考的是基层立法联系点制度的"基层"如何理解。有学者也曾追问基层立法联系点的构成要素,如"基层"的级别或者类别。[①] 人民法院组织法、人民检察院组织法中规定的基层人民法院和基层人民检察院特指县、自治县、不设区的市、市辖区一级。《国务院办公厅关于全面推进基层政务公开标准化规范化工作的指导意见》也明确"基层政府包括县、不设区的市、市辖区人民政府和乡镇人民政府、街道办事处",不包括设区的市政府。而且2015年立法法修改已经赋予设区的市地方立法权。参考上述法律和指导意见对基层的界定,未来全国人大常委会法工委再扩充基层立法联系点时,不宜再将设区的市人大常委会设立为基层立法联系点,应更加注重在县级以下的有关区域和行业布局。

(三)基层立法联系点的主责主业是聚焦立法征询而非过度拓展其他功能

2023年立法法对省级和设区的市级人大常委会基层立法联系点的职责定位是"深入听取基层群众和有关方面对地方性法规、自治条例和单行条例草案的意见"。而关于全国人大常委会工作机构基层立法联系点的功能定位,2023年立法法修正草案一审稿和最终通过的修改决定略有不同。立法法修正草案一审稿规定的是"广泛征求基层群众和各方面人士对有关法律草案的意见",最终通过的修改决定规定的是"深入听取基层群众和有关方面对法律草案和立法工作的意见"。基层立法联系点的工作重点从"广泛征求"到"深入听取",工作范围从征求"法律草案的意见"拓展到"法律草案和立法工作的意见"。但立法法聚焦于基层立法联系点"立法"的功能定位并未改变。

实践中,不管是全国人大常委会法工委还是地方人大常委会的基层立法联系点,都强调要发挥多维功能、推进赋能提效、强化溢出效应,将立法联系点工作从立法拓展延伸到其他领域。比如,全国人大常委会法工委指出"不断拓展基层立法联系点在立法、执法、司法、普法、守法等多方面的功能"。[②] 但基层立法联系点的制度定位和功能拓展应与其制度能力相匹配。在基层立法联系点人员编制有限的情况下,基层立法联系点的功能愈加多元和分散,参与立法征询的质效就会相应减弱,这与基层立法联系点的"立法"属性相悖。容易使基层

---

① 中国法学会立法学研究会秘书处:《不断推进基层立法联系点制度发展和实践创新——中国法学会立法学研究会"基层立法联系点的实践与理论研讨会"发言摘报》,载《人大研究》2022年第7期。

② 全国人大常委会法制工作委员会:《基层立法联系点是新时代中国发展全过程人民民主的生动实践》,载《求是》2022年第5期。

立法联系点变成"全功能联系点"，可能导致"全而不精"。①

同时，基层立法联系点地域级别不同、分属领域多元、参与立法征询的能力各异，并不都具备功能拓展的基础和条件。相较于上海虹桥、江苏昆山、广东江海等地基层立法联系点，经济欠发达地区以及不依托国家机关的基层立法联系点可能对于立法征询工作还难以有效开展，更难谈及功能拓展。而且诸如甘肃省临洮县人大常委会兼具国家级、省级和设区的市级人大常委会基层立法联系点的三重身份，高质量高标准协助完成三级立法机关的立法征询任务本身繁重，也很难再拓展立法工作外的相关功能。对于依托县级和市级人大常委会设立的基层立法联系点，可以立足人大职责，"做好重大事项决定、监督、选举、代表等各项工作的参谋助手"。② 基层立法联系点建设和运行过程中，应审慎科学适度拓展功能，警惕和避免过度的功能拓展可能引发的"虚假繁荣""小马拉大车"等现象。

四、基层立法联系点的制度完善与实践调适

基层立法联系点作为践行全过程人民民主的重要实践形式，极大提升了民主立法、科学立法水平。但具体实践中，基层立法联系点的运行与其应然的制度定位和设立初衷并不完全契合，应通过制度调适和完善，真正激活基层立法联系点的功能优势和制度红利。

（一）加强人大与政府多层级基层立法联系点的协调衔接

当前，基层立法联系点的设立已从人大系统拓展至行政系统。譬如，上海市人民政府设立了 25 个基层立法联系点，重庆市人民政府设立了 30 个基层立法联系点参与对法规和规章草案的意见建议征询等工作。③ 总体而言，基层立法联系点的设置已经形成人大政府双系统、多层级的格局。这种格局科层制特征明显，容易造成职责交叉和功能重合。未来应强化人大基层立法联系点和政府基层立法联系点的衔接协调，形成工作合力。避免由于各个环节的主导部门不同，信息沟通渠道不畅，造成重复调研、多头联系、缺乏整合等弊端。④ 譬如，在对政府立法工作计划开展立法征询时，政府基层立法联系点需要主动对接人

① 张咏：《上海市人大常委会基层立法联系点功能拓展研究》，载《人大研究》2022 年第 7 期。

② 胡健：《基层立法联系点要融入和助力人大工作——以昆山市为例》，载《人大研究》2022 年第 4 期。

③ 参见《上海市人民政府办公厅印发〈关于进一步加强市政府基层立法联系点建设的意见〉的通知》《重庆市人民政府办公厅关于建立市政府基层立法联系点制度的通知》。

④ 郑辉、张明君：《践行"全过程民主"的实践探索与理论思考——以上海市人大常委会基层立法联系点为视角》，载《人大研究》2021 年第 4 期。

大的立法工作规划和计划。并且政府立法相较于人大立法执行性特征明显,一般是对上位法的细化和补充。在依托政府基层立法联系点开展行政法规、规章草案立法征询工作时,可能会追溯到有关法律和地方性法规的相关规定。如若发现人大立法的相关内容也需要修改完善时,可以及时向相应的人大基层立法联系点反馈。

国务院有行政法规制定权,省级人民政府和设区的市人民政府有规章制定权,行政系统设立基层立法联系点有助于促进政府立法的民主性和科学性。然而,人大立法与政府立法的立法权限、功能特征、民意整合方式并不相同,政府系统是否也有必要仿照人大系统,从国务院到省政府再到设区的市政府层层分别设立基层立法联系点。立法法规定国家监察委员会有监察法规制定权,中央军事委员会有军事法规制定权,《中国共产党党内法规制定条例》规定党的中央组织等有党内法规制定权。但这并不意味着为制定监察法规、军事法规以及党内法规分别需要设置对应的基层立法联系点,避免叠床架屋引起的各自为政、制度内耗、资源分散的局面。

(二)科学统筹基层立法联系点的规模数量与设点布局

《全国人大常委会 2024 年度立法工作计划》提出"聚焦建设好基层立法联系点,适量有序增加基层立法联系点的数量和类型,加强指导交流,推动基层立法联系点建设和工作提质增效"。目前,基层立法联系点三级联动工作格局总体形成,地方各级人大建立了 6500 多个基层立法联系点。[①] 在基层立法联系点建设热潮下,各级人大常委会应妥善处理好基层立法联系点数量扩容和提质增效的关系。一方面,基层立法联系点的规模数量不可能无限度扩张,应保持在合理限度之内。另一方面,基层立法联系点的数量扩容能产生同比例的正向效应仅是理想的预设。在同一行政区划内既有立法资源有限的情况下,过多的基层立法联系点可能会产生"虹吸效应"。如何在充分考量和评估基层立法联系点工作成效、现实困境基础上,探索更为便捷高效、真实管用的立法征询方式,最大限度地推动基层群众参与国家立法的深度和广度,是发挥基层立法联系点制度优势的关键所在和首要任务。

同时,全国人大常委会法工委和地方人大常委会应统筹指导各地基层立法联系点的具体运行。对于开展时间较晚、基础薄弱、缺乏开展立法征询工作经验的基层立法联系点加强培训和帮扶,对于偏离基层立法联系点制度定位和设立初衷的探索及时纠正。设置科学合理的评估机制,探索基层立法联系点的进

---

① 赵乐际:《在全国地方立法工作座谈会上的讲话》,载《中国人大》2023 年第 19 期。

入和退出机制,优化设点布局。在扩容基层立法联系点数量时,应综合考虑各地人口基数、经济发展水平、地域面积等因素,在平衡兼顾的基础上,实现从均等化到差序化的设点布局。

(三)推动各地基层立法联系点的特色化和差异化实践

不管是全国人大常委会法工委还是地方人大常委会的基层立法联系点都开展了卓有成效的工作,一些基层立法联系点也探索出特色化的运作模式。譬如,上海市虹桥街道办事处基层立法联系点总结形成了"虹桥经验:基层立法联系点六大工作法",包括民意广覆盖、流程全链条、信息全方位、联动聚合力、征询促法治、宣传接地气等"六法"。① 临洮县人大常委会探索构建了法律法规草案征集的"临洮模式"即"1+3+X"工作网络。"1"是指县人大常委会的直接领导,"3"是指基层立法联系点办公室、36 个基层立法联络点、104 名立法联络员,"X"是指立法信息采集员、人大代表、基层干部群众等队伍。② 但各地基层立法联系点仍普遍存在运行模式同质化、趋同化、缺乏活力、机械低效等现象。

因此,在实践中更应鼓励基层立法联系点根据区位条件、经济基础、地理环境、行业属性等差异化因素,探索各具特色的工作方式。不同的立法征询任务涉及政治、经济、文化、社会等各个领域,每部法律草案涉及的利益群体、调整对象、主要内容等都各不相同。这就要求立法征询的对象既要广泛覆盖又要突出重点。而且通常情况下,"一部法律,重大利益调整的核心问题往往就集中在几个关键制度上。不同观点的分歧也往往围绕这几个关键制度产生"。③ 立法征询过程中不必面面俱到,可以适当突出矛盾争议焦点,特别是就与公民切身利益密切相关的重点制度和条款,听取最真实最广泛的声音,提高立法征询的针对性、实效性。

(四)探索基层立法联系点之间的跨区域协同联动与立法合作

各地基层立法联系点的工作开展仅限于本行政区域内,立法征询的对象有限、空间范围特定、辐射带动作用较弱。为整合各地立法资源,可以探索在地理位置相近、治理任务相同、文化亲缘相通的跨行政区域之间,就流域治理、生态环境保护等具备合作基础和潜力的事项加强立法征询的协同联动。这种立法合作方式有利于打破基层联系点以行政区划为设置基础的地理局限和壁垒,避

---

① 转引自陈宇博:《"虹桥经验":基层立法联系点六大工作法》,载《山东人大工作》2022 年第 9 期。
② 张学调:《基层立法联络点工作中"临洮模式"》,载《人大研究》2023 年第 5 期。
③ 信春鹰:《深入推进科学立法民主立法》,载《光明日报》2014 年 10 月 31 日第 1 版。

免各自为政,强化互联互通。2022 年修正的地方各级人民代表大会和地方各级人民政府组织法和 2023 年修正的立法法都增加规定了区域协同立法制度,基层立法联系点之间的跨区域协同联动与立法合作也有助于为区域协同立法提供基层经验和智慧。

实践中,全国人大常委会法工委基层立法联系点已经在市级层面率先开展了区域协同机制的创新探索。2023 年 7 月,四川省雅安市、乐山市、眉山市、阿坝州、甘孜州、凉山州人大常委会及四川农业大学共同签订《全国人大常委会法制工作委员会雅安基层立法联系点"6 + 1"区域协同框架协议》,持续深化立法协作、经济建设、流域治理、文化保护等区域协同。① 再如,《中华人民共和国爱国主义教育法(草案)》立法征询过程中,江苏省昆山市人大常委会基层立法联系点利用与上海毗邻的优越地理位置,将征询触角在村级层面延伸到昆山之外的上海市青浦区天恩桥村,扩大了立法征询的朋友圈、协作圈和共享圈。②

(五)建立常态化的立法反馈机制突出立法征询的过程导向而非结果导向

《法治中国建设规划(2020—2025 年)》提出"健全立法征求公众意见采纳反馈机制,对相对集中的意见未予采纳的,应当进行说明"。《工作规则》第十八条也规定"全国人大常委会法工委有关室对各联系点提出的意见建议要进行认真研究,能采纳的尽量采纳,并将研究采纳情况通过一定形式予以反馈"。而实践中,立法的意见采纳究竟是什么样的体制机制并不清楚,需要由法律予以科学和明确规定。③ 基层立法联系点在立法征询过程中应建立和完善常态化的立法反馈机制,及时将立法意见建议的采纳情况反馈给提出者,避免公众参与立法的积极性被一次次的零回复贬抑和挫伤。④

如何对立法征询工作的质效进行科学评估也是基层立法联系点建设过程中的难点问题。实践中,大多数基层立法联系点都会通过公布法律草案参与数、上报意见建议数、被采纳吸收意见建议数等数据量化方式宣传工作成果。而全国人大常委会法工委并不会向各基层立法联系点反馈相关意见建议的采纳吸收情况,这就意味着各基层立法联系点在统计相关数据时,没有可供遵循

① 《国家立法基层联系点增强辐射带动力"6 + 1"区域协同打造立法"直通车"》,载中国人大网 2023 年 7 月 6 日,http://www.npc.gov.cn/npc/c2/c30834/202307/t20230706_430473.html。

② 《昆山基层立法联系点:以法之力,护航爱国主义教育》,"昆山人大发布"微信公众号 2023 年 8 月 3 日文。

③ 刘松山:《对〈立法法(修正草案)〉的审思:从七个重点问题展开》,载《交大法学》2023 年第 2 期。

④ 杨海涛、李梦婷:《基层立法联系点参与立法征询工作的完善进路——以上海市嘉定工业区管理委员会为例》,载《人大研究》2021 年第 9 期。

的统一标准和方法,有可能造成统计数据失实失真。立法征询的数据导向、结果导向,也容易使各基层立法联系点的建设倾向于盲目的数据竞争、无序的景观式和口号式包装。全国人大常委会法工委也应从多维度考察和评估基层立法联系点参与立法工作的成效,不能仅唯数据论,唯结果论。

在未来实践中,各基层立法联系点应强化制度完善和能力提升,注重开展立法征询活动的过程和实际效果,采取更加多元的立法征询方式,覆盖更多的征询对象。同时,也要克服基层立法联系点建设和运行过程中的政绩化、管理式、动员式、表面化、形式化倾向。比如,一些基层立法联系点通过开展座谈会的方式进行立法征询,但经常流于形式、人浮于事,立法征询座谈会演变成下级向上级的工作成果汇报会、参会发言人员的感悟分享会,并无针对法律草案的意见建议。在开展立法征询座谈会时,基层立法联系点工作人员应提醒和建议与会发言人员开门见山,突出重点,直接针对征询草案提出建议意见。

(六)注重社会成员参与立法联系点工作的自发自觉而非外部激励或压力

实践中,是否需要对积极参与立法征询工作的基层民众进行奖励,采取何种奖励方式和标准,各地均有不同做法。有的基层立法联系点的规范性工作文件对考核激励机制进行了规定,但较为原则,并无具体指引,实践操作中弹性较大。[①] 一些基层立法联系点进行了明确规定,如广东省江门市江海区人大常委会出台的《关于专门委员会组成人员、咨询专家和公民参与立法、监督、重大事项决定等工作的奖补规定》第三条规定"不属于机关单位(含参公事业单位)在职工作人员的其他人员参加立法调研、座谈会,每人每次发放误工及交通补助100元",第四条规定"不属于机关单位(含参公事业单位)在职工作人员的其他人员提出的立法建议意见被上级人大机关采纳的,每采纳一条奖励800元"。

而经济欠发达地区的基层立法联系点资金保障力度本身有限,很难做到及时公平发放物质奖励,而且物质奖励也可能催生立法征询的"职业参与者"。目前阶段,社会成员参与基层立法联系点工作应当主要源于内生内发的积极性,不应由物质奖励"刺激"。通过基层立法联系点常态化的运作实践,营造民主氛围,潜移默化地培育和增强公民参与政治生活的自发性和自觉性,努力实现民主参与从偶发性、随意性向常态化、制度化的转变。

---

① 周天泓:《深化基层立法联系点建设:理论预设、现实问题与应对路径》,载《决策与信息》2023年第3期。

综上所言,基层立法联系点制度联结全过程人民民主与立法工作,是立法践行全过程人民民主的重要方式。在全过程人民民主各项要求引领之下,基层立法联系点制度及其实践应找准功能定位、创新有效方式、强化提质增效,在新时代的立法实践中发挥更多的独特优势,成为践行全过程人民民主的基础性制度载体以及最具标志意义的实践形式。

比较法视角下基层立法联系点制度的优化路径

史晨阳*

摘　要:基层立法联系点是我国立法体制的重大创新,2019 年习近平总书记在上海虹桥基层立法联系点首次提出"全过程民主"重大论断,为基层立法联系点的发展注入理论支撑和价值指引。数年发展以来,在空间布局上形成了较为周密的立法联系点网络,这种自下而上、原汁原味传递公众意见和建议的制度改变以往由立法机关自上而下收集立法建议的单一模式,拓展了公众参与立法的途径,提升了立法的民主性和科学性。但在实际运行中基层立法联系点仍面临不少困境,本文从比较法视角切入,参照美国、日本在公众参与立法方面的制度设计,结合具体实践,提出通过增加联系点数量、优化联系点场所设置和完善互动机制来进一步扩大公众参与立法,切实实现全过程人民民主。

关键词:基层立法联系点;公众参与;民主立法

一、问题的提出

基层立法联系点制度是我国人大制度、立法制度的重大创新,是保障公众参与立法的新途径、新形式,是中国式民主的凝练表达,充分体现以人民为中心是中国式法治现代化的根本价值。① 今年3月,修改后的立法法增加规定:常委会工作机构根据实际需要设立基层立法联系点,广泛征求基层群众和各方面人士对有关法案的意见。法条的修改充分彰显人民主体地位,形成支持人民当家作主的强大制度合力。②

自甘肃省临洮县在 2002 年设立全国首个基层立法联系点以来,截至目前国家级联系点数量已增至 32 个,省市级基层立法联系点已经达到数千个。数

---

* 史晨阳,扬州市人民检察院办公室工作人员,中国人民大学法学硕士。项目支持:北京市法学会2023 年度重点课题《基层立法联系点制度完善研究》;研究阐释党的十九届六中全会精神国家社科基金重点项目《完善以宪法为核心的中国特色社会主义法律体系研究》(22AZD059)。

① 参见张文显:《论中国式法治现代化新道路》,载《中国法学》2022 年第 1 期。

② 冯玉军:《〈立法〉修改:理念原则、机制创新与完善建议》,载《交大法学》2023 年第 2 期。

量的增加带来的是效果的显现,基层立法联系点切实畅通民众意见的表达渠道,①丰富了公众参与立法的形式,有效地提升了立法的民主性与科学性,带来了显著的"功能增量"。②但基层立法联系点在保障和促进公众参与立法方面仍然存在问题亟待解决,如联系点布局覆盖不全面、场所设置不合理、互动机制不健全等,制约着联系点进一步提质增效。本文从比较法视角切入,参照美国、日本的相关经验和教训,从而优化联系点的选点布局和互动机制。

二、公众参与立法的比较法分析

(一)美国公众参与立法制度

美国的政治体制是三权分立,程序正义对于美国具有重要的意义,因此十分重视程序在立法过程中的作用,在保障公众参与立法方面也有诸多制度设计来确保立法过程公开、透明和可参与。比如,在美国有各类社会中介组织,其中多是行业协会,它们承担着收集民众意见、联系立法人员等职能,帮助反馈民众对于立法意见的同时也协助政府了解民众的想法、提升立法的民主性和科学性。③这一类中介组织在基层立法联系点也能找到对应的制度设计,如人大代表联系群众、征询单位提供意见等。

美国在公众参与立法的设计中最为世界所熟知,也相对最成熟的是立法听证制度。该制度起源于英国,在美国的发展已经有数十年的演变过程。美国的立法听证制度主要承担着三大职能:首先,立法者可以通过听证会获取信息,了解各方面对于该项立法的意见和建议,体现立法的科学性。其次,公众借助听证会可以表达自己对于立法的相关意见,体现立法的民主性。当然后文会提到美国听证会对于公众参与立法的要求较高,无形中提高公众参与的门槛,不利于公众的广泛参与。最后,听证会为议员提供了与选民联系的平台,借助该平台议员们可以进一步说服选民、拉拢选民。④美国的立法听证制度指向的对象较为广泛,几乎包括了各个领域的立法行为。听证会主要包括准备资料、发布

---

① 王比学:《人大常委会探索设立基层立法联系点制度 基层群众参与国家立法搭上"直通车"》,载《人民日报》2016年11月29日第2版。

② 严行健、贾艺琳:《后发优势与制度嵌入:"全过程民主"探索中的基层立法联系点》,载《人大研究》2021年第3期。

③ 刘墨:《扩大公众有序参与行政立法——美国行政立法公众参与制度的启示》,载《天水行政学院学报》2010年第3期。

④ 田良:《美国国会的立法听证》,载《中国人大》2010年第3期。

通知、公开听证、决定法案是否采纳并向社会公布等环节。公众参与立法主要是在公开听证环节。美国的听证会所有公民都可以申请参加，但最终是否能够参加的决定权掌握在委员会手中，被选中的公民在会前提供书面陈述，在听证会上则进行简要的口头陈述，同时还要接受委员会的问询。

（二）日本公众参与立法制度

日本在公众参与立法的制度设计上也探索出了一系列比较成熟的做法，如立法意见公募、法制审议会和立法听证制度。其中，立法听证制度与英美相类似，该制度设计的目的是验证相关立法是否可行，邀请专家学者、利益相关方等到场进行讨论，其不是法定的必经程序。[①] 我国立法法规定的立法听证会也具备着相似的功能定位。

日本的制度设计中更加具有特色的是法制审议会制度和意见公募制度。法制审议会是法务省的咨询机构，审议会的组成人员和征询对象主要是专家学者、学术机构和特定社会团体等。日本法制审议会通常由 20 位学识丰富的委员组成，在接到法务大臣的咨询后他们先展开总会讨论，然后进行部会讨论，此外还会向社会尤其是大学、社会团体等征询意见，最后上交给法务大臣，在法案的形成过程中部会具有近乎决定性的作用。[②] 该制度设计与基层立法联系点也有相似之处，各地基层立法联系点几乎都设有征询单位，这些征询单位通常由政府、行业协会等构成，具备丰富的社会经验和专业素养，能够提供更加科学、有效的立法意见。

此外，立法意见公募制度也是日本的特色制度。该制度诞生的时间并不长，但是在实际运作中发挥着重要的作用。立法意见公募分为两个环节：一是政府公开信息，这里的信息包括立法的背景、立法的缘由、法案的解释等，通常通过网络或者报纸等途径发布并要求保留一定的时间，从而使得公众能够接触到最新的立法动态，从而提出自己的意见和建议。二是公众建言、政府反馈环节，公众通过自身对于法律的认知并结合政府发布的相关解释和说明，或者基于自身利益，发表对于立法活动的意见。更重要的环节是，政府应当及时对公众的意见和建议进行反馈，无论是否采纳公众的意见都应该给出相应的解释和说明，同时还要求对于公众的意见通过网络等形式公布。[③] 但是值得注意的是，立法意见公募制度指向的对象主要是行政立法，国会立法使用该制度的频率则非常低，因此，立法意见公募是一项适用面较窄的制度。

---

① 廖加龙：《日本的授权立法和立法中的公众参与》，载《人大研究》2014 年第 5 期。
② 王洪宇：《日本公众参与立法制度简介》，载《人大研究》2012 年第 12 期。
③ 王洪宇：《日本公众参与立法制度简介》，载《人大研究》2012 年第 12 期。

（三）美、日公众参与立法制度的启示

美国和日本关于公众参与立法的制度设计形式丰富，实际运行中也发挥着重要的作用，虽然不可避免地存在一些缺陷，但有部分制度设计可以为我国基层立法联系点的发展提供启发。

两国关于公众参与立法制度的缺陷主要体现为公众参与面窄、参与积极性低等方面。比如美国的听证会制度虽然规定所有公民都可以成为陈述人，但是需要公众去主动申请，申请后要接受委员会的会谈，在听证过程中还要接受委员会的问询，这无疑会打击公众参与立法的积极性。在没有十分诱人的奖励机制的前提下公众参与立法的热情本就不高，即使主动申请成为陈述人，还要接受委员会的面谈，在听证会上还要接受问询，如此费时费力，很难提高公众参与度。和我国的听证会制度相似，参与的主体其实还是专家、利益相关方等，普通公众参与的热情并不高。相较之下，基层立法联系点的制度设计有效地克服了这一困境，基层立法联系点设立后，联系点的工作人员可以主动联系公众，公众也可以主动到联系点建言献策。对于法律草案有意见可以提意见，没有意见也可以提自己的其他想法，并不需要"法言法语"，只要"原汁原味"即可，参与门槛低，可以更好地激发公众参与立法的热情。

日本的制度设计更加丰富，但除了立法听证会制度存在着和英美类似的缺陷以外，立法意见公募制度和法制审议会制度也有其弊端，立法意见公募制度主要适用于行政立法，对于国会立法适用的概率很低。相较而言，我国的基层立法联系点制度已经从最开始的人大及常委会立法扩充到行政立法，适用面越来越宽。审议会制度则更像是基层立法联系点中设置的征询单位，征询意见的对象主要是专家学者，对于提高普通公众参与度的作用并不明显。有学者曾经做过我国立法参与的实施效果评估，得出的结论是专家、学者对于立法参与的满意度普遍要高于普通公众。[①] 因此，提升普通公众的立法参与度才是当务之急。

当然，美、日两国也给基层立法联系点制度的建设提供了不少有益经验。如，日本的立法意见公募制度十分注重对于公众立法意见的反馈工作，要求向公众明确说明立法意见是否被采纳以及其原因。公众参与立法长期面临着积极性不高的困境，在奖励机制尚不完善的情况下，如果能够完善反馈机制让公众知晓自己的意见被采纳从而获得实实在在的成就感，公众参与立法的积极性才可能会被激发。即使公众的意见没有被采纳，立法机关及时说明原因也能实

---

① 冯玉军：《立法参与的制度设计与实施效果评估》，载《河北法学》2018 年第 3 期。

现释法、普法的作用,从而进一步促进公众守法。我国的基层立法联系点制度稳步向前发展,但是互动机制仍不健全,应该适当借鉴日本的经验进行完善。

三、扩大公众参与立法的可行性路径

吸取美、日立法制度的经验和教训,再回归到设立基层立法联系点制度的初衷,提高公众立法参与度是题中应有之义。习近平总书记强调,"有事好商量,众人的事情由众人商量,是人民民主的真谛"。① 尽管一系列的举措下公众参与立法已经越来越便捷、越来越高效,但因为联系点数量少、实体场所设置不合理、互动机制不完善等原因,仍然难以进一步提高公众参与立法的积极性。不仅如此,实践中基层立法联系点还存在着不同程度的形式主义倾向,②因此更有必要在以上三个方面破解难题,真正落实人民当家作主,防止出现人民形式上有权、实际上无权的现象。

(一) 增加联系点数量

总的来说,基层立法联系点的选择遵循"有意愿、有特色、有基础"三大原则③,目前已经形成了国、省、市三级基层立法联系点的空间布局,但是绝对数量上仍有欠缺。全国人大常委会法工委设立的 32 个国字号基层立法联系点虽然已经覆盖全国 31 个省(市、自治区),但数量仍然不够,作为拓宽公众参与立法重要途径的效能未能够充分释放。不仅是国家级基层立法联系点,地方立法联系点的建设也面临这样的困境,以上海为例,市级的基层立法联系点只有 7 家,也不足以覆盖上海的每个区。进一步扩大公众参与立法,提升基层立法联系点的工作实效,扩大联系点数量势在必行。根据全国人大常委会法工委的部署,国家级的基层立法联系点数量将会进一步增加。

本文认为扩充联系点数量可以从两个路径出发。一条路径是增加联系点的数量,根据有意愿、有基础、有特色的原则深入调研并确定新的联系点。在遍及全国所有省一级行政区划后应进一步扩大覆盖面,增加联系点的密集度,构建起从点到线、从线到面的周密联系网。另一条路径就是完善和加强国家、省、市三级联系点的沟通交流机制,三级联系点不应该断层,应该最大程度地利用现有的资源,畅通沟通渠道。目前,三级立法联系点的设立分为两种模式,一种

---

① 参见《习近平谈治国理政》(第二卷),人民出版社 2017 年版,第 637 页。
② 丁祖年:《新修改立法法对地方立法制度的创新和完善》,载《中国司法》2023 年第 4 期。
③ 沈春耀:《加强和改进地方立法工作提升地方依法治理能力和水平在第二十五次全国地方立法工作座谈会上的小结(摘要)》,载《法制日报》2019 年 11 月 19 日第 1 版。

模式是各自设立,另一种模式是重复设点,即某个联系点既是全国人大常委会的联系点,同时又是省级和市级的联系点,甘肃临洮人大常委会就是集三级联系点身份为一身。基层立法联系点的运行不应该割裂开来,应该最大限度地利用现有资源,一旦形成三级联系点的良好互动,那么全国近 5000 个各级联系点就能形成周密的联系网,将来自基层"原汁原味"的声音源源不断地向上传递。此外,还应该积极应用数字科技,开发网络平台助力意见征询。如杭州的公众难以借助义乌立法联系点来传递意见和建议,如果能够畅通网络平台,那么这一问题就能够得到较好的解决。哪怕相隔再远也可以借助线上平台随时随地地建言献策。

(二)优化联系点场所设置

各基层立法联系点设置了众多立法联络员、信息员与广大公众联系,但是设置联系点的实体场所仍然是必要的。根据一些联系点的工作经验,虽然在征询意见的过程中多数情况是联系点工作人员联系公众,但是在不少情况下仍然存在公众因为各种原因主动来到联系点反映问题的情形。如果没有实体场所,不仅这一部分公众的意见难以被立法机关吸收到,更重要的是会打击公众参与立法的积极性。2019 年总书记考察上海虹桥街道时,就有很多群众在实体场所中查阅法律文件、探讨法律草案。实体场所设置后不仅仅可以用于立法建议的征询,还可以作为普法宣传的重要阵地,同时为广大公众提供一个轻松的交流环境,潜移默化地拉近国家立法与个人之间的距离,让公众可以参与立法、乐于参与立法。

关于场所的设置,本文认为尽量选择设置在社区、活动中心、人大代表之家等场所。一方面可以整合人力、物力,实现场地、设备、工作人员等资源共享。[①]另一方面,尽量将场所设置在非机关大楼,降低公众参与的"门槛"。机关大楼等本身就进出不便,中国几千年来形成的"衙门难进"的印象也会降低公众参与的积极性。尤其是在特殊时期,如三年疫情期间,公众自由进出机关大楼几乎是不可能的。选择在公众日常生活能够接触到的地方设置场所方便公众随时参与进来,真正做到提高公众对于立法的参与度。在这方面,有一些联系点已经形成了良好的经验,如苏州昆山的"吃讲茶",这是江南地区的传统习俗,人们在闲暇时刻坐在一起喝茶、吃小菜,拉拉家常聊聊天。昆山将民间习俗与基层治理相结合,引导人们在喝茶聊天之际促进纠纷解决、开展普法宣传、进行立法建议征询等工作,在潜移默化中提升老百姓的法治意识、主人翁意识等,有效地促进社会和谐,有力地提升了基层治理的能力。[②]

---

① 汪德华:《市级基层立法联系点运行中遇到的问题与思考》,载《人大研究》2023 年第 7 期。

② 冯仁新:《人民至上 全过程人民民主的昆山实践》,江苏人民出版社 2022 年版,第 111—113 页。

无论是扩充联系点的数量，还是优化其布局，抑或优化场所设置，其出发点和落脚点都是为公众参与立法提供便利，缓解立法工作给公众带来的严肃、不可接近等传统印象，让公众在方便的时间、方便的地点，以放松的心态自由地表达其对于立法工作的建议和意见，只有这样"原汁原味"的建议和意见才是更加值得关注和吸取的。

（三）完善互动机制

当前在基层治理工作实践中存在着一定的形式主义，基层工作脱离群众生活和实际需求的现象时有发生，制约着基层民主的良性发展。[①] 传统的立法意见征求模式存在"大水漫灌"的问题，[②]征求对象不具体、数量不确定、互动不健全，"广撒网"看似覆盖面广，但收效并不尽如人意。基层立法联系点的运行应该克服传统模式的缺点，完善意见反馈、奖励表彰等互动机制，避免"大水漫灌"，追求"精耕细作"。使得公众通过立法制度在立法起草、立法规划、立法修改等各个阶段有可能将自己的意见和建议上升为国家意志，并收到相应的反馈或表彰，切实提升公众参与立法的积极性、获得感，真正实现全过程人民民主在立法领域的充分体现。[③]

公众参与立法费时费力，如果没有完善互动机制，社会公众积极参与到地方立法就不具备期待可能性，在这种情形下越是加大宣传，可能结果越适得其反。比如普法宣传长期存在的二律背反，即政府越来越重视宣传，然而民众内心的法治信仰却迟迟没有牢固树立。[④] 要使公众产生内驱力、认同感，就要完善反馈机制、奖励机制等。

实践中，全国人大常委会法工委因为工作量大而无法完成反馈工作，但是各个基层立法联系点可以将工作落到实处。联系点可以设置专门人员负责统计和记录，根据工作台账记录公众的姓名、联系方式和具体意见和建议，每当法律通过后及时对照，如有被采纳的意见及时通知到具体个人，使他们感受到实实在在的参与感和成就感。另外，完善物质奖励和精神奖励机制，按时定期对积极参与者、支持者给予表彰，对于意见被采纳者发放荣誉证书、现金奖励，同时通过传统媒体或新媒体平台等广泛宣传树立典型，开展参与立法先进个人宣讲会等，激发公众参与立法的热情。

---

① 赵明媾：《全过程人民民主贯穿基层治理：时代意蕴、理论创新及实践转化》，载《理论导刊》2023年第1期。

② 刘风景：《法案公布征求意见的法治逻辑及实效提升》，载《江汉论坛》2023年第11期。

③ 朱力宇：《全过程人民民主在我国立法中的体现论析》，载《人权》2022年第1期。

④ 赵天宝：《中国普法三十年（1986—2016）的困顿与超越》，载《环球法律评论》2017年第4期。

实践编

基层立法联系点的发展历程、实践做法与特点优势

李高协[*]

今年是人民代表大会制度建立 70 周年,也是基层立法联系点制度写入中央决定 10 周年。在这样一个重要时间节点,交流探讨立法联系点的建设与工作,更有特殊的意义。目前,基层立法联系点,已经从无到有、从小到大、从个别地方到全国范围,取得了显著成效,产生了广泛影响。它以上联人大、下接地气的立法"直通车"、民意"连心桥"的独特优势,为广大基层群众和社会各界人士表达立法诉求、反映社情民意提供了有效的渠道、平台和载体,丰富了全过程人民民主的生动实践,顺应了社会发展的现实需要,得到了人民群众的衷心拥护。党的二十大报告对"建设好基层立法联系点"作出重大部署。新时代新征程,全面落实党的二十大精神,必须以习近平法治思想为指引,着力加强基层立法联系点能力建设,稳中求进推动基层立法联系点工作高质量发展,充分发挥基层立法联系点在发展全过程人民民主中的重要作用。下面围绕"基层立法联系点的发展历程、实践做法与特点优势"这个主题做四个方面的学习交流:一是基层立法联系点的发展历程;二是基层立法联系点的实践做法;三是基层立法联系点的特点优势;四是建好用好基层立法联系点的思考。

一、基层立法联系点的发展历程

关于基层立法联系点的起源和发展过程,根据我 22 年参与立法联系点工作的亲身经历和中国人民大学孙龙教授、博文博士在《基层立法联系点制度的起源与历史演进》一文的溯源梳理,发展历程大致划分为三个阶段:

(一)甘肃实践探索首创阶段(2001—2004 年)

立法联系点概念和制度的由来与形成,时间可以追溯到 2001 年。当年 8 月 16 日,甘肃省人大常委会法工委在临洮县召开座谈会,征求基层干部群众对"行政强制法(草案)"的意见建议,25 人参会并提出 20 多条有价值的意见建

---

* 李高协,甘肃省人大常委会法工委主任。

议,效果超出了预期,引起了大家的深入思考。我们感到在县一级虽然没有立法权,但蕴藏着丰富的立法资源,有法律人才、有工作基础,群众参与立法的积极性也很高。调研组一行当时就在酝酿考虑,如何通过建立经常性的联系渠道,延续这种有益探索? 把基层的立法资源利用起来,让立法机关直接听取群众的意见建议,使法律法规能够真实反映基层的社情民意。我联想到甘肃省领导干部扶贫联系点的做法就向带队调研的法工委主任刘生荣提出了可否在县级人大常委会建立立法联系点的想法,得到刘生荣主任和调研组其他同志的赞同。2002 年 4 月 29 日,甘肃省人大常委会法工委工作简报《法制参考》第 4 期刊登的省人大常委会调研报告"对进一步搞好地方立法工作的几点意见和建议"中就明确提出"建立立法工作联系点制度。拟在附近市、地、州的部分县市和一些立法任务较重的省直部分建立经常性的立法联系制度,就立法的有关问题进行交流,并承办法律、法规草案的征求意见工作"。这是以文件形式首次提出建立立法联系点制度,该简报印发各省(市、区)人大常委会法工委,也是立法联系点这个概念第一次走出甘肃。后经法制委法工委集体反复研究讨论,名称确定为地方立法联系点,并经主任会议同意,法工委于 2002 年 7 月在临洮县、静宁县、凉州区、永登县、永靖县人大常委会设立地方立法联系点,全国最早的立法联系点由此诞生。

2004 年 2 月 23 日,主任会议通过了《甘肃省人大常委会地方立法联系点工作制度》,这是有据可查的最早的第一个立法联系点制度。设立的主体也由法工委升格为省人大常委会。地方立法联系点的创新设立,可以说是甘肃人民群众对立法工作、对民主法治建设作出的一项原创性贡献,临洮县也成为立法联系点的首提地。

(二)多个省市自发跟进实践阶段(2005—2014 年)

在 2002 年 11 月、2004 年 8 月召开的第九次、第十次全国地方立法研讨会上,甘肃省人大常委会法工委在交流材料中都介绍了立法联系点的做法。如 2002 年 11 月,在第九次全国地方立法研讨会上,提交的"地方立法与时俱进需要研究解决的几个问题"交流材料中写道:"我们通过调研新提出了两条调动社会力量参与立法的措施:第一,面向社会公开征求立法项目建议。第二,建立立法工作联系点。最近我们选择临洮、永靖等 5 个县区为联系点,给他们配备了计算机,建立了经常性的联系制度,就立法的有关问题及时进行交流、反馈,并承办法律、法规草案的征求意见工作,预期效果不错。"2004 年 8 月,在第十次全国地方立法研讨会上提交的"甘肃人大推进民主立法的实践与思考"交流材料第六部分专门介绍了"建立立法联系点制度、实现地方立法与老百姓面对面"的做法。

通过这两次全国性立法会议和我们《法制参考》的传播，设立立法联系点的创新实践，引起一些地方的关注。先后有哈尔滨市（2005 年）、湖北省（2009 年）、呼和浩特市（2009 年）、南宁市（2010 年，第一个地方政府立法联系点）、浙江省（2014 年）等地跟进设点探索，取得较好效果。这些地方与甘肃一道，为立法联系点制度上升为国家立法制度作出了贡献。

（三）中央主导推动全面快速发展阶段（2014—2024 年）

2014 年 10 月，党的十八届四中全会在《中共中央关于全面推进依法治国若干重大问题的决定》中指出，"健全向下级人大征询立法意见机制，建立基层立法联系点制度，推进立法精细化"。这是中央全会决定中首次使用"基层立法联系点"的表述，也是国家层面的文件中第一次使用"基层立法联系点"概念。标志着由地方探索实践的立法创新制度从此上升为国家层面的立法制度。决定出台之后，各地都统一使用"基层立法联系点"这一名称。目前，只有全国人大常委会法工委设在中国政法大学的叫"立法联系点"，其他点都叫基层立法联系点。

2015 年 7 月，贯彻落实党的十八届四中全会精神和全国人大常委会工作部署，全国人大常委会法工委在甘肃临洮县、江西景德镇市、湖北襄阳市人大常委会和上海虹桥街道办事处设立 4 个基层立法联系点。同时，出台了《全国人大常委会法制工作委员会基层立法联系点工作规则》。

2019 年 11 月 2 日，习近平总书记到上海虹桥街道古北市民中心考察时，在听取基层立法联系点有关情况介绍之后，首次提出全过程人民民主重大理念。这个重大理念丰富和发展了马克思主义民主政治理论，为基层联系点发展提供了科学的理论指引。

2022 年 4 月 9 日，"立法联系人民——基层立法联系点的实践与理论研讨会"在线上召开。这是首次全国性立法联系点方面的学术会议，由中国法学会立法学研究会和中国人民大学国家发展与战略研究院主办。会议全程进行网上直播，观看数量达 15 万余人次，推动了学术界的研究热潮。

2022 年 10 月，习近平总书记在党的二十大报告中提出："要加强人民当家作主制度保障，健全吸纳民意、汇集民智工作机制，建设好基层立法联系点。"这充分体现了以习近平同志为核心的党中央对建设好、发挥好基层立法联系点作用的高度重视，为基层立法联系点工作和建设指明了前进方向，提供了强大动力。

2023 年 3 月 13 日，基层立法联系点写入"立法法"。新修改的"立法法"第七十条规定："全国人民代表大会常务委员会工作机构根据实际需要设立基层立法联系点，深入听取基层群众和有关方面对法律草案和立法工作的意见。"第九十条规定："省、自治区、直辖市和设区的市、自治州的人民代表大会常务委员会根据实际需要设立基层立法联系点,深入听取基层群众和有关方面对地方性法规、自治条例和单行条例草案的意见。"为立法联系点建设和发展提供了法律依据,明确了法律地位。

2023年3月17日,甘肃省基层立法联系点建设研究中心在兰州成立,这是全国首家立法联系点研究机构,由甘肃省人大常委会法工委和西北师范大学共建。

2023年4月,全国人大常委会法工委增设了基层立法联系点办公室,5月在中国人大网开通"基层立法联系点"专栏。11月8日,全国人大常委会法工委基层立法联系点工作交流会议在江苏昆山市召开,这是立法联系点工作方面的首次全国性会议。

2023年12月16日,首届基层立法联系点建设理论与实务论坛在兰州召开,由甘肃省人大常委会法工委、甘肃省司法厅、西北师范大学主办。

2024年5月30日,全国人大常委会法工委基层立法联系点工作片会暨联系点工作和建设高质量发展推进会在浙江义乌举行。

以上是基层立法联系点起源和发展的主要时间节点和阶段性演进过程。截至2024年5月,"国字号"立法联系点达到45个,辐射带动省、市两级设立立法联系点6500多个,形成了国家、省级、市级三级联动的工作格局。立法联系点已实现制度化、常态化,已经成为除网上征求意见、书面征集建议,以及立法座谈会、论证会等形式之外的人民群众有序参与立法工作的一种有效形式和普遍做法,取得的成效也十分显著。据中国人大网报道,2015年至2024年4月,全国人大常委会法工委先后就183件次法律草案征求联系点意见27880多条,其中有3200多条被立法研究采纳,工作网络覆盖区域人口1.69亿人。可见,立法联系点是"以小见大、以点带面""秤砣虽小压千斤"。

二、基层立法联系点建设的实践做法

(一)设立基层立法联系点的目的

为了贯彻落实宪法法律和党的有关立法工作、民主法治建设的方针政策,以及习近平总书记关于全过程人民民主的系列论述精神,践行全过程人民民主,充分发挥立法联系点"接地气、聚民智、汇民意"的重要作用。

(二)基层立法联系点的性质定位

把握基层立法联系点的性质定位。在实际工作中,各地对立法联系点的性

质定位不断探索,形成的共识主要有:

1. 是立法机关或者其工作机构根据工作需要设立的,协助收集和反映人民群众对立法及有关工作意见建议的固定联系组织;

2. 是人民群众直接参与立法及有关工作的重要渠道(群众形象地称之为"立法直通车");

3. 是立法机关深入基层直接了解社情民意的重要平台("民意连心桥");

4. 是有关国家机关沟通联系人民群众的桥梁纽带;

5. 是践行全过程人民民主的生动实践和鲜活载体;

6. 是加强和改进人大工作的重要抓手。

(三)基层立法联系点的工作职责

基层立法联系点的基本功能定位是立法征询意见工作,主要职责细化归纳为以下 10 个方面:

1. 组织征求对五年立法规划、立法计划草案的意见建议。

2. 组织征求对法律法规和规范性文件草案的意见建议。

3. 组织征求对法律法规和规范性文件清理的意见建议。

4. 组织征求对规范性文件备案审查的意见建议。

5. 组织安排在联系点的立法调研、学习培训、交流考察等活动。

6. 参加有关单位组织的立法活动。如联络员参加立法座谈会、论证会、评估会,联系点负责人列席人大专门委员会会议、常委会会议,参与立法起草、调研、培训、考察等,反映群众意见建议。

7. 收集基层社情民意,反映群众立法需求。

8. 跟踪了解法律法规和规范性文件实施情况,及时掌握实施过程中出现的问题,收集对修改完善的意见建议。

9. 组织开展宪法法律的学习宣传活动,讲好宪法故事、立法故事、民主故事。

10. 受委托组织开展立法调研或者其他相关工作。

(四)基层立法联系点建设的主要内容

党的二十大报告提出,要"建设好基层立法联系点"。如何建设?从各地实践经验来看,主要有组织建设、队伍建设、制度建设、阵地建设、信息化建设、思想建设。

1. 组织建设。一般为三级架构:联系点、联络点(站)和信息采集点。各点设立领导小组及其办公室,按照"有基础、有特色、有意愿"原则设立。如"国字号"45 个联系点中,有专门工作机构的 34 个。

2. 队伍建设。由联络员队伍、信息员队伍和专业支持队伍构成。如甘肃省有立法联络点 1500 多个、立法信息采集员 2 万余人。

3. 制度建设。党委有文件,人大有制度,联系点有工作办法。如《中共定西市委关于深入践行全过程人民民主、全面推进定西基层立法联系点建设的意见》。

4. 阵地建设。办公场所、展示窗口、网络平台等。

5. 信息化建设。如驻马店立法联系点数字化应用平台,使群众参与立法活动"一键即达"。襄阳市立法联系点智慧平台,实现群众全过程线上参与、全周期动态可视。

6. 思想建设。坚持党的领导,用习近平法治思想统领立法联系点工作,联系点的重要事项、重大问题向党委请示汇报,形成了"党委领导、人大主抓、政府支持、各方参与"的工作格局。

(五)基层立法联系点的工作流程

工作实践中形成的基本流程有"八步工作法"(有的地方归纳为"十步工作法"):

1. 启动征询任务。

2. 前期解读学习。

3. 制定工作方案。

4. 征求意见建议。采取线上线下方式,如召开座谈会、微信群、二维码等了解立法需求,征集立法建议。

5. 梳理汇总形成报告。要求"原汁原味"反馈。

6. 及时上报书面(电子版)报告。

7. 整理资料归档。

8. 讲好立法故事,搞好学习宣传。

(六)基层立法联系点工作的基本经验

基层立法联系点在发展过程中,各地积极探索实践,也积累了许多经验,归纳起来至少有"七个坚持":

1. 坚持党的领导;

2. 坚持以习近平法治思想为统领;

3. 坚持立法为了人民、依靠人民;

4. 坚持发挥人大在立法联系点工作中的主导作用;

5. 坚持践行全过程人民民主;

6. 坚持守正创新、打造特色品牌;

7. 坚持讲好立法故事、民主故事。

三、基层立法联系点的特点优势

基层立法联系点丰富多彩、特色鲜明。特点优势有四个特色，即实践特色、时代特色、理论特色和民主特色。

（一）基层立法联系点的实践特色

基层立法联系点是人民群众的首创，来源于基层、来源于实践、来源于群众。习近平总书记指出，我国全过程人民民主不仅有完整的制度程序，而且有完整的参与实践。各立法联系点结合自身实际，把触角延伸到基层的各个角落，使立法机关在立法工作各环节都能够听到群众声音。实践中也形成了许多创新案例和工作品牌，如昆山"双桥"品牌、黄岛实践、三江模式、沙坪坝范例、雅安"6＋1"区域协同机制、临洮模式、平罗样板、堆龙品牌等。

（二）基层立法联系点的时代特色

基层立法联系点的时代特色体现在不忘初心、守正创新，在解决问题中与时俱进，不断发展壮大。一是立法联系点数量持续增加。如"国字号"立法联系点由最初4个增加到现在的45个，结构也在不断调整优化。二是征求意见形式丰富多样。既有座谈会、"板凳会"等传统形式，又有"一键即达""24小时不打烊"的信息化手段。三是工作机制逐步健全完善。据统计，全国各联系点建立了210多项制度，有10大类、20多个方面。四是功能作用不断拓展放大。不仅服务立法工作，还参与基层治理。

（三）基层立法联系点的理论特色

毛泽东同志说过，"实践中是要出道理的"。上海虹桥街道立法联系点成为全过程人民民主重大理念首提地，这就使基层立法联系点同中国特色社会主义道路、全过程人民民主重大理念、法治中国建设历史性地联系在了一起。可以说，小小基层立法联系点，一方面联的是群众的心、通的是百姓的情，一方面连接着全面依法治国的大背景，连接着坚持好、完善好、运行好人民代表大会制度的大背景，连接着发展全过程人民民主的大背景。全过程人民民主理念，丰富和发展了马克思主义民主政治理论。

（四）基层立法联系点的民主特色

基层立法联系点让人民群众在自家门口、田间地头、生产一线、休闲场所参与立法工作，感受到民主就在自己身边，感受到全过程人民民主是广泛的、真实的、管用的。立法联系点也使人民当家作主实践和主人翁意识落到了实处，因为通过立法联系点,将全过程人民民主具体地、现实地体现到立法工作全过程各环节,使法律制度充分体现人民意志、保障人民权益、激发人民活力,发挥的是"民主杠杆"作用,提升的是基层"民主存量、民主增量"。同时,基层立法联系点也成为讲好中国民主故事的"富矿",如《虹桥故事:全过程人民民主基层实践录》宣介读物,接待超过上百批外国和海外考察团,对外讲好中国民主故事,传播中国民主声音。又如,2024年3月中央电视台国际英文频道推出的《从田间地头到人民大会堂——全过程人民民主》系列报道中,专门介绍了临洮县立法联系点在推动全过程人民民主中的做法。

我认为,基层立法联系点的价值就是全过程人民民主价值,它的"根"是基层人民群众,"魂"是全过程人民民主。

四、建好用好基层立法联系点的思考

实践证明,立法联系点已成为民意表达的一种新的有效形式,但不是唯一的形式,它不具有唯一性、排他性,是对立法座谈会、论证会等征求意见形式的一种丰富拓展和有益补充。它的价值在于,当其他征求意见的形式不能充分、全面体现基层民意的时候,立法联系点刚好弥补了这个不足或者说缺陷。它还与其他方式协同联动,具有兼容性、包容性和叠加效应。在充分肯定立法联系点工作成绩的同时,也要清醒地看到面临的问题和不足,如群众对立法联系点知晓率不高,有的工作职能定位不够精准,工作队伍稳定性较差,提出的意见建议质量有待提高等。

(一)进一步把握好立法联系点的功能定位

基层立法联系点是在立法实践中成长起来的,它的基本功能定位是:立法征询意见工作。主要任务是:充分发挥密切联系基层人民群众的优势,采取座谈会、调查研究、网络征求意见等方式,征求基层单位和群众对法律法规草案和其他立法工作的意见建议,提供、反映立法涉及的相关情况和问题。同时,注重发挥在本地社会治理中的作用,对基层人民群众反映的有关本地社会治理问题,及时向有关方面反映,依法有序参与共商共建共治活动。

国务院和全国人大常委会对立法联系点工作高度重视。《国务院2024年度立法工作计划》提出:深入践行全过程人民民主,加强立法联系点建设。《全国人大常委会2024年度立法工作计划》提出:聚焦建设好基层立法联系点,适量有序增加基层立法联系点的数量和类型,加强指导交流,推动基层立法联系点建设和工作提质增效。全国人大常委会法工委基层立法联系点工作片会暨联系点工作和建设高质量发展推进会也提出：要坚持政治引领、人民至上，发挥三级联系点的整体合力，加强与代表家站等基层民主实践载体融合发展，推动制度机制建设，更好地服务于民主立法。这对建好用好立法联系点提出了新的更高的要求。

基层立法联系点已经成为人大工作中有声有色、充满活力和生机的一部分。今后要围绕人大职能职责，立足基层、面向群众、服务立法、参与治理，在法治轨道上推动基层立法点工作高质量发展。

（二）推动立法联系点建设和工作提质增效

1. 进一步发挥立法联系点辐射带动作用。使立法联系点建设和工作更向基层下沉、更向边远地区延伸、更贴近民主立法需要。立法联系点是百姓民主大舞台、群众民主大合唱，不是"明星演唱会"，一定要突出基层性、群众性。

2. 进一步拓展立法联系点功能。要分类施策，量力而行。设在人大的立法联系点可调用的资源较多，可以从立法中的征求意见向立法前的论证研究、立法后的宣传实施拓展，并发挥立法联系点在备案审查、法律法规清理、立法评估中的作用。

3. 进一步推动立法联系点与代表家站、党群服务中心等平台载体融合发展。实现阵地共建、资源共享、品牌共创，为群众主动参与、方便参与、广泛参与提供条件。

（三）建立科学的立法联系点评价考核机制

有的地方片面追求采用率，忽视群众参与率。评价考核联系点工作，不能简单地看提出了多少意见建议、采纳了多少，还要看基层群众的联系面、参与度、代表性，看多少群众参与了。当然，群众参与要建立在自主、自愿的基础上，不能强迫其参加。同时注意要防止"四化"：一要防止泛化。避免到处乱设点，点不是越多越好，关键要布局合理，体现广泛性、代表性。二要防止虚化。力戒形式主义、做表面文章。有的形式上"花里胡哨"，甚至盲目跟风攀比，但工作没有落到实处。三要防止淡化。防止把征询到的"原汁原味"的意见建议，层层把关修改。有的地方还请第三方把"民言民语"转化为"法言法语"，甚至有的搞"外包"提意见，这样就淡化、稀释了浓浓的民意，背离了设立联系点的初衷。四要防止同质化。防止各点千篇一律、缺乏特色功能，导致"左邻右舍一本通"。

（四）不断加强立法联系点能力建设

一要加强调查研究。立法联系点通过无门槛参与，保障了人民群众的参与权，参与方式也是不拘一格。但由于基层群众居住的分散性、工作的兼职性、人员的流动性，一些群众参与立法联系点活动不是很方便、很积极，现有的参与方式还不能完全满足工作需要。诸如此类的问题都需要深入实际,开展调查研究,问计于群众、问计于实践,提出对策建议。

二要通过召开座谈会、举办培训班、普及智能化等提高工作水平。加强联系点理论和实践问题研究、教材教学建设和话语体系建设研究,形成研究成果,提供理论支撑。建议全国人大常委会法工委建设全国统一的联系点信息服务平台,强化联系指导。我们计划今年继续举办第二届基层立法联系点建设理论与实务论坛,深入推动立法联系点理论与实务工作融合发展。

立法联系人民

——基于五个"国字号"基层立法联系点的实证研究

冯玉军[*]

摘　要：基层立法联系点被称为国家立法"直通车"，有效扩大了基层人民群众对中央立法的参与度，是我国全过程人民民主在法治领域的生动实践。本文对五个"国字号"基层立法联系点进行了实证研究，以此推展，在梳理归纳出当前基层立法联系点体系定位、职能发挥和运行模式的基础上，发现其在制度设计、运行模式、队伍建设、反馈激励、民众参与五个方面普遍存在的问题。由此提出针对性的对策和建议，以此助力基层立法联系点制度不断完善，从而在未来更好地发挥职能作用并彰显其重大民主意义和内蕴逻辑。

关键词：全国人大常委会法工委；基层立法联系点；发展现状；问题成因；对策建议

引　言

基层立法联系点制度是新时代我国立法制度的崭新创造，它站在人民群众和国家立法机关之间，被形象地称为国家立法"直通车"，把人民群众"原汁原味"的立法意见直接反馈给国家立法机关，是我国人民当家作主的生动体现。这项制度缘起于 2002 年 7 月甘肃省人大常委会法工委将临洮县人大常委会确立为首批地方立法联系点，在进一步实践中得到中央和全国人大常委会的高度认可，变成一项国家性制度。2014 年 10 月，党的十八届四中全会作出《中共中央关于全面推进依法治国若干重大问题的决定》，明确提出要建立基层立法联

*　冯玉军，中国人民大学法学院教授、习近平法治思想研究中心主任、政党研究平台研究员。项目支持：北京市法学会 2023 年度重点课题《基层立法联系点制度完善研究》；研究阐释党的十九届六中全会精神国家社科基金重点项目《完善以宪法为核心的中国特色社会主义法律体系研究》（项目编号：22AZD059），北京市习近平新时代中国特色社会主义思想研究中心重大项目《习近平法治思想研究》；2022 年度国家社科基金重大项目《习近平法治思想的原创性贡献及其理论阐释研究》（22&ZD198）。中国人民大学商学院 2021 级学生钟欣强全程参与本文的调查与写作，作出重要贡献，邬云、谭致远也有贡献。

系点制度的战略举措。"2015 年 7 月，全国人大常委会法工委将上海市虹桥街道办事处、甘肃省临洮县人大常委会、江西省景德镇市人大常委会、湖北省襄阳市人大常委会等 4 个地方单位，设为首批基层立法联系点试点单位。自此，一种全新的、立足基层人民群众直接参与国家立法的民主立法形式应运而生。"①

2019 年 11 月，习近平总书记考察上海市虹桥街道基层立法联系点，针对基层立法联系点的生动实践，强调指出，"你们这里是全国人大常委会建立的基层立法联系点，你们立足社区实际，认真扎实开展工作，做了很多接地气、聚民智的有益探索。人民代表大会制度是我国的根本政治制度，要坚持好、巩固好、发展好，畅通民意反映渠道，丰富民主形式"。充分肯定了基层立法联系点制度在民主立法领域的有益探索和在发展全过程人民民主中的重要作用。② 习近平总书记的重要指示精神，为基层立法联系点制度的进一步发展提供了强大动力。全国人大常委会法工委分别在 2020 年 7 月、2021 年 7 月和 2022 年 8 月设立了第二批、第三批和第四批基层立法联系点。③ 截至 2023 年 3 月，基层立法联系点制度经历了首批试点、二批丰富、三批推广、四批深化的四大发展阶段，基层立法联系点的数量从 4 个增长到 32 个，④辐射带动全国各地(省市级人大和司法行政部门)设立了 5500 多个基层立法联系点，形成了国家级、省级、市级联系点三级联动、全国 31 个省(区、市)全覆盖的工作格局。为贯彻落实党中央的决策部署和完善民主立法原则，2023 年 3 月 13 日，第十四届全国人民代表大会第一次会议通过了《全国人民代表大会关于修改〈中华人民共和国立法法〉的决定》第二次修正，以基本法律的方式明确了基层立法联系点的法律地位和作用。⑤

尽管如此，基层立法联系点的实际运行状况如何？ 体系定位是否清晰？ 职能发挥是否充分？ 运行模式是否合理？ 人员编制是否足够？ 财政支持是否充

① 《基层立法联系点不断扩大数量，生动践行发展全过程人民民主》，载中国日报网 2021 年 11 月 2 日，https://cn.chinadaily.com.cn/a/202111/02/WS6180d237a3107be4979f610e.html。

② 参见《深入学习贯彻党的十九届四中全会精神 提高社会主义现代化国际大都市治理能力和水平》，载《人民日报》2019 年 11 月 4 日第 1 版。

③ 法工委在 2015 年首批设立 4 个点位进行试点，在 2020 年第二批设立 6 个点位进行丰富，在 2021 年第三批设立 12 个点位进行全面推广，在 2022 年第四批设立 10 个点位，主要集中在东北、西北、西南等边疆或少数民族聚居的省份，进行深化落实。其中的 21 个点位都设立在地方各级人大常委会，少数点位设立在街道办事处、镇"人大代表之家"、镇人大主席团、大学、科技城、公司等单位机构。

④ 截至 2022 年底，法工委共在各级地方设立 31 个基层立法联系点，并在中国政法大学设立 1 个立法联系点(由于中国政法大学属于中央高校，故不加"基层"二字)。本文为方便称呼，二者同时存在时，直接使用"基层立法联系点"而不作区分，特此说明。

⑤ 《全国人民代表大会关于修改〈中华人民共和国立法法〉的决定》第二十一条：增加一条，作为第七十条："全国人民代表大会常务委员会工作机构根据实际需要设立基层立法联系点，深入听取基层群众和有关方面对法律草案和立法工作的意见。"

足？人民的立法意见在传递的过程中又有没有失真？制度实践过程中又存在哪些困难和挑战？如何采取有效措施应对？仍是非常值得研究的学术课题。本研究以问题为导向，采取了文献检索与调研访谈相结合，理论模型设定与实践问题归纳相结合，一般研究与特色选点相结合的研究方法，对五个全国人大常委会法工委（以下简称法工委）设立的"国字号"基层立法联系点，进行深度实地访谈调研，把握其体系定位、运行模式、现实状况，明确存在问题及其成因，提出对策建议，冀望助力基层立法联系点制度实现更高质量地发展。

一、体系定位和运行现状

（一）对象选取

我们选取的五个基层立法联系点分处祖国的东西南北，有经济发达地区大城市情况的反映，有欠发达地区"三农"意见的代表，有东部沿海深化改革开放的先锋，也有中西部践行新发展理念探索高质量发展的典型，更有代表性法科高校，各有独特的点位价值，兼有特殊性和全国性、普遍性意义。具体情况如下：

1. 北京市朝阳区人大常委会（法工委第三批基层立法联系点）

朝阳区，地处北京市，总面积470.8平方千米，人口约350万人，产业丰富齐全，经济活动活跃，区内发展不平衡，区情复杂，既存在远离北京核心的各类城中村、城乡接合部，又有繁华的金融区、CBD等。朝阳区境内法律活动频繁、法律资源丰富，朝阳区法院历年立案数量多，接待总量大；众多律师事务所设立在朝阳，注册律师数量多，立法意见征集的专业性强。总体而言，该区具有反映大型都市情况和法治建设意见的普遍性。

2. 中国政法大学（法工委第二批立法联系点）

中国政法大学位于北京市，是我国著名的法律专业强校，拥有着众多法学专家学者和数万名在校学生。中国政法大学既是法工委设立的唯一的立法联系点，又是32个"国字号"基层立法联系点中唯一的高校，对加强立法机关同数量庞大的高校科研机构、企事业单位、社会组织等沟通交流有不可忽视的代表作用。

3. 浙江省义乌市人大常委会（法工委第二批基层立法联系点）

义乌市位于浙江省中部，是浙江省辖县级市，由金华市代管，是浙江四大区域中心城市之一，常住人口为188.8万人。作为全球最大的小商品集散中心、著名的国际商贸城，义乌市外贸交易多，经济活动活跃；且外国人在义乌市流动频繁、停留或居住的情况十分普遍。义乌市具有突出的商贸特点和涉外特征，信息量极大，有助于立法机关统筹兼顾国内立法与涉外立法。

4. 广东省江门市江海区人大常委会（法工委第二批基层立法联系点）

江门市位于广东省中南部珠江三角洲西侧，毗邻港澳，人缘相亲，是全国著名侨乡，"侨"的资源非常丰富。而江海区又地处江门市东南部，常住人口37.47万人，户籍总人口18.54万人，流动人口占比大，且与江门国家高新区合署办公，拥有众多国家级高新技术企业和大型产业园。借此把握对外开放立法需求，评估深化改革各项举措与规章制度的得失，极具价值。

5. 甘肃省定西市临洮县人大常委会（法工委第一批基层立法联系点）

临洮县位于甘肃省中部、定西市西部，地处黄土高原与青藏高原的交汇地带，黄河上游最大的支流洮河穿城而过，是我国西北典型的农业县，在环境保护、黄河治理、"三农"问题、脱贫攻坚等方面具有代表性。临洮县人大常委会是基层立法联系点制度的发源地，彰显着人民群众实践全过程人民民主的首创精神。基层立法联系点制度从省级人大法工委到全国人大常委会法工委，跨越20余年，经验丰富、地方支持度高。

（二）体系定位

在基层立法联系点覆盖全国 31 个省级行政区的情况下，这些基层立法联系点是否发挥作用同法工委在相关市、县（区）、街道（镇）单位的选点定位息息相关，而法工委的选点定位又在很大程度上取决于省市人大基于事业发展的选拔推荐。

1. "国字号"基层立法联系点的特殊定位

自 2015 年起，经过 8 年发展，法工委设立的基层立法联系点的布局已从"零星散发"推进到"多点开花"的状态。在工作开展过程中，法工委的布点理念遵循"有基础、有特点、有意愿"三点原则。① 意即在选择点位时，法工委充分考量各地区的担当意愿、特殊区位、工作基础和意见反馈代表性，之后也将基于其点位特殊性而有选择地下发立法意见征集任务。如临洮县基层立法联系点，参与了《中华人民共和国乡村振兴促进法》的立法意见征集工作；设立在经济活动发达且乡村宴请活动数量较多的义乌市基层立法联系点，承担了《中华人民共和国反食品浪费法》的立法工作。概言之，从某种程度上来说，在法工委设立的"国字号"基层立法联系点工作网络中，每一个点位都会因其特殊性而具有自

---

① 参见沈春耀：《加强和改进地方立法工作提升地方依法治理能力和水平在第二十五次全国地方立法工作座谈会上的小结（摘要）》，载中国人大网，www. npc. gov. cn/npc/c17731c1848/c21114/d25cqgdfifgzzth/d25cqgdfifgzzth0091201911/t20191121_3024/8. html。

己的独特"职责",负责与其有关的法律的意见征询工作。

除特殊性外,这些"国字号"基层立法联系点还应兼具普遍性,即辖区内情况和我国宏观现状有相当程度的普遍性、相似性,对我国民众各类基本立法需求都能反映、具有代表价值。如朝阳区基层立法联系点的工作人员就表示:"选择朝阳区作为基层立法联系点一定程度上是因为朝阳区内既包含经济发达的中央商务区、也包含广大经济发展程度相对较低的农村地区,既有现代文明、也有乡土文明,是我国目前经济社会发展的缩影。"故此,朝阳区人大常委会基层立法联系点参与了从"噪声污染防治法"到"民事诉讼法""行政诉讼法"等非常宽泛的立法意见征集工作。

各个"国字号"基层立法联系点从纵向关系来看,是代表所在地方参与国家立法和信息交互的窗口,接受委托、完成任务之外,和法工委之间并无严格的领导隶属关系。从横向关系来看,由于多数基层立法联系点是在疫情暴发后才设立的,故而它们彼此之间主要以线上线下结合的征询经验、走访交流为主,相对缺乏紧密的互动或关系结合。

2. "国字号"基层立法联系点与省市级人大基层立法联系点的关系

法工委设立的基层立法联系点和地方省、市人大设立的基层立法联系点同样没有严格的从属关系。作为"联系点",设立机构的区别只代表联系点能够直接联络的机构不同,而不代表联系点之间具有上下级的关系。《全国人大常委会法制工作委员会基层立法联系点工作规则》(以下简称《工作规则》)规定,"法工委指导和支持相关地方以联系点为窗口,借助本地立法联系单位……扩大联系本地司法机关、高等院校、科研机构、企业、律师事务所、村(居)民委员会、社区街道等……放大联系点在听民声、察民意、聚民智方面的辐射效应"。

由此可见,法工委设立的基层立法联系点理应通过省市地方人大设立的基层立法联系点加强民众的立法参与,扩大立法过程中的全过程人民民主。法工委设立的部分基层立法联系点在收到立法意见征集任务时,就存在向地方一级的基层立法联系点发函征询其意见的情况,后者一般还会被列为前者的信息采集点。如江海区基层立法联系点在接到对"农村集体经济组织法"的意见征询任务后,就向江门市市级的基层立法联系点发出了协助征集意见的请求。反过来讲,法工委设立的基层立法联系点对省市地方人大设立的"省字头""市字头"基层立法联系点有着重要的参考价值和影响力。例如朝阳区人大常委会基层立法联系点就和同样设在朝阳区的北京市人大常委会设立的基层立法联系点开展了多次线上线下的经验交流工作,进行立法经验的探讨。

总结来说,对于"国字号"基层立法联系点的体系定位,其在法工委向全国铺开的基层立法联系点体系网络中承担着"征集特定领域相关法律意见"和"树立典型、渐次推广"的使命任务;"国字号"基层立法联系点之间及其与省市级立法联系点的关系,在互通信息、经验交流之外,还会提供工作和经验上的支持协助,以便切实反映立法需求,提高立法质量。

(三)职能发挥

基层立法联系点的主要工作职能是征集立法意见、开展普法活动和根据各地不同情况开展相关法律活动(见图1)。

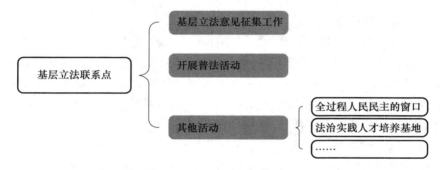

图1 基层立法联系点的职能发挥

1. 基层立法意见征集

作为国家"立法意见直通车",基层立法联系点以对法律草案进行意见征集为工作总抓手,一端连接国家立法机关、另一端连接基层人民群众,为人民群众有序参与国家立法、表达利益要求提供现实有效的途径。截至2022年1月,由法工委设立的基层立法联系点先后就132部法律草案、年度立法计划等征求基层群众意见,获得建议11360余条,这些意见建议都得到国家立法机关的尊重和认真研究,其中2300余条意见建议被不同程度采纳吸收。[①] 最基层、第一线的人民群众对立法的想法、要求与看法,通过基层立法联系点,被"原汁原味"、及时准确地反馈给国家立法机关,作为研究吸纳的参考贯穿于法律草案的立项、起草、调研、审议、评估、宣传、实施等全过程和各环节。

"上情下达"和"下情上达"是基层立法联系点立法意见征集的两种主要工作路径。"上情下达"是指法工委把即将或正在征求意见的法律草案选择性地下发至各个基层立法联系点,各基层立法联系点在学习研究相关文本后,将"法言法语"转换成"土言土语",再依托各自的工作模式向基层人民群众进行意见

---

① 参见全国人大常委会法制工作委员会:《基层立法联系点是新时代中国发展全过程人民民主的生动实践》,载《求是》2022年第5期。

征集。2022 年 1 月,法工委在征求公司法的意见中,定向征求了 10 个基层立法联系点,共提出 1083 条意见建议;在征求妇女权益保障法的意见中,13 个基层立法联系点共提出 426 条意见建议,其中朝阳区基层立法联系点提出 52 条,江海区基层立法联系点提出 22 条;在征求黄河保护法的意见中,定向征求了靠近黄河流域的 2 个基层立法联系点的意见建议,共提出 27 条意见建议,其中临洮县基层立法联系点提出 19 条。"下情上达"是指基层立法联系点有意识地收集、积累人民群众在日常生产生活中"急难愁盼"且"无法可依"的困难和诉求,再通过立法意见征集渠道上报,从而积极推动法律调解社会纠纷、完善基层治理的工具作用。浙江省义乌市鸡鸣山社区的居民来自 74 个国家,涵盖 29 个民族,生活习惯各有不同、差异极大,在日常生活中存在诸多纠纷问题。偏好在夜间播放音乐、举行聚会的外国居民和习惯在晨间伴随音乐、舞蹈健身的本地居民"互相指责"对方噪声污染的问题如何解决? 义乌市基层立法联系点通过社区治理路径,邀请纠纷双方"坐下来、慢慢谈",把各自的问题和要求整理成书面形式,融入"噪声污染防治法"的意见征询中去,从而以和谐有效的法治思维、法治方法解决彼此的矛盾纠纷。

2. 普法活动

实践中,基层立法联系点的职能以征集立法意见这一主要工作为中心不断向外拓展,逐步推动"参与立法、推动执法、宣传普法、督促守法"的法治全环节贯通。我国普法工作肇始于 1986 年。近四十年来,全国范围内系统性开展的普法工作让法律知识得到空前传播,法治对群众生活和社会运转的影响日益增大。但也有学者研究指出,我国的普法展现出多种知识与事实的二律背反:有官方不遗余力地外在灌输,而无民众真诚的内心皈依;有政府坚持不懈的豪情推进,而乏民众积极参与的实际回应;有法律精英立法定规的踌躇满志,而缺民众用法守法的内在动力。[①] 如述悖论也并非情理之外。根据德国法社会学者卢曼的"期望理论",社会系统具有复杂性和偶在性,使得所有社会体验和社会行动都具有双重关联性:在一个层次上,是直接的行为期望,即某人对他人行为所持期望得以兑现或落空;但在另一个层次上,则需要判断某人自己的行为对他人的期望而言意味着什么。规范的功能——也就是法律的功能只能出现在这两个层次的结合中。[②] 传统的普法工作的确具有鲜明的自上而下和政府主导特色,"送法下乡""送法到户"的同时也容易出现"理想与现实的鸿沟":普者只知自身之期待,却不知受者之期待,更不能在受者的期待基础上创造新期待,从而

---

① 参见赵天宝:《中国普法三十年(1986—2016)的困顿与超越》,载《环球法律评论》2017 年第 4 期。

② [德]卢曼著:《法社会学》,宾凯、赵春燕译,上海人民出版社 2013 年版,第 74 页。

不可避免地出现普法手段的雷同以及普法受体的疲态。① 对此困境,习近平总书记强调:"要坚持法制教育与法治实践相结合,广泛开展依法治理活动",②要让全民普法教育脱离出过去"照本宣科""被动灌溉"的局限,与法治实践进行生动紧密的结合,激发人民群众在普法教育中的主观能动性。

基层立法联系点正是我国全过程人民民主在法治领域的生动实践,广大的人民群众、机关单位、协会组织在参与立法意见的征集过程中自然地自觉地会做到"征集前主动学习法律""征集中积极研读法律""征集时深刻体会法律""征集后更加信赖法律",从而有所建言、有所思考、有所感悟、有所遵守。基层立法联系点以立法活动为工作抓手,让人民群众不再是过去普法活动中的"看客",而成为具有主人翁意识的"参与者",主动地参与到法治链条的各个环节,形成自我激励并深化对法律的信赖程度,从而做到知法懂法守法用法。"参与式普法"既满足普者之所想,也照顾受者之所需,更助推二者共同参与新期待、新价值的合力创造。

3. 对外宣传、法治人才培养等活动

基层立法联系点除在立法、普法方面大放光彩外,在对外宣传、人才培养等多个领域也发挥着重要作用。

基层立法联系点现已成为对外宣传中国新时代民主,讲好中国民主故事的一个重要窗口。例如,广东省江门市是全国著名侨乡,自2020年设立为"国字号"基层立法联系点以来,江海区人大常委会主动为侨胞群体反映意见创造条件:和江门市侨联建立起联系机制,通过调查问卷了解侨胞的法律需求、政策需求,及时向法工委反映,参与推动一系列侨胞问题的协调解决。又如,上海市虹桥街道和义乌市鸡鸣山社区的外籍人士数量多、外贸经济活动发达。故有许多的外国嘉宾、外国友人到当地的基层立法联系点进行参观、访问、学习,深化了对中国新时代民主形式的理解,高度评价中国践行全过程人民民主的工作机制,大大增强了中国式民主在国际上的说服力。

基层立法联系点也是青年法治干部和青年法科学生的锻炼平台、学习基地。调研中发现,多数"国字号"基层立法联系点都有来自中央国家机关特别是法工委的年轻骨干力量前来挂职,挂职期限一年到两年不等。挂职过程中,来自法工委的立法干部一方面能够增长自身实践经验和知识才干,另一方面也能增进对基层立法联系点情况的了解,并能显著拓宽地方立法机关和中央立法机关的沟通渠道。再如,临洮县基层立法联系点与兰州大学、西北师范大学等高

---

① 参见张志文:《组织社会学视角下的普法策略分析》,载《法学论坛》2022年第5期。
② 习近平:《在十八届中共中央政治局第四次集体学习时的讲话》(2013年2月23日)。

校共建了立法实践实训基地,给法学院校的青年学生们提供法治工作一线的基层实践实训机会。

(四)运行模式

2020 年,法工委对《工作规则》做了修订,对基层立法联系点的具体职责予以规定,但未规定具体运行模式,第七条仅仅"鼓励"其采取多种方法来充分发挥职能。因此,各基层立法联系点在实际工作中往往采取不同的运行模式、搭建起不同的工作架构。笔者通过理论模型的预先设定及实地调研检验后,认为基层立法联系点的运行模式本质上都采取"法工委—基层立法联系点(立法联络站)—立法意见征询对象"的三级架构(如图 2),当然,区分各地情况之不同,也会产生差异化的组织结构与模式外观。以下区分三种工作模式:

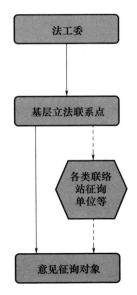

图 2　基层立法联系点本质的"三级"运行模式

1. 内部聚焦模式

以中国政法大学为典型代表。中国政法大学立法联系点专门负责的工作人员在收到法工委下发的立法意见征集任务后,分门别类之后,充分调动校内各类学术机构(如学院、研究中心、学生社团等)的积极性,或者通过这些机构对相关领域的专家教授、青年学者学生进行意见征集,而后再对征询意见进行整理、汇总、上报。由此形成"法工委—中国政法大学(校内各机构单位)—被征询人"的内部聚焦运行模式。

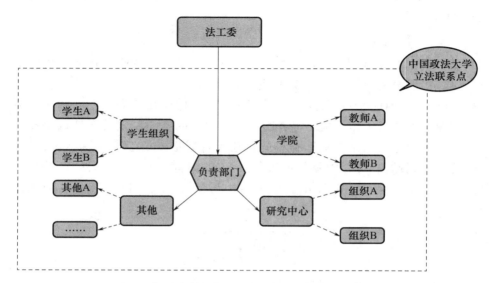

图3 中国政法大学立法联系点内部聚焦运行模式

中国政法大学立法联系点的运行模式凸显出其他点位少有的简单直接和封闭聚焦特点。直观地看,这种运行模式的形成显然与法科高校专业性强的两大特征——管理扁平化和机构半封闭——密不可分。首先,在法科院校中,人才密集且分散在各个二级机构当中,如果仅为征集立法意见就另行构建并维持某种严格的科层制管理制度以及高效紧密的组织网络,显然成本过高而很不必要。其次,法科院校专业性强,自成体系,对各种法律草案均能选出合适的意见征询对象,无须目光向外通过交流引智解决问题,故此具有内部聚焦、封闭运行的特点。

2. 扁平发散模式

朝阳区人大常委会基层立法联系点、江海区人大常委会基层立法联系点等依托政府机构和社会组织而呈现为一种扁平发散的制度运行模式,形成某种"天女散花"式的外观。

朝阳区基层立法联系点共设立了43个立法联络站、61个立法意见征询单位,并以现存的232个基层人大代表工作站为依托。其工作流程是:接到法工委下发的立法意见征询任务后,朝阳区基层立法联系点先向朝阳区内的立法联络站和立法意见征询单位下发任务,再由立法联络站征询区域内各单位和社区,全面收集立法意见。立法意见收集完毕后,立法联络站对立法意见进行初步整理,上交给朝阳区基层立法联系点。最后,朝阳区基层立法联系点对各立法联络站上交的意见进行二次整理汇总,上报法工委。具体而言,朝阳区基层立法联系点的立法联络站包括朝阳区律师协会等行业协会与行业自律组织、朝阳区市场监督管理局等政府部门、各街道办事处等各领域、各类型的组织,立法意见征询对象也涵盖了律师、企业、政府机构等各类主体。(详见图4)

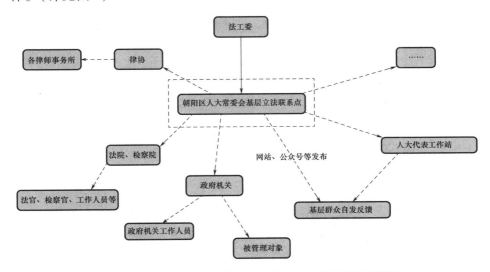

图4　朝阳区人大常委会基层立法联系点扁平发散运行模式

　　江海区人大常委会基层立法联系点采取了类似的工作模式。作为江门市唯一的"国字号"基层立法联系点,江海区基层立法联系点在依托辖区内59家基层立法联系单位和350名信息员的基础上,还构建了由118名全市各领域专家组成的专家队伍,对征集到的立法意见进行把关,决定"能不能报""可不可报""要不要报"。除此之外,江海区基层立法联系点还依托江门市政府建立的市级资源共享平台,能够向全江门市的联系单位进行立法意见征集(详见图5)。

　　概言之,以朝阳区人大常委会和江海区人大常委会为代表的基层立法联系点的运行模式是:基层立法联系点牵头,在所在地区设立多个立法意见征询单位与立法联络站等组织,经由这些组织对征询对象进行立法意见的征询和初步整理,之后再把汇总意见经二次整理上报法工委。因其在人大常委会之外设立或选择的"中间环节"组织数量较多,类型丰富,并不统一,也没有严格的上下级关系,多为平行关系架构,故形成"天女散花"式外观的扁平发散模式。

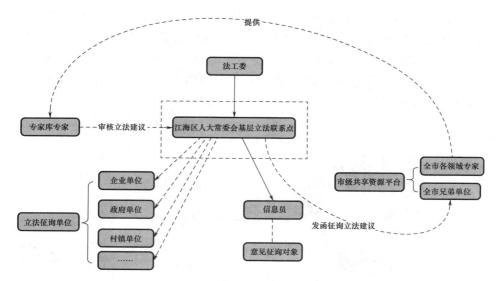

图 5　江门市江海区人大常委会基层立法联系点扁平发散运行模式

　　采取扁平发散模式的基层立法联系点,多以对立法建议的定点征询为主:如对某一部具体的法律草案,立法建议的大部分来源为所在地区的利益相关企事业单位、政府部门、司法机关、律师协会、律师事务所或政府聘任的专家、法律顾问和律师。以朝阳区为例,该区拥有高水平的法治工作队伍和极为丰富的法律资源。上级下达立法征询任务后,基层立法联系点按照工作规程,指导相关单位进行意见征询。该种运行模式简单有效,依托相关单位,带动法律专家,充分发挥他们的智慧和积极性,确保立法意见的高质量反馈。

　　3. **垂直贯通模式**

　　义乌市人大常委会基层立法联系点依托疫情防控期间建立的社区微信群等上传下达的社会治理体系,形成了信息逐级传递的“金字塔”型垂直贯通运行模式:通过 15 个联络站和传达防疫信息的微信群,将立法意见征询的消息传达到每一个社区、楼宇和居民,自发反馈意见的居民也可通过“触手可及”的意见征询渠道将个人意见反馈至义乌市基层立法联系点转达法工委。(详见图 6)

　　相比于扁平发散运行模式,义乌市的垂直贯穿运行模式更注重立法意见征集信息的民众可及性和到达率,以经过新冠感染疫情防控检验、能确保 100% 到达率的微信群聊传递立法意见征询信息,从而保证民众全知全晓,提升其参与立法的广度和积极性。此外,义乌市还选拔聘用同社区民众联系密切的乡贤和知识分子,组成“专家咨询库”,为民众提供基础普法、法律解读与纠纷调解服务,大大降低民众参与法治建设的门槛,提高了民众的立法参与率。

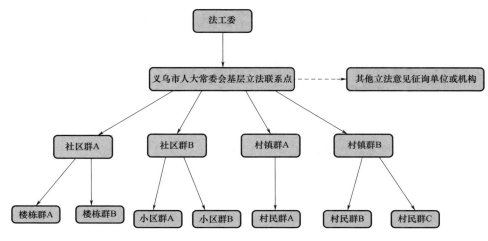

图6 义乌市人大常委会基层立法联系点垂直贯通运行模式

综上所述,在法工委没有硬性要求和明确规定的情况下,各地"国字号"基层立法联系点因地制宜、因事制宜,创造性地发展出了多种组织结构不同、运行状态各异的制度模式。而根据运行模式的不同,各基层立法联系点也由人大常委会法制办公室负责同志、联系点办公室负责同志、科研处负责同志等不同职位和角度的干部担任具体负责人。

二、面临的挑战

(一)制度设计方面的挑战

1. "以点带面"作用发挥有待进一步彰显。从全国范围看,当前基层立法联系点基本上是按行政区划,31个省、自治区、直辖市各有一个,呈点状分散分布。尽管从法工委的角度,可以全面统筹、随时指导各联系点的相关工作,但各联系点彼此之间的横向关系和各联系点与所在地方法治部门斜向关系的发展仍然参差不齐,"信息互通、资源共用、全面布局"的紧密工作网络尚未完全形成,法工委借"有特色选点"兼顾不同方面群众的诉求并产生"以点带面"、带动全国立法工作的效果还需深入挖掘。法工委办公室主任孙镇平在接受采访时表示:"在义乌市设点,主要是考虑外国小商品经营者聚集;在江门市江海区设点,主要是考虑毗邻粤港澳大湾区和地处中国最大的侨乡;在临洮县设点,主要是考虑乡村振兴工作的特殊区情等。选取各个'特色'区域设置为基层立法联系点,初衷是既能彰显所在区域的人民群众的个性特色,也能起到分析的代表作用,通过建立一个点,'以点带面',反映全国工作中的诸多情况和问题。"①从法工委的宏观角度看,此项任务应该说完成得很不错。但在基层实践中,各点位之间的横向交流仍以考察调研、走访学习为主,实质性的工作交流和信息资源共享还未完全做到,对周边地区的示范辐射作用发挥还不够。有学者从创新型城市试点建设的视角检验"以点带面"这一中国特色的改革举措产生作用的过程与机理,研究发现政策导向的区域设点的"示范效应"具有空间差异性,东部地区显著,西部地区较差;并且"示范效应"都具有动态波动性,随时间变迁起伏变化,往往达到效果高峰后便持续减弱。② 由此可见,"国字号"基层立法联系点设立后"以点带面"的示范效应不可泛泛而谈,仍需进一步严谨科学的方案论证和工作上的持续推进指导。

2. 立法意见征集职责有待明晰,网络化工作体系有待完善。法工委综合考虑各个点位工作的繁重情况和立法意见的代表性、贴合性之后,下发法律草案进行意见征集。这一举动内含着法工委对各基层立法联系点实际上存在"每一个基层立法联系点负责相关领域的立法意见征询任务"的期待。但在访谈中,各基层立法联系点对自身特殊性的认识较为单一,对法工委有可能的细化"分工"并不十分明晰,基本上就是来什么任务完成什么,比较被动,缺乏强化专业知识培训和预做充分准备的主动性。反过来,法工委在交付立法意见征集任务时,对各基层立法联系点的认识也容易标签化,对全面深化改革中联系点所在地方经济社会发展的新变化、新特点不甚了解,从而产生立法意见征询的供求障碍,需要的提供不了,提供的用不上,出现意见遗漏或重复的情况。比如,在"突发事件应对管理法(草案)"的意见征集过程中,某地联系点拥有一个大型的应急产业园,对此立法草案有丰富的基层经验和建议,但却未得到法工委下发要求意见征集的函件。且在分工定位不明晰的情况下,即使联系点能注意到未下发的法律草案并主动上报意见,但在对接、询问、上报各环节的主体对象不明情况下,自主上报仍存在诸多困难和阻碍。

3. 事业经费和软硬件支持力度还需加强。根据《全国人大常委会法制工作委员会基层立法联系点工作规则》,法工委有义务为联系点提供必要的经费支持和物质帮助,定期向联系点寄送法律书籍、立法工作资料和法制信息材料,为联系点开展相关工作提供相应保障。2018 年,国务院为进一步细化和确定中央与地方共同财政事权和支出责任划分,发布《基本公共服务领域中央与地方

① 参见张炎良:《从 4 到 22,基层立法联系点开启国家立法"直通车"》,载中国人大网 2021 年 11 月 4 日,http://www.npc.gov.cn/npc/c30834/202111/29be8e60f93b43ff8c4f73e1f77b0f57.shtml。
② 参见晏艳阳等:《创新型城市试点建设的"以点带面"效应研究》,载《科研管理》2022 年第 7 期。

共同财政事权和支出责任划分改革方案》，明确了中央和地方共同承担的八大类18项基本公共服务内容，基层立法联系点相关事项并不包含在内。换言之，尽管基层立法联系点在工作层面属于全国人大常委会的联系单位，但也很难获得中央切实的经费支持，联系点相关经费仍要依靠地方财政体系。如此一来，虽然上海虹桥街道办事处、苏州昆山市人大常委会在地方财政大力支持下，经费相对充裕。但在地方财政紧绷的中西部省区，联系点的工作必然受到经费的限制。甘肃省临洮县基层立法联系点由全国人大常委会法工委（2015年）、甘肃省人大常委会法工委（2002年）、定西市人大常委会法工委（2016年）三级挂牌设立，法工委特意赠送了电脑设备、法律资料等，其基本经费就是甘肃省人大常委会法工委按年划拨的五万元工作专项经费，和联系点开展的工作相比尚有较大不足。经费之外，软硬件支撑也是旱涝不均，各地差别比较大。

（二）运行模式方面的挑战

1. 运行体制机制难以常态化、稳定化。在我们的调研中，不少基层立法联系点的运行模式存在动力不足和状态不稳两大问题。一是工作动力不足。如前所述，法工委对各基层立法联系点只有名义上的"挂牌"关系，各基层立法联系点及其下设信息采集点（联络站）、联络员，缺乏行政力量的推动，在没有固定编制和充分经费的情况下，联系点运转依靠"自觉性""荣誉感"，持续性较差。二是工作状态不稳定，缺乏纲举目张的工作主线。联系点的工作主要表现为法工委下发任务定向征求立法意见，而法工委的任务下发并不是按时按量的，客观表现为联系点上报的立法意见时而过多、时而过少，民众在意见征集时提不出、不征集时又想提，等等问题。

2. 运行实效各有所长、也有所短。各点位差异化的运行模式既体现出因地制宜的智慧，也带来了各自在不同方面、不同层次的不足之处。如在科研机构和高校设立的基层立法联系点，作为法工委意见征集对象的法学教师群体，多是法学理论和各部门法领域的专家学者，即使没有基层立法联系点，他们也会通过提出立法建议、参与法律起草、提供法治咨询、开展立法评估等方式深度参与国家和地方立法。相较而言，通过基层立法联系点方式反而不是他们参与立法的主渠道。由此如果把发布在所有渠道的立法意见全都堆砌到立法联系点渠道，就会混淆或迷失联系点的独特作用。科研院校和市县人大和街道办事处相比，"基层性"相对不足，立法意见缺乏外部的体验感和实践性，反而体现出聚焦内部和封闭性特点。

（三）队伍建设方面的挑战

1. 队伍建设时间短、实践经验不足。1986年，"地方各级人民代表大会和地方各级人民政府组织法"确立"较大的市"具有地方立法权;2000 年,"立法法"对此进行进一步确认;2015 年,"立法法(2015 修正)"将地方立法权的主体范围进一步扩大到"设区的市"。① 地方立法权的诞生与发展不过三十余年,对于"设区的市"这一覆盖范围大得多的主体而言,也仅有八年的历史。大部分"设区的市"自主开展立法工作的起点低、时间短、缺乏经验,在立法队伍建设方面,存在新增编制不足、高素质法治人才短缺等困难。更有甚者,许多基层立法联系点设立在区(县)、街道(镇)等并不具备地方立法权的行政层级,对立法工作存在一定隔膜和陌生感。短期内要建立起一支熟悉立法流程,精通立法业务,精通法言法语的高素质法治工作队伍尚有困难。

2. 机构设置和人事编制供给不足。如前所述,地方立法起点低、时间短、立法队伍建设困难。而与之直接相关的体制化问题是:在当前我国"人大主导"式的立法格局中,②市级人大及其常委会承担着较重的"立法任务",但其机构设置尚待完善、人事编制严重不足。全国人大及其常委会经过了近 70 年的制度建设,机构设置较为稳定,编制较为完整,人员配备也较完善。省级人大及其常委会的机构设置与人员编制也较为完善。但设区的市,除省会所在地的市以及国务院批准的较大的市外,绝大多数设区的市仅有 8 年立法经验,机构设置和人员编制供给不足。据学者在 2017 年对山东省设区的市的人大机构的考察调研,除立法时间稍长的济南、青岛、淄博三市机构相对健全,立法经验较为充分外,其他设区的市的人大机构设置和人员编制偏少,存在机构和人员"一身兼多任"现象。③ 因为多数基层立法联系点的日常工作人员多系市县和乡镇街道的人大工作人员兼任,如此机构设置不仅限制人大功能的发挥,势必影响到额外服务于基层立法联系点的相关工作。

(四)反馈激励方面的挑战

1. 法工委和上级部门对基层立法联系点的信息反馈和工作指导还需加强。根据《工作规则》,法工委有关室应当把(对各联系点提出的意见建议的)研究

---

① 根据有关资料统计,2015 年《中华人民共和国立法法》修正之前,已有 49 个设区的市有立法权,包括省会所在的市 27 个、国务院批准的较大的市 18 个以及经济特区所在地的市 4 个,全国还有 233 个设区的市没有立法权。但在 2015 年《中华人民共和国立法法》修正之后,设区的市立法权相继得以落实。

② 对于"人大主导"式立法格局,参见《中共中央关于全面推进依法治国若干重大问题的决定》强调:"健全有立法权的人大主导立法工作的体制机制,发挥人大及其常委会在立法工作中的主导作用";《中华人民共和国立法法》第 51 条规定,"全国人民代表大会及其常务委员会加强对立法工作的组织协调,发挥在立法工作中的主导作用";党的十九大报告指出,"发挥人大及其常委会在立法工作中的主导作用"。

③ 参见汪全胜、卫学芝:《设区的市人大主导法案起草的困境与出路——基于山东省设区的市的考察》,载《河北法学》2018 年第 11 期。

采纳情况通过一定形式予以反馈。① 实际工作中,由于人手不足、内容不易细分、信息敏感等多种原因,法工委对各基层立法联系点的意见是否被采纳以及哪些意见被采纳(或被驳回),缺乏反馈。基本上,各个基层立法联系点都是在相应法律正式出台公布后,再安排工作人员比照收集意见时的留档,逐条比对,从而梳理出本单位被采纳的立法意见建议和提出者。

2. 基层立法联系点缺乏对一线工作人员和参与群众的激励。基层立法联系点虽然通过设立征询单位、建立信息采集点(联络站)、充实专家库等方式,聘请到一大批的信息员、采集员,并与辖区群众建立了较为紧密和直接的联系,但想要保证一线工作人员的工作热情和激发群众主动参与立法、提出立法意见的内在驱动力,仍需采取长期有效的激励举措。当前,基层立法联系点对于一线工作人员和参与群众的激励手段主要包括"作为正面形象出现在新闻宣传、收到感谢信、在表彰大会被集体表扬的荣誉感"、②"群众能够民主参与中央立法的获得感(一线工作人员对其工作的认可度和自豪感)"、"生产生活问题和纠纷处理解决的需要"。总体上看,一线工作人员多是义务性质或志愿者性质,参与群众也主要是受精神激励。但精神激励显然不具有长期的可持续性,况且媒体报道、公开表彰等荣誉宣传,往往只能覆盖少数人,激励的主体对象范围较小。需要指出的是,囿于地方财政制度的严格控制,基层立法联系点往往不能或只能对一线工作人员和群众提供数额很少的误工费补贴或物质奖励。实地访谈中,不少基层立法联系点的负责人都对此表示深切的担忧。

(五)社会公众参与方面的挑战

1. 参与渠道相对单一,信息可达性不足。除了义乌市基层立法联系点等少数的点位以互联网大数据、社区微信群等手段实现了与所直接联系的征询单位、联络站、专家库等的信息交互和实时传播,多数点位的立法信息传播和工作沟通以定向求取立法意见为主,全面普遍且固定持续的立法意见收集渠道和宣传手段仍有欠缺。即使在当地人大或者政府官网进行公示,对社会公众而言也往往缺少信息可达性。如此一来,社会知名度不够广泛,群众日常联系松散,公民参与立法的引导机制欠缺,就难以发挥基层立法联系点"民意直通车""立法直通车"的功能,也容易导致立法意见征集向精英立法滑坡,而普通居民群众参与缺位。

2. 参与时长和意见征求质量还需提高。根据访谈调研,部分基层立法联系

---

① 《全国人大常委会法制工作委员会基层立法联系点工作规则》第十八条。

② 事实上,据实地访谈调研,部分基层立法联系点提出"作为一个地方机构,其也希望得到来自法工委专门的荣誉性表彰,以彰显对其工作的认可",但似乎极少有基层立法联系点能获此"殊荣"。

点对收集意见的处理情况不够明确,征求意见的方式也有待优化,征求意见期间制度执行不严格,使征求意见参与者缺乏充足的研究思考时间,对参与者的法律素养及培训教育不到位,导致征集的意见质量不高、作用不明显。

三、对策建议

基层立法联系点制度诞生于中国特色社会主义民主实践中,在经历地方最初的草创阶段后,又被中央纳入总体制度规划,并在习近平总书记于虹桥街道基层立法联系点考察时首次提出"全过程人民民主"后进入创新机制的第三个阶段,即"深化拓展"阶段,① 成为中国特色社会主义民主理论创新的重要实践载体。作为新生的社会主义治理机制,基层立法联系点制度如何解决实践中遇到的挑战难题,如何优化现有制度设计,归纳内蕴理论价值已成为重点研究话题。对此,本文提出以下五方面的对策建议。

(一)坚持习近平法治思想引领,彰显基层立法联系点独特价值

价值取向决定着基层立法联系点运行制度的设计及发展方向,运行制度决定着基层立法联系点的运行方式,而运行程序的要求必然体现在价值之中。② 要坚持习近平法治思想的引领,在基层立法联系点制度构建、实践、创新的全部环节贯彻落实全过程人民民主理念,彰显独特制度价值。③ 习近平总书记指出:"要抓住提高立法质量这个关键,深入推进科学立法、民主立法,完善立法体制和程序,努力使每一项立法都符合宪法精神、反映人民意愿、得到人民拥护。"④ 基层立法联系点制度在实践中必须维护好"原汁原味的"基层立法发声渠道的初衷,让基层人民群众的意见直达中央立法机关,直接参与民主立法决策,实现听民声、知民情、聚民智,提升立法的民主性和科学性。

基层立法联系点制度还应补充过往机制的不足,力求产生"民主增量",避免制度冗余。在过去的民主立法体系构建中,我国专注于依靠人大代表联系本选区公众、召开座谈会、听证会、论证会征集意见,向有关部门和地方发函征集

---

① 参见杨雪冬:《简论中国地方政府创新研究的十个问题》,载《公共管理学报》2008 年第 1 期。

② 参见林尚立:《协商政治:对中国民主政治发展的一种思考》,载《学术月刊》2003 年第 4 期。

③ 参见冯雷:《全过程人民民主理念下基层立法联系点的实践探索与制度完善》,载《中国司法》2022 年第 9 期。

④ 习近平:《坚持走中国特色社会主义法治道路 更好推进中国特色社会主义法治体系建设》,载《求是》2022 年第 4 期。

意见,在网络上公开征询意见等"平面化"的现有制度。① 但已有不少研究指出,这些方式的参与者主要是专家学者、理论工作者和行政官员。② 因此,基层立法联系点制度必须广泛征集民众声音,扭转所谓"精英立法"趋势,并作为全过程人民民主的重要一环,深刻参与民主治理的全过程全环节,发挥自身独特价值,产生"民主增量"。

(二)明确基层立法联系点的体系定位

要总结试点制度的经验,完善制度体系,避免维持草创时期行先于思、缺少规制的状态。当前,可以通过制定《工作规则》,详细规定相应程序和注意事项,实现"五个明确"。一是要明确法工委与 32 个国家级基层立法联系点的关系,也就是要明确法工委以何种方式管辖联系点,管辖到何种程度的问题。另外,某些国家级基层立法联系点同时也担任省级和市级的基层立法联系点,对此又该如何进行体系定位和理论阐释,最好有较为明确的规划与指导。二是要明确国家级基层立法联系点与其他基层立法联系点的关系。这既要明确国家级基层立法联系点之间的关系,也要明确国家级基层立法联系点与其他地方级基层立法联系点的关系。三是要明确各基层立法联系点工作职责范围,比如对于法工委下发的草案意见征集工作,是否要向周边行政区征集?又如对于法工委没有下发的草案,联系点是否可以自我征集上报?四是要明确国家级基层立法联系点在立法联系点体系里的定位,即本联系点对哪些类型的法律更有发言权?这不仅是联系点自身应明确并上报的,更是法工委应实地考察和确认的。五是要明确基层立法联系点下接的多元主体的定位。各基层立法联系点为进行立法意见征集工作设立了名称不同、形式各异的联系单位,包括政府机关、街道办事处、村委会、企业和律所等多元主体,而在某些主体下又可能派遣或有原单位兼任的联络员或信息采集人员,再由这些人员去与基层群众联系。因此,在这一层面,第一步是要从设立目的出发,梳理这些主体和基层立法联系点的关系,包括明确立法意见征集工作中参与人员的遴选标准、未被纳入立法意见征求范围的其他主体是否可以主动申请参与等问题,第二步则是要厘清不同层级多元主体间的上下关系,保证群众声音在传递中不失真、不变味。

---

① 参见严行健、贾艺琳:《后发优势与制度嵌入:"全过程民主"探索中的基层立法联系点》,载《人大研究》2021 年第 3 期。

② 参见李高协、訾晓辉:《建立地方立法联系点之探索》,载《人大研究》2009 年第 2 期。

（三）完善具体工作机制

要从统一和优化运行模式、完善反馈跟进机制、将创新力量融入法治建设三方面完善基层立法联系点的具体工作机制。

第一，要推进运行模式的全国统一优化。完善有效的运行模式是制度长期可持续性建设的重要保障，也是推进制度科学化、规范化的重要举措。一方面，可以跨学科地利用部分信息学、数字化的知识，建立全国适用的统一的信息学优化模型，如依托于数字化平台的五级联动正向反馈运行模式模型（见图7）。① 另一方面则可以建立普遍适用的动态运行与静态修整的双阶段运行规范，即在接到工作任务后动态开展相关工作和未接到工作时主动开展普法活动、工作会议以及回应基层群众主动提出的立法意见。②

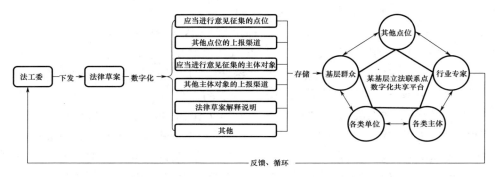

图7　基层立法联系点理想状态的五级联动正向反馈运行模式

第二，要完善反馈跟进机制。首先，要建立法工委对各基层立法联系点工作情况的评价机制。这种评价机制不能单纯以基层立法联系点提交的或法工委最终采纳的立法意见数量的多少为指标，以免导致各个点位陷入盲目追求数量而忽视听取人民声音的本质职能的误区。其次，应当建立两次立法意见征集过程间的跟进机制。作为全过程人民民主的重要环节和实现民主立法的具体途径，基层立法联系点的工作机制应将民主协商和民主监督贯穿民主立法的全流程。③ 一方面要让基层立法联系点制度成为一种在决策之前收集意见的立法协商制度，不仅关注群众对立法草案、法律规划的具体意见，还关注群众对法律

① 参见王运红等：《自然科技资源信息共享与实物服务的互动过程模型研究》，载《科技管理研究》2011年第17期；王志红等：《面向过程的信息交互模型比较及启示》，载《情报学报》2022年第9期。

② 参见姚聪聪：《基层立法联系点运行制度的完善——基于22个"国字号"基层立法联系点运行现状分析》，载《人大研究》2022年第12期。

③ 参见张明军：《全过程人民民主的鲜明特色》，载《光明日报》2022年5月26日第6版。

实施阶段的意见;另一方面要让这一协商的理念贯穿实施和反馈的全过程,发挥基层立法联系点制度民主监督的重要作用,关注法律法规从制定到实施是否符合人民群众的意愿、是否达到了立法决策者的预期。① 这一跟进机制既能充分保障人民当家作主、深度持续参与政治生活的权利,又能避免基层立法联系点工作队伍产生上报完收集意见就"躺平"的情况,旨在推动基层立法联系点工作队伍在一次又一次的工作循环中不断提高工作水平,增强专业能力。最后,要建立对基层群众立法意见采纳情况的反馈机制。对于提供立法意见的基层群众,不管是否采纳,都要对其出具采纳情况说明,具体应包括公众意见概述、被采纳情况及采纳与否的理由;对于意见确被采纳的群众,还可酌情发放奖状或证书,激励参与热情,防止群众积极性被一次次的零回复贬抑和消损。②

第三,则要将创新力量、新兴科技融入法治建设。加快打造线上化立法意见征集通道,推进立法意见征集全流程智能化改造,为信息采集员、联络员配备科技设备,让科学技术助推基层立法联系点制度建设。

(四)凝聚基层立法联系点制度全环节合力

要凝聚从法工委下发草案征集意见任务,到各联系点开展立法意见征集工作,再到各联系点以基层群众为主的多元主体提交立法意见的全环节合力。在基层立法联系点制度的上游环节,法工委可从立法意见征集草案解读和立法工作队伍培养两个方面用力,为基层立法联系点工作做好保障和助推作用。法工委可设立常态化机制,向基层立法联系点下发立法草案时配备解释说明:一是要将"法言法语"转化为贴近生活的熟语常语,将立法草案中专业化、学术化的内容和方针进行解读,便于基层立法联系点进行工作;二是要对立法草案进行目的解释和方向解释,让联系点体会、领悟到立法和征集立法意见的精神和目标,并标注出草案中最不明确、最有争议和基层立法联系点所在地最息息相关的需要重点修订的内容,让联系点工作有的放矢,避免工作广而不精,泛泛而谈。③ 法工委可加强对基层立法联系点工作队伍的指导帮助,综合利用线上培训、常态派遣等多种途径提升各联系点工作人员和下属的信息采集员、联络员等与人民直接接触、密切相关人员的法律素养和专业技能,带动提升群众对基

① 参见周天鸿:《深化基层立法联系点建设:理论预设、现实问题与应对路径》,载《决策与信息》2023 年第 3 期。

② 参见杨海涛、李梦婷:《基层立法联系点参与立法征询工作的完善进路——以上海市嘉定工业区管理委员会为例》,载《人大研究》2021 年第 9 期。

③ 参见严行健、贾艺琳:《后发优势与制度嵌入:"全过程民主"探索中的基层立法联系点》,载《人大研究》2021 年第 3 期。

层立法联系点制度的信心和参与的热情。在主体环节,即各基层立法联系点自身所处的环节,各主体应加强交流互鉴,分享实务经验,组织交流学习,互通有无,交换资源,共同构建"以点带面,连点成片"的基层立法联系点大格局。在下游环节,重点则是构建多元主体互动共建的动态化征集网络和层级间有机联系网络,力求让群众声音在传递中不变味、不失真,群众在发声时不困难、有路径,实现基层立法联系点工作效率和质量双向提升。

(五)全面融合基层民主平台,深度贯彻全过程人民民主

要让基层立法联系点制度深化成为全过程人民民主中血肉相连,不可脱离的一个环节,这既要扩大本制度在民主立法环节的已有成果,也要深度参与到民主决策、民主协商、民主监督等过程之中。

首先,基层立法联系点要积极参与社会治理的重大工作决策。2017年,中共中央办公厅出台了《关于健全人大讨论决定重大事项制度、各级政府重大决策出台前向各级人大报告的实施意见》(中办发〔2017〕10号)的规定文件,为基层立法联系点参与到重大工作决策之中提供了政策方向的可能性。在未来,可以让人大常委会接到政府工作报告的重大决策后委托基层立法联系点向群众征询意见。一方面,使人大常委会能够向地方政府提供更加基层性、群众性的意见;另一方面,也有利于保障这一阶段的民众参与,落实全过程人民民主。事实上,基层立法联系点参与重大工作决策已有实例。[①] 这样自发的地方做法也验证了此发展方向的可行性和重要意义。当然,是否要将基层立法联系点制度的功能拓展到这一层次,还是建立其他更多的全过程人民民主机制,还需要在实践中检验。

其次,基层立法联系点要加快融合原有的社会治理体制。基层民主是治理体系和治理能力现代化的体系,也具有提升公民民主参与能力、法治水平,丰富公民精神等重要功能。我国基层民主制度分别落实于村委会、居委会和职工代表大会三个平台,[②]但随着各地方公共治理水平的不断提高,包括地方人大常委会在内的治理主体也开始打造形式更多样的公共事务参与平台。[③] 基层立法联系点制度可以作为丰富民主平台,提高基层治理能力的一个重要补充;反过来看,基层立法联系点制度与社会治理体系相融合,也更有利于征集基层群众立

---

① 《这个基层立法联系点,首次参与区政府重大行政决策意见征询》,载澎湃新闻2021年6月8日,https://www.thepaper.cn/newsDetail_forward_13046862。

② 参见黄卫平:《中国基层民主发展40年》,载《社会科学研究》2018年第6期。

③ 参见徐勇:《基层民主:社会主义民主的基础性工程——改革开放30年来中国基层民主的发展》,载《学习与探索》2008年第4期。

法意见;同时,这也是贯彻全过程人民民主,落实民主决策、民主立法的重要举措。

最后,基层立法联系点要和民主教育基地、法治教育基地建设相辅相成,形成合力,共同推动公民教育体系的发展。从已有模式看,学校对初高中学生的公民教育明显不足,居委会、村委会也没有成熟、完善的体制对青少年进行公民教育。而对基层立法联系点而言:一是制度的基层性、民主性使其具有成为优秀实践基地的潜力和较低的参与门槛;二是可以缓解制度运行中人手紧张的现状;三是可以将民主教育的范围扩大到青年大学生,为基层立法联系点制度注入更多活力。事实上,进行普法教育活动本身就是基层立法联系点的工作职能之一,对未成年人保护、教育法等相关领域的立法意见征集,就已经为青少年学生提供了学习和实践的机会。①

结 语

基层立法联系点贯彻体现全过程人民民主的理念和要求,已经成为在立法中倾听民意、了解民情、汇聚民智、发扬民主的重要平台和载体,具有助益立法工作、提升国家治理效能的重要意义。② 对基层立法联系点制度进行深入分析和总结,能够提炼出其内蕴的四重民主与法治逻辑:一是历史延续性逻辑,基层立法联系点的精神思想是中国传统思想中民本思想和古典政法传统中民为邦本思想的创新性发展和创造性转化,③其诞生体现出贯穿改革开放历史进程的人民群众"首创精神",④其发展沿袭着人大制度嵌入的历史脉络。二是实质价值性逻辑,基层立法联系点是全过程人民民主的生动实践,根植于中国的国家根本性问题与发展阶段,⑤作为承载基层民意的崭新民主形式,有效克服了西方民主重少数轻大众、精英民主与社会参与民主尖锐对立的缺陷。三是现实合理性逻辑,基层立法联系点制度建立了基层人民群众参与立法的有效途径,拓宽了人民直接参与国家立法的深度和广度,保障中央立法能够反映民情、倾

---

① 《虹桥街道基层立法联系点走进校园,未成年人保护法意见征询倾听"他们"的声音》,载澎湃新闻 2020 年 8 月 18 日,https://www.thepaper.cn/newsDetail_forward_8777067。
② 参见冯玉军:《高质量立法为良法善治奠基——兼论〈立法法〉再次修改的理由和要点》,载《法学杂志》2022 年第 6 期。
③ 参见黄文艺、邱滨泽:《论中国古典政法传统》,载《中外法学》2022 年第 1 期。
④ 党的十八届三中全会在总结改革开放历史经验时强调,要坚持以人为本,尊重人民主体地位,发挥群众首创精神,紧紧依靠人民推动改革,促进人的全面发展。参见习近平:《在十八届中共中央政治局第十一次集体学习时的讲话》(2013 年 12 月 3 日)。
⑤ 参见张文显:《论中国式法治现代化新道路》,载《中国法学》2022 年第 1 期。

听民意、汇聚民智、符合民心,使立法更接地气、更具实效。四是显著功能性逻辑,建立健全的立法项目征集制度和立法前评估制度能够完善法案形成前的民主机制,提升立法质量,①基层立法联系点以搭建民意"直通车"的方式,深入挖掘、吸纳、整合基层民意并及时反馈,便于集中立法资源,提高立法质量和效果。

---

① 参见李店标、冯向辉:《地方立法评估指标体系研究》,载《求是学刊》2020 年第 4 期。

基层立法联系点运行制度的完善

——基于 22 个"国字号"基层立法联系点运行现状分析

姚聪聪*

基层立法联系点具体是指设置在基层的立法环节中一个可以与公众取得联系的有阵地、有人员组成的固定的点。具体来说"基层"是指与基层群众结合的紧密性程度,而非指在省市县乡级别上的含义。基层立法联系点建设集中于"点",但是联系网络和意见建议的普遍性具有"面"的作用。如果将基层立法联系点视为一个虚拟人格,主要作用即为双向上下收集、传达立法环节中的人民意志,经全国人大常委会择选后予以高效的运用。但同虚拟个体人格不同的是基层立法联系点内部有较复杂的组织结构以及基于此所形成的一套独立的运行机制,基层立法联系点制度建设是在立法过程中践行全过程人民民主的重要保障,该制度建设的出发点是立法环节中基层群众的参与,公众参与的核心是有效性,而"有序"是实现"有效"的必然途径和保障,①所以基层立法联系点运行制度的进一步完善对于实现基层立法联系点的功能和作用具有重要作用。

从 2015 年至今,全国人大常委会法制工作委员会共建立了 22 个"国字号"基层立法联系点,根据基层立法联系点设点性质的不同可以将全国人大常委会法工委设置的 22 个基层立法联系点进行如下 12 种分类(如图 1 所示)。

直辖市所属的街道办事处		大学	科技城	镇的人大主席团	镇的人大代表之家	计划单列市所属区的人大常委会	设区的市所属区的人大常委会	自治县的人大常委会	直辖市所属的区人大常委会	
上海市虹桥街道办事处	天津市和平区小白楼街道办事处	中国政法大学	海南省三亚市崖州湾科技城	福建省上杭县才溪镇人大主席团	河北省正定县正定镇"人大代表之家"	山东省青岛市黄岛区人大常委会	广东省江门市江海区人大常委会	广西壮族自治区三江侗族自治县人大常委会	重庆市沙坪坝区人大常委会	北京市朝阳区人大常委会
省会市人大常委会	设区的市人大常委会							县、级市的人大常委会		
安徽省合肥市人大常委会	湖南省长沙市人大常委会	江西省景德镇市人大常委会	河南省驻马店市人大常委会	陕西省汉中市人大常委会	湖北省襄阳市人大常委会	贵州省毕节市人大常委会	四川省雅安市人大常委会	甘肃省临洮县人大常委会	江苏省昆山市人大常委会	浙江省义乌市人大常委会

图 1 "国字号"基层立法联系点属性分类

---

* 姚聪聪,华东政法大学法律学院。

① 参见张晓、岳盈盈:《打通立法与民意之间最后一公里——关于破解地方立法公众有序参与困局的实证研究》,载《中国行政管理》2017 年第 2 期,第 22—28 页。

若将基层立法联系点视作立法机关立法过程中向下征集公民意见和建议的触角以及反映公民立法意见和向上传递建议的一个中转平台,进一步拓展基层立法联系点建设,促使基层立法联系点向规范化、高效率、高质量运转的状态发展,需要对现行基层立法联系点制度实施过程中的一些问题进行探讨。首先,在信息传递过程中,基层立法联系点呈现基层群众→基层立法联系点下设的基层立法联络点等分散收集信息的点→"国字号"基层立法联系点→全国人大常委会法工委传递立法意见、建议的自下而上的信息传递状态,那么,作为体现民主立法的最终产品,即公民立法意见和建议是如何在基层立法联系点这个由组成人员种类繁多、由下及上层级化设置、多职能建设的金字塔式的运转结构内部生成的。其次,基层立法联系点的运行核心在于基层群众,那么基层立法联系点在征求立法意见建议中采用何种方式方法才可以构建群众持续实质性参与机制,从而有效地保障民主产物的质量。最后,基层立法联系点往往身兼数职,在面临人员配置不固定、人力不足、工作数量较大的情况下,如何实现数量和质量的双重兼顾。上述问题都是基层立法联系点在日常运行过程中面临并直接关系基层群众立法意见、建议反映与民主立法成效的根本性问题。而一套完善的基层立法联系点制度的确立可以有效梳理、解决基层立法联系点现行内部信息传递程序和方式不一、组成人员职责不明、效率和质量双重兼顾的困境等问题,因此,对于基层立法联系点制度进一步完善具有一定的必要性。

一、22 个"国字号"基层立法联系点内部运行结构类型化分析

基层立法联系点运行主要依托人大代表联络站等阵地,由多种类主体、利益相关者在一定的层级性制度框架内协商、相互联系、相互制约,在信息传递、收集、整理、利用过程中形成一个动态运行的点。

阐述基层立法联系点运行的关键在于揭示基层群众立法意见、建议的产生路径,一方面基层立法联系点制度作为其运行的具体准则需要对于内部运行的相关细节进行明确规定,另一方面基层立法联系点运行结构则具体体现为运行制度的先行探索或者具体实践。虽然在具体实践过程中各基层立法联系点均存在一定的差异性,但是都具有一个共同特征,即组合层级复合性、构成主体多元化、职能建设全方位以及同人大代表制度有机结合。

(一)组合层级复合性

层级复合性是指基层立法联系点内部运行结构类似金字塔模式,从最基础一级基层人民群众,向上两类信息收集点采集的反映立法意见、建议汇集至各

基层立法联系点,再加以智力支持团队的辅助,整理汇报至全国人大常委会法工委。相关层级构成人员组成由下到上逐步简化,信息传递渐精进、专业化。各层级之间信息传递和联系关系常常体现在基层立法联系点的实际运行过程之中。

(二)构成主体多元化

构成主体多元化是指基层人民群众、职能单位、企事业单位、专家学者、人大代表等都可以参与到基层立法联系点运行过程之中。基层立法联系点中的"基层"一词意味着要深入群众接地气,"立法"一词又决定了其工作性质的专业性和民主性,专业性和民主性要求基层立法联系点运行主体构成的多元化。首先,其运行的核心主体构成是基层人民群众。其次,在以基层群众为基础的同时,需要吸纳其他来自各行各业不同类别的主体,特别是法律工作者、专家学者、人大代表等的融入。最后,立法不仅要民主也要具有一定的效率性以及成本和产出的"帕累托最优",在一定程度上吸纳企业、行业协会、社会组织来集中收集立法信息,可以更好地发挥"利益综合"的功能,提高信息反馈效率。[1]

(三)职能建设全方位

伴随着基层立法联系点运行发展阶段的进一步深入,[2]其功能职责范围也在逐渐地拓展延伸。横向上,一般意义上,法(广义上的法)的形成到最终的实施都需要经历一个过程,即立法规划、立法调研、实施情况调研、执法调查、宣传普及等环节。从目前全国人大常委会设置的 22 个基层立法联系点的工作规则来看,职责界定范围不仅局限于立法调研环节,而是从法规审议环节逐渐延伸至编制立法规划、法规形成后的执法检查、监督或者评估各环节。

(四)以人大制度为依托

22 个基层立法联系点中人大常委会类基层立法联系点 16 个,人大代表之家 1 个,人大主席团 1 个。人大常委会类基层立法联系点中的立法联系点、信息采集点主要以人大代表联络站、人大代表工作室、人大代表之家为依托。从人员组成来看,人大代表一般在履行代表职责时,同时担任信息采集员或者立

---

① 参见俞祺:《地方立法适用中的上位法依赖与实用性考量》,载《法学家》2017 年第 6 期,第 14—28 页。

② 参见严行健、贾艺琳:《后发优势与制度嵌入:"全过程民主"探索中的基层立法联系点》,载《人大研究》2021 年第 3 期,第 4—12 页。

法联络员同群众保持更加密切的关系。从设点性质、工作阵地、人员配置来看,基层立法联系点制度建设一方面在人大立法环节中发挥着重要作用,另一方面也依托于人大制度更好的发展。特别是河北正定镇人大代表之家,将基层立法联系点建设完全嵌入人大制度建设之中,两者形成了互补关系。一方面解决了基层立法联系点活动阵地、时间等问题,另一方面激活了基层人大制度功能,强化了基层人大代表的民意基础,提高了民意诉求的反映度。

二、基层立法联系点运行制度建设现状探析

(一)基层立法联系点运行制度建设概况

制度构建决定了基层立法联系点的基本架构及发展趋向,基层立法联系点运行制度以公民如何高质量、高效率地参与立法为核心。在全国人大常委会法工委设立4个"国字号"基层立法联系点之前,一些地方的人大常委会已经先行进入了类似制度的地方实验阶段。2015年,基层立法联系点制度进入正式的探索阶段。在全国人大常委会颁布《全国人大常委会法制工作委员会基层立法联系点工作规则》后,其先后建立的其他18个基层立法联系点也相继制定了相应的运行制度。基层立法联系点运行制度不仅指基层立法联系点基本工作规则,还包括信息收集制度、会议(例会)制度、上下联络制度、联络员职责规定等制度设计。

从现有的22个"国字号"基层立法联系点制度建设来看,基层立法联系点基本工作规则有工作办法、工作规定、管理办法、联系办法、联系点制度等多种称谓。虽然名称尚不统一,但是内容设计具有一致性,体现基层立法联系点微观运行环节的制度规定主要集中于工作职责、工作架构、工作保障机制三个方面。

工作职责是运行制度设计的主要要求,现有相关制度设计中基层立法联系点的工作职责主要存在于立法前:立法规划、年度计划、立法项目征求;立法中:立法听证会、座谈会参与,法律、法规、规范性文件征求意见,立法调研;立法后:法制宣传、法律法规实施状况调查研究三个环节。

明确的工作架构是制度运作的动力和方向标,如县、县级市的人大常委会基层立法联系点普遍形成的党委领导、人大主导、政府支持、区镇部门共同参与的工作方式。如甘肃省临洮县人大常委会建立的与人大实际工作相结合相促进的"六个结合"的工作方式、江苏省昆山市人大常委会建立的六有工作格局和"1+2+3"特色工作网格体系等。

工作机制的建立是运行制度长期可持续性建设的保障,集中体现为制度规定中的工作经费支持、办公场所及人员配置、立法工作资料提供、定期法制知识培训相关物质保障,以及信息收集和反馈制度、会议(例会)制度、考核规定的系列基层立法联系点工作持续有效开展的各项相关规则设立。以信息征集、反馈方式为例,从"国字号"基层立法联系点的实践方式来看,征集、反馈意见的方式主要可以归纳为面对面访谈、线上互动两种方式。面对面访谈主要有印发文本、调研走访、召开座谈会,线上互动具体体现为公众号建设、线上平台创立、APP 开发。部分基层立法联系点形成了较为统一、固定的实践方式,如广东省江门市江海区人大常委会、河北正定镇人大代表之家通过人大代表线下定期与选民会见交谈和线上与选民互动相结合的方式实现意见建议有反映,及时办理解决;广西壮族自治区三江侗族自治县人大常委会基层立法联系点建立了"日清周结月销号"的快速办结制度。

基层立法联系点工作基本规则在各基层立法联系点得到了较好的实践,但是其中具体运行环节的相关制度规定仍有待进一步的完善。

(二)基层立法联系点运行制度问题分析

1. 层级性多元化主体定位不明

基层立法联系点构成主体多元化、组合层级复合性是由基层立法联系点的性质所决定的。构成主体多元化反映了基层立法联系点具有联系网络广、民主意识较强的特点,而组合层级复合性在基层立法联系点和基层群众的长距离信息交流之间形成了一定的缓冲。在基层立法联系点内部运行基本架构无法变动的情况下,明确分布在同层级间的多元化主体如何分工协作以及不同层级间的多元化主体之间如何进行信息传递对于提高意见建议征集的效率和质量有重要作用。现行相关制度多侧重于基础框架,即意见建议征集结果由基层立法联系点中的工作小组汇集至委托立法意见建议征集者的方式,对于基层立法联系点自身从基层群众征集立法意见建议汇集至工作小组环节的相关规定多有疏忽。同层级及不同层级的多元化主体之间尚未形成清晰、稳定的联系网络。

首先是基层立法联系点同一层级的多元化主体,例如两类信息采集点中的主体构成往往会包括法律工作者、企事业或者职能部门的工作人员、担任立法联络员的公民等,面对立法意见建议的征求,参与人员遴选标准、主动参与抑或是被动号召参与方式、未参加立法意见建议征求的主体是否可以申请参与有待进一步探索。

其次是不同层级间主体构成之间的上下有机联系网络尚未完备形成。基层群众立法民意反映需要经过至少两个层级(两类信息采集点、基层立法联系点)、多个主体(信息员、立法联系员、多个法律领域人士组成的智力支持团队、领导小组的工作人员等)最终汇集至委托意见建议征集者。问题一是传递方式。征集的一致或冲突的立法意见建议全部原稿向上传递或是加工处理之后向上传递。一方面来自基层群众的意见建议若悉数向上传递,那么委托立法意见建议者的工作量往往较大,也不利于基层立法联系点更好地发挥在立法环节的作用。另一方面被征集主体社会阅历、教育背景以及个人偏好不同,而持有不同的价值取向,①立法意见建议在是否加工处理或者程度不明的情况下,民意在多重"滤镜"筛选下其本真性容易丧失。二是传递时间、地点。基层立法联系点职能建设分布于立法前、中、后三个环节,立法前、中往往受制于时间限制,由被动号召的多元化主体在立法意见建议征求者限定时间内发表相关看法,而在立法最后一个环节,基层群众是否可以主动提出意见建议,若可以,此时在主动参与下的立法意见建议向上传递的时间、地点、方式的相关制度有待进一步考量。

同层级以及不同层级的多元化主体定位不明,不利于形成一种稳定、固定、熟练的有机联系网络,在面临来自立法任务需求或者基层群众相关立法意见建议的反映要求时,工作的效率和质量会有一定的减损。

2. 工作保障机制有待进一步完善

经费支持、场所提供、人员配置作为基层立法联系点开展工作的基础物质保障在制度建设中均有体现,但是对于基层立法联系点提供经费数额的标准、办公场所的规模大小、人员配置的数量及要求的模糊规定并不能满足基层立法联系点的长效发展。此外,保障基层立法联系点工作持续有效开展的各项相关规则有待进一步细化。

3. 工作数量与工作质量难以平衡

基层立法联系点功能职责多样性及立法意见建议的民主性要求使得其工作效率和工作质量平衡难度较大。工作数量较大,其一,体现为立法意见建议征询逐渐延伸至立法前、中、后三个环节。其二,一个基层立法联系点往往有多个委托立法意见建议者,例如临洮县人大常委会同时担任了全国人大常委会、甘肃省人大常委会、定西市人大常委会的基层立法联系点。其三,面对持续的、不同种类的立法意见建议征求任务,基层立法联系点需要参与到每个任务之中,还是根据任务性质的不同结合基层立法联系点自身的优势选择委托任务尚不明确。现有相关制度多侧重于基层立法联系点职责履行和建设,却忽视了在

---

① 参见王轶:《民法价值判断问题的实体性论证规则——以中国民法学的学术实践为背景》,载《中国社会科学》2004年第6期,第104—116、206页。

面对征求立法意见建议的时间限制要求及超越自身多倍工作量的情形下,民主产物的质量和效率之间的矛盾。

三、基层立法联系点运行制度进一步完善的理论阐释

(一)基层立法联系点运行制度建设的合理性

从目的实现角度看,中央、地方立法过程采用的立法听证会、座谈会、专家论证会等征集意见建议的传统形式同基层立法联系点均共同致力于实现公众立法参与的效果。但是基层立法联系点(构成主体多元化、层级复合性、功能职责多样性、与人大代表制度建设的有机结合)复杂的内部运行结构反映了基层立法联系点具体运行过程对于基层群众意见建议的收集同传统民意征集过程、侧重点的不同性。其两者并非重合、隶属或包含的关系,而是补充与延伸关系。

从运行流程建设角度看,传统方式无论是在征求立法意见、建议流程的发起主体、参与主体、参与时间、参与地点等均具有不确定性,基层立法联系点运行依托于固定的阵地、人员,作为一种固定长期存在的实体形式。如 2015 年修订后的立法法提出的立法过程中通过立法听证会、座谈会、专家论证、委托相关单位、专家等方式进行意见建议征集,也都主要为原则性的规定,具体诸多问题尚有待实践。[①] 所以其在征求意见的主体、时间、地点的固定性方面具备着传统分散性、临时性意见建议征集方式所不具备的优势性。

从内容侧重点角度来看,一方面,基层立法联系点运行过程中立法意见建议的征集给予设点侧重于某一个特色性问题,是对于普遍性立法情况下特殊性的补充,其动态运行过程充当着传统方式渠道公众参与的延伸触角。另一方面,基层立法联系点意见建议征集过程侧重于基层群众的持续直接参与的保障机制建设,通过其内部复杂的层级性人员设置之间的有机联系将民众立法意见和建议逐层向上传递,基层立法联系点运行建设是对于传统公众参与形式的制度补充和一种系统性的实践。

(二)基层立法联系点运行制度完善的价值导向

价值取向决定着基层立法联系点运行制度的设计及发展方向,运行制度决定着基层立法联系点的运行方式,运行程序的要求必然体现在价值之中,[②]因

---

① 参见王子正、赵佳丽:《地方立法的公众参与问题研究》,载《河北法学》2018 年第 3 期,第 19—32 页。

② 参见林尚立:《协商政治:对中国民主政治发展的一种思考》,载《学术月刊》2003 年第 4 期,第 19—25 页。

此,制定一套合理的且符合内在逻辑的基层立法联系点运行制度首要是对基层立法联系点进行价值定位。

1. 民主立法

法的生命在于运行和实施,国家法律制度不仅仅是从国家社会角度出发制定的一种人们理性生活的强制性规则,同时也需要实现民主立法的内在价值,即平等尊重、公共自治和认识论价值,[1]充分发挥公民在立法过程中的作用。正如哈特所提出的法律制度需要反映大多数人的利益、相对稳固且可以获得大多数人在多数时间内的忠诚,即一种可遵守、可执行、不强人所难的状态。实现"良法善治"的实质正义的结果,做到形式法治与实质"法理之治"相结合,这是我国法治建设和社会发展到一定阶段后,要求立法活动由简单的立法设计逐渐向立法效果和立法质量转变的结果。

基层立法联系点运行制度建设是体现民主立法的一种具体方式和途径。一方面,其需要通过坚持开放立法过程征集民意的方式,提供一个利益各方可以在公开、透明的民主程序中平等地进行利益表达、碰撞和协调的平台。[2] 另一方面,基层立法联系点可以发挥其"联系"的优势,通过主体多元化的方式实现民主立法,在回应公众合理权益诉求时,通过吸收专家、学者等法律专业人士融入,最终实现在综合国家治理需求、协调多方、多阶层利益需求的同时,逐步过渡至反映客观规律和民意的方向,促进法的社会属性和自然属性的融合,实现民主。

2. 全过程人民民主

我国立法民主性采用直接民主和间接民主相结合的方式,直接民主表现为公众参与立法,间接民主则体现为我国法定意义上的人大主导型的立法模式。[3]全过程人民民主坚持直接民主和间接民主、人民民主和国家意志相统一,以及群众全要素、全链条的参与方式,这意味着在实现代表制民主的同时,需要着力拓展公众参与途径,努力发展参与制民主,[4]调动群众参与立法的主动性和自觉性,建立明确的公众参与程序和方式等。

基层立法联系点作为基层群众民意表达的平台和载体,在巩固立法环节人

---

① 参见叶会成:《超越工具论:民主立法的内在价值》,载《法学家》2022 年第 2 期,第 48—61、192—193 页。

② 参见代水平:《我国民主立法制度建设:成就、问题及对策》,载《理论导刊》2013 年第 2 期,第 39—41、45 页。

③ 参见姚金艳、吕普生:《人大主导型立法体制:我国立法模式的转型方向及其构建路径》,载《中共福建省委党校学报》2015 年第 2 期,第 24—33 页。

④ 参见姜明安:《公众参与与行政法治》,载《中国法学》2004 年第 2 期,第 28—38 页。

民代表大会制度这一实现全过程人民民主的重要制度载体的同时,也需要实现保障立法环节群众的知情权、参与权、表达权和监督权,畅通民意反映渠道。一是基层立法联系点运行流程建设要坚持群众参与立法各环节的时间以及流程贯穿立法全过程,包括立法前、中、后三个环节,发挥群众主观能动性,体现了人大立法中民主全方位、全过程、全要素的实现。二是基层立法联系点运行流程建设的关键并非立法技术的提高或者经验的积累,而是立法意见建议提出的实效性、实质性、特色性以及反映问题的普遍性,在于发挥人大主导立法作用时,将以往可能被忽视的基层民意通过基层立法联系点这一形式呈现出来。三是在基层立法联系点制度建设框架和结构的形式建设上,基层立法联系点是对于"以人为本、立法为民""广义立法协商说"等一些倡导调动基层群众积极性、发挥基层群众力量的理论抑或实践探索的融合和总结,这有利于缓和基于我国人大代表产生机制缺陷同民意代表之间冲突的问题,促进人大代表和民意的有机结合。① 同时,在于推进立法公众参与、进一步扩大基层民主、发挥民主自治性、细化公众参与程序,将基层民主建设融入国家的立法一环之中。因此,在基层立法联系点建设过程中,坚持人大主导立法地位,更应该发挥基层群众在基层立法联系点运行过程中的主体核心地位,引导基层群众有序参与。

3. 深度和广度并行建设中"点"建设的特色性凸显

基层立法联系点在着眼于反映民意、职能建设广度的同时,也应该突出点的深度建设。即基层立法联系点以反映基层群众立法意见建议为核心,点的建设内容侧重于将立法意见建议的提出同其自身文化、经济等地方特色相连接,在提供普遍性的立法意见建议的同时,结合自身发展特色及发展困境,为认识法在实际发展过程中呈现情况的多样性和复杂性提供不同的思路。在兼顾点提出意见建议的特殊性时,发挥基层立法联系点广泛"联系"的作用,在广泛联系中寻求所遇到问题的普遍性②,使相关意见建议既具有点的特色性,也具有普遍性。

四、基层立法联系点运行制度完善的设想

基层立法联系点运行制度的完善需要覆盖到实际操作的若干细节,根据

---

① 参见厉有国:《中国基层协商民主实践:价值、问题与路径》,载《吉首大学学报(社会科学版)》2015 年第 2 期,第 8—13 页。

② 参见葛洪义、陈年冰:《法的普遍性、确定性、合理性辩析——兼论当代中国立法和法理学的使命》,载《法学研究》1997 年第 5 期,第 78—86 页。

基层立法联系点所处的被动接受任务和主动向上反映分为动态运行及静态修整两个阶段。前者主要是基层立法联系点被动接受工作任务后开展相关工作，主要体现为立法前、中、后三个环节。后者则主要为基层立法联系点根据自身工作状况定期开展立法联系点工作会议，及时回应基层群众主动提出的相关立法意见建议或相关疑难问题，主要体现为立法的最后一个环节等。基于上述两种情况尝试从以下五个方面对基层立法联系点运行制度完善提出设想。

（一）主体地位作用的明晰

明晰分布在不同层级的多种类主体的地位作用及其相互之间的关联性关系，是反映民意保持其本真性的实质性问题，清晰的定位及明晰的权利、义务有利于基层立法联系点动态运行迅速唤醒、静态修整期间仍然保持活力。

立法领域及立法环节的多样性决定了立法需求以及征集民意的具体流程随时可能发生变化，所以无法通过具体列举内部多元化主体成员如何搭配、协调以对应不同的立法需求及民意征集的过程，这需要以基层立法联系点长期的工作经验总结为基础，但是明晰基层立法联系点内部分工协作流程有如下几点需要把握：一是坚持基层群众在基层立法联系点建设中的核心和主导作用。基层群众在立法意见建议中提出的基础作用不能因对应立法工作的难易程度或立法工作的效率要求而淡化，在任何动态唤醒阶段都要坚持向基层群众征求相关意见建议，在静态休整期间也需要及时回应来自基层群众提出的相关疑难问题，调动群众主动联系、反映问题的积极性。二是重视基层群众外其他主体关键作用发挥。信息采集员、立法联络员、立法领导工作人员、智力支持团队的组成人员作为组成基层立法联系点运转的四类人员，是民意逐层精简、专业化和向上传递过程中的关键一环。一方面，上述组成人员除具有相关职责外，仍然在社会上充当着其他角色、履行其他职责，相关主体的职责及权利义务需要与其自身的承受能力相适应。可以根据面对群众的数量及其相关法律接受程度、工作任务的难易程度，适当增加一个信息采集点或者立法联系点的（后备）信息采集员或者立法联络员，也可以采取单独增加行政编制名额的方式将相关人员的职责固定化，如浙江省义乌市人大常委会基层立法联系点便通过增加行政编制的方式将基层立法联系点办公室工作人员固定化。另一方面，各人员的权利义务需要进一步明确。基层立法联系点及其下设的立法领导小组发挥统筹协调的作用，在动态运行以及静态修整期间，都需要及时向下传递相关工作任务，对接各信息采集点、立法联系点、智力支持团队及相关人员，保持基层立法联系点的活力。信息采集员、立法联络员主要依托于人大代表之家、人大代表联络站、各职能单位、企事业等社会组织这些固定的点，通过加强工作阵地的建设和利用发挥上传下达的双重联系作用。三是层级之间联系固定并明确。群众、信息采集员和立法联络员、立法领导小组、智力支持团队四者之间的固定联系是运行机制及时唤醒的关键，也是基层立法联系点的生命力所在。群众—立法联系点、信息采集点之间双向的主动联系＋被动接受、立法领导小组—立法联系点／信息采集点之间双向主动联系＋被动联系以及立法领导小组—智力支持团队之间的利用和被动唤醒三重关系，无论是在运转还是在修整期间使每一个主体呈现动态特征。

（二）内部运行程序的设立

运行程序关系到基层立法联系点运行的效率和质量，是基层立法联系点运行制度进一步完善不可或缺的一部分，依托于各主体地位作用的清晰定位，以建立包含各主体在内的基层立法联系点运行全流程。一是运行流程设置大致可以分为任务层层下达、立法联系点和信息采集点发挥基层群众在意见建议征集环节中的核心作用、基层立法联系点下设工作小组同立法联系点和信息采集点、智力支持团队双重联系，发挥统筹协调三个环节的作用。其中最为重要的是第二个环节，需要在结合主体职责、权利义务的基础上，对立法意见建议征求过程中参与人员遴选标准、主动参与抑或被动号召参与方式、未参加立法意见建议征求的主体是否可以申请参与、立法意见建议征集方式、地点、时间进行统一、固定。二是流程整体留痕透明，对于征集的立法意见建议不能不加修改原封不动向上传递，也不可以过度润色而使其丧失本真性，应该简单加以整理，在不丧失原汁原味的基础上使其更加规范，准确地表情达意，原有的底稿仍应该保留以供查证。三是流程效率控制，根据流程的三个环节及时把控意见建议征集和上传下达过程中的效率问题，时间把控根据工作任务的难易程度具体设置。

（三）运行过程的监督

运行过程中的监督是对于整个运行机制各个环节运行情况的实时把控，主要在于两个方面，一是动态运行和静态修整期间基层立法联系点工作情况的整体反映，二是具体单次意见征集反映过程中的监督和把控。

对于基层立法联系点总体运行情况则可以通过定期立法联系点会议的召开，适时总结经验和教训，推进基层立法联系点整体工作质量的提升。针对某个单次立法意见建议的征集可以通过工作台账记录的方式实现整个运行流程的透明化，包括民意意见建议的原稿、整理形成的工作报告，反馈进度透明化。这种透明化过程有利于各主体及时测评自己的相关行为，并对于偏离自己职责的行为及时进行改正。

（四）运行过程评价和考核

基层立法联系点的核心在于基层群众意见建议的反映,为避免通过指标量化而直接追求表面的效率和征求意见建议的数量,基层立法联系点运行过程的评价和考核主要围绕"基层群众"进行。一是公正,主要为基层群众的参与面和满意度;二是效率,保证质量的同时须兼顾立法需求即时反馈的速度;三是效果,体现为公众实际问题的解决以及立法效果。对于相应的评价和考核可以设立对应的激励机制,例如部分基层立法联系点根据评价和考核的结果进行物质奖励。

（五）互联网的融入和使用

互联网信息技术的融入是技术加持。从基层立法联系点运行机制的基本逻辑和原理来看,其构建并不以信息技术建立为前提,但是在经济、社会快速发展的状态下,互联网信息技术使信息技术的传递不受时空阻碍,①互联网信息技术与传统的座谈会、调研会等线上、线下相结合这一方式提高了群众参与政治的便捷度。互联网技术在基层立法联系点运行机制形成中的作用,集中体现在信息交流平台、普法宣传平台、监督平台的创设,对于基层立法联系点运行机制的实际构建效果产生很大影响。例如,广东江门市江海区人大常委会通过微信公众号的方式扩大立法意见和建议征集渠道,河北正定镇人大代表之家正在探索的"互联网＋人大"模式,则反映出将信息技术运用到基层立法联系点运行机制构建的一个基本环节的合理性和可行性。

---

① 参见李永刚:《互联网络与民主的前景》,载《江海学刊》1999 年第 4 期,第 43—49 页。

开动民意"直通车" 架起立法"彩虹桥"

——临洮县基层立法联系点工作情况汇报

刘映菊[*]

党的十九大把"法治国家、法治政府、法治社会基本建成"确立为到 2035 年基本实现社会主义现代化的重要目标。作为全国、省、市人大常委会法工委的基层立法联系点和宪法联系点(省、市),临洮县人大常委会认真贯彻落实习近平法治思想,坚持民主立法,采纳社情民意,充分发挥了基层立法联系点接地气、察民情、聚民智的作用,为国家及地方立法提供了许多有价值的意见建议。

一、提高政治站位,增强立法联系点的使命感责任感

2002 年 7 月,临洮县人大常委会被确定为甘肃省人大常委会法工委首批地方立法联系点;2015 年 7 月,被确定为全国人大常委会法工委首批基层立法联系点;2016 年 5 月,被确定为定西市人大常委会法工委基层立法联系点;2019 年 2 月,被省人大常委会法工委确定为学习宣传和贯彻实施宪法联系点,逐步形成了立法联系点工作"3 +1"模式。

基层立法联系点自设立以来,始终坚持党的领导,深入贯彻习近平法治思想,认真学习中央人大工作会议精神。专题研究制定了《关于临洮县基层立法联系点工作提质增效的具体办法》,不断扩大人民群众有序参与立法工作的广度和深度。创新提出了"立法联系点工作应上连'天线',下接'地气'"的工作思路:上连"天线"是指掌握全国、省、市人大每年的立法规划,熟悉法律草案制定的背景、目的和修订的意义。下接"地气"是指对立法草案广泛征求社会各界和立法联络员意见,深入基层开展调查研究,掌握第一手资料,提出有价值、有针对性的意见建议。构建了"1 + 3 + X"工作网络:"1"是指县人大常委会的直接领导,"3"是指基层立法联系点办公室、36 个基层立法联络点、104 名立法联络员,"X"是指立法信息采集员、人大代表、基层干部群众等队伍。不但将接地

---

* 刘映菊,临洮县人大常委会副主任。

气、察民情、聚民智的立法建议直达给国家立法机关，还将立法意见征询活动的过程转化为真真切切普法的过程，推动知法、尊法、守法，使立法活动成为践行和体现全过程人民民主的生动实践探索。

二、建立"两联系"制度，使"全过程人民民主"立法更接地气

结合基层立法联系点工作职责，按照全国、省、市人大常委会法工委对基层立法联系点工作的新定位和新要求，立足县情实际，组织对《临洮县人大常委会主任（副主任）联系基层立法联络点、常委会各委室联系基层立法联络员的"两联系"制度》进行修改完善。搭建了县人大常委会主导、基层立法联络点有效延伸、立法联络员和专业人士紧密配合、信息采集点无缝衔接的"金字塔"式工作机制。依托 18 个"人大代表之家"、97 个"人大代表工作室"、36 个立法联络点和 104 名立法联络员，在"书面征求、基层调研、面对面座谈"及倾听"利益各方、弱势群体、专业人士"意见的基础上，将立法建议征集与"执法检查、专题视察、工作评议、普法教育"紧密结合，坚持向省、市、县、乡四级人大代表通报立法联系点半年（全年）工作情况，充分发挥"彩虹桥""直通车"作用。

近年来，依托"人大代表之家（工作室）"共征集到立法建议 736 条，经整理后上报的有 657 条，有效扩大了人民群众参与立法工作的广度和深度。同时，打造了基层立法联系点工作展室，宣传法律法规，全面展示基层立法联系点风采，生动诠释了全过程人民民主的重要内涵。

三、坚持开门问策，确保基层声音直达立法机关

为切实打通基层立法"最后一公里"，确保基层群众的声音能快速、真实、高效地直达各级立法机关，将立法联络员与人大代表身份有效衔接，使这些代表既能有效履行职责，又能及时收集来自基层的、原汁原味的立法建议。这些"好声音"经立法联系点办公室进一步整理上报后，成为全国、省、市人大常委会起草修改高质量法律（法规）草案的重要依据。近年来，立法联系点办公室共征集到人大代表中的基层立法联络员提出的立法建议 486 条。这些来自基层的、反映人民群众呼声的、"方言土语"的意见建议，成为高质量立法的"源头活水"，为全国、省、市人大常委会法工委提供了接地气的参考依据。

四、实现功能拓展，赋能立法工作多点开花

我们坚持用好用活"全国人大常委会法工委基层立法联系点"这张名片，讲好人大故事、民主故事和立法故事，将常规工作与人大常委会、人大代表、人民群众工作有效衔接，共完成全国人大常委会法工委下发的"黄河保护法""监督法""中医药法"等67部法律草案或修订草案的意见征集工作，整理上报936条书面意见建议。报送的《关于临洮县黄河流域生态保护和高质量发展规划情况的调研报告》《打通立法最后一公里 让"全过程民主"更接地气》等工作情况被全国人大常委会法工委内部简报、法制工作简报印发，收到了良好的社会效果。今年以来，新华社报道的《一份立法建议背后的民主决策》，上海东方卫视报道的《甘肃临洮：开动民意"直通车"，架起立法"彩虹桥"》等，对临洮立法联系点工作取得的成效进行了深度宣传。

五、存在的问题和下一步工作打算

近年来，全国、省、市人大常委会法工委对立法联系点工作非常关心关怀，多次莅临临洮检查指导工作。省人大常委会法工委每年拨付五万元，为我们开展好立法联系点工作提供了经费保障。在县委的大力支持下，我们圆满承办了2018年全省立法联系点工作座谈会，举办了立法联络员培训班（2016—2022年每年一期），组织立法联络员外出学习培训，并在年终对表现突出的立法联络点（员）进行表彰奖励，切实提高了立法联络员工作的积极性。为进一步调动发挥立法联络员作用，保持工作的长效机制，建议：全国人大常委会法工委每年给予基层立法联系点经费保障；加大培训力度，加强交流学习；继续选派优秀干部到临洮县挂职，让立法工作更接地气、遍地开花。下一步，临洮县基层立法联系点将更加生动诠释习近平总书记关于全过程人民民主重大理念的深邃内涵，聚焦提高立法质量和效率，倾听人民声音，凝聚人民智慧，回应人民期待，采取"走出去与请进来"相结合、"意见征集与法制宣传"相结合的方式，推动全过程人民民主实践提质增效。

"虹桥经验":基层立法联系点六大工作法

陈宇博[*]

上海市虹桥街道办事处基层立法联系点(以下简称"虹桥联系点")是全国人大常委会法工委2015年在全国设立的首批基层立法联系点之一。2019年11月2日,习近平总书记在这里考察时,首次提出"人民民主是一种全过程的民主"的重要论述。

为深入贯彻落实"全过程人民民主"重要论述,虹桥联系点坚持"重在参与、形式多元、质量第一"的立法意见征询原则,根据不同法律内容,积极探索立法意见征询新形式,丰富民主立法新实践,形成了"民意广覆盖,流程全链条,信息全方位,联动聚合力,征询促法治,宣传接地气"的虹桥经验。基于这些经验,创造了一些工作方法,概括为"虹桥六法"。

民意广覆盖,真心诚意采心声

这一做法的核心是有针对性地向尽可能多的群体就相关法律草案内容征询意见。

以近期征询意见的法律草案为例,鉴于电信网络诈骗运作模式专业化、犯罪工具高科技化和作案手段智能化等特点,在征询对反电信网络诈骗法(草案)的意见过程中,虹桥联系点除了向社区居民、专家学者、辖区派出所民警、受害者等人群征询立法意见外,还拓展了意见征询群体的范围。通过青浦监狱的工作协助,首次向在押的电信网络诈骗犯进行意见征询。请诈骗犯现身说法,讲述其规避法律的做法,通过运用逆向思维,教育公众免予受骗,并对法律条文提出意见建议。与此同时,这些以身试法者在参与立法意见征询的过程中,也能够实现自我价值,深刻感受法律权威,深化对法律的敬畏,达到尊法效果。

此外,立法意见征询工作还重点关注独居老人、高龄老人、残疾人等弱势群体。在征询"体育法(修订草案)"意见时,虹桥联系点积极倾听弱势群体声音,关注弱势群体权益,首次与长宁区残联合作召开了面向听障人士的意见征询座

---

* 陈宇博,全国人大常委会法制工作委员会研究室副处长。

谈会。这场座谈会也首次引入手语老师,保证立法意见征询的普遍性。

这些立法意见征询工作的创新,进一步提升了立法意见征询成效,让不同群体都感受到了法治和民主的温度。

流程全链条,精心谋划定方案

虹桥联系点在工作程序上,按照立法前中后的顺序,确保公民能够参与到法律草案的立项、起草、调研、审议、评估、宣传、实施等全过程、各环节。

一是在立法规划和立法工作计划草案征询意见阶段,虹桥联系点抓好立法民意征询的"前道工序",组织征求对全国人大常委会立法规划、年度立法工作计划草案的意见建议,有序高效开展立法项目意见征询。二是在立法意见征询前。一方面,精心设计意见征询方案,着重关注征询对象的广泛性、征询内容的针对性、征询形式的多样性。另一方面,注重法律草案解读,坚持当好"解说员",讲明白说清楚法律草案对群众的影响、和群众的关系,充分调动群众参与热情,使意见征询工作能谈出成效。三是立法意见征询中。一方面,关注意见来源的多元化。注重发挥联系点平台作用,发挥信息采集点功能,关注专家顾问专业建议,关注行业代表意见建议,广泛征集基层群众和单位意见建议。另一方面,关注意见内容的典型性,请参与人群结合本地区本行业,把法律草案中的问题说深谈透,充分反映地区特点和基层特色。在此基础上,汇总形成意见建议,坚持做好"传声筒",把收集到的意见建议报送到立法机关。四是在立法意见征询后。一方面,推动"立法回头看",积极开展立法后评估,及时了解法律实施情况,总结立法经验和立法意见征询工作经验,研究存在的问题,提升基层立法联系点工作的科学化、民主化水平。另一方面,关注普法环节,加强对法律法规等相关知识的学习,做好法律在居民区和相关单位的宣传工作,积极拓展基层立法联系点服务基层社会治理的功能。

信息全方位,不拘一格开言路

为更大程度拓宽社会各方有序参与立法意见征询,虹桥联系点结合辖区实际情况,在居委会、合作单位等处设立信息采集点,协助收集基层人民群众对立法及相关工作的意见建议。信息采集点工作主要是应邀参加联系点组织的相关调研,协助联系点组织征求对法律草案、决定决议草案的意见建议,做好法律在居民区和单位的宣传。

虹桥联系点将隶属上海市妇联的上海市法规政策性别平等咨询评估委员

会列为信息采集点（因疫情防控，挂牌时间延期了）之一。该采集点将性别评估工作作为参与全过程人民民主实践的重要工作安排，针对社会关注的热点、全国人大常委会关注的议题，开展调研论证、意见收集、分析评价，运用重点评估、过程评估、效果评估、自主评估等方式，对列入立法计划的、正在制定及正在实施的法律及规范性文件，进行调研论证、分析评估，确保法律、法规和政策体现性别平等，为上海乃至全国推进性别平等贡献智慧和力量。

联动聚合力，延伸触角出实招

基层立法联系点开展联动，有利于统筹用好所在区域内的法律资源和社会资源，提高立法意见征询工作的针对性、广泛性和有效性。

为有效探索基层立法联系点开展工作新形式和业务联动新机制，虹桥联系点积极"走出去、沉下去"，延伸触角、广泛联系，统筹整合区域资源，促进优势互补，对于意见征询工作在"拓展广度、挖掘深度、提升高度、夯实厚度"方面作出了深度探索。2021 年 12 月，虹桥联系点与上海全市唯一一个设立在工业园区的基层立法联系点嘉定工业区基层立法联系点合作，共同开展反垄断法修正草案意见征询工作。这次联动，通过该联系点的协助，收集到了位于工业园区的20 家工业、商贸业企业和外资企业的高质量意见建议，扩大了意见征询范围。2022 年 1 月，在"公司法（修订草案）"法律意见征询过程中，虹桥联系点走进海通证券基层立法联系点，邀请外资、内资、台资、港资一同参与民主立法、体验开门立法，实现"四商"互动，听取了企业群体和公司法专家很多高质量的意见建议。实践表明，联动取得了很好的效果，优化了基层立法联系点的工作方式，形成了意见征询合力，能够进一步推进立法工作向基层延伸。联动成效先后被新华社、《人民日报》、央视《焦点访谈》、央视《中国新闻》等多家媒体和栏目报道。

征询促法治，一体推进求实效

充分发挥立法意见征询的功能增量，以立法意见征询为抓手，致力于尊法、学法、守法、普法、用法一体化推进。如走近青少年，以立法意见征询推动学法；走进社区、楼宇，以立法意见征询促进守法；走近特殊群体，以立法意见征询倡导尊法；关注弱势群体，以立法意见征询推动用法等。

借助互联网直播平台，克服疫情影响及线下空间的局限，尝试立法意见征询直播新形式。一是向委托征询相关法律草案意见的立法机关进行直播，便于立法机关真切了解基层最关注的焦点，听到最真实的声音，以直播促进立法。

二是向与该法保护利益密切相关的群体进行直播，以直播促进普法。三是以直播促进学法。在体育法（修订草案）意见征询过程中，向华东政法大学附属中学的部分学生，直播了有法学专家、实务部门工作人员和奥运冠、亚军等参加的意见征询座谈会。这次直播活动通过让学生学习专业人士对法律条文提出修改意见的视角及方式、聆听奥运冠军和亚军讲述和法律条文有关的故事，从而更深入地了解立法工作、理解法律精神。这次征询座谈会，将立法意见征询打造为学生参与法治实践的有益活动，让学生由被动的普法对象转化为主动的立法参与者，引导学生对法律知识的学习由被动接受转化为主动获取，为青少年学生呈现了一堂精彩、生动的立法实践课程。收看直播的学生们表示，法律意见征询座谈会是一堂生动的法治教育课，参会专家的意见建议给自己带来了新的启发，提升了自己的法治素养。

又如，关注弱势群体，以立法意见征询推动用法。在征询反电信网络诈骗法（草案）意见建议时，基层立法联系点在居民区召开座谈会，邀请诈骗案件的受害人现身说法，并通过立法意见征询，强化法律意识，当他们权益受损时，引导及时运用法律来维护合法权益。

宣传接地气，讲述民主好故事

基层立法联系点已成为宣传展示中国之路、中国之治、中国之理的重要话题，是宣传展示全过程人民民主新的增长点和重要窗口。社区居民、国外友好人士、青年学生等群体，通过参与基层立法联系点工作获得的切身体验，自发地成为讲述中国民主故事的主角。他们用朴素的语言、生动的故事、真实的感受，生动地描绘了中国特色民主的感染力。

关于修改人口与计划生育法的决定公布后，一位参与立法意见征询座谈会的居民，很快截图发来了一条信息，讲述他们在微信群里正在讨论当时提出的法律意见。有人根据正式公布的法律文本作了比对，发现有一条文字修改的建议被采纳。紧随其后，群里有人表示，这是"重视民意"。居民积极参与立法的热情，印证了基层立法联系点作为国家立法"直通车"，架起了连接人民群众与立法机关的"连心桥"。邀请群众积极参与立法，倾听群众内心最真实的声音，这也是基层民主实践的初心所在。

在中国发展的丹麦人李曦萌，是上海特雷通集团的董事会主席兼首席执行官。1993 年他初来上海，恰逢公司法颁布。近 30 年来，作为一名在中国创业的外国人，他见证了公司法的不断修改和完善，见证了中国不断通过加强法治打造优良的营商环境。如今，能亲身参与公司法（修订草案）法律意见征询，他感到非常激动,认为这是中国民主全过程、全覆盖的一种表现:"我在上海生活了近30年,能请一些外国人来参与全过程的民主立法,我觉得非常好,非常有意义。"可见,基层立法联系点能够增强外籍人士对民主实践的体验感,使他们愿意讲述中国民主故事,让中国民主在国际上更加有说服力。

在公司法(修订草案)法律意见征询过程中,参加座谈会的外资、内资、台资、港资企业代表通过参与重大立法意见征询活动,以直播形式和立法机关交流,感受到了自己意见的重要性,深刻体验到了我们的民主广泛、真实、管用,认为这种民主讨论形式非常好,非常有利于打造良好的营商环境。

作为立法"直通车",基层立法联系点保障了立法能够直接反映和体现民情、民意、民智、民心,把握各方诉求,兼顾各方利益,关注各方关切,形成社情民意"最大公约数",形成国家和社会治理的"向心力"。

实践证明,基层立法联系点已经发展成为联系群众的桥梁、民主协商的平台、宣传法治的阵地、立法工作的窗口、贯彻落实全过程人民民主重要论述的实践载体和展示中国特色社会主义民主的舞台。随着基层立法联系点工作的不断深入,将不断推动基层民主实践发展,积极为"发展全过程人民民主"贡献力量。

江海基层立法联系点的实践和生命力

易　立*

2020 年 7 月江门市江海区人大常委会被确定为全国人大常委会法工委基层立法联系点,这是广东省唯一的"国字号"基层立法联系点。截至 2022 年 3 月上旬,江海联系点共完成全国人大常委会法工委下发的 22 部法律草案意见征集任务,上报 339 条意见,41 条被采纳。提交的工作报告、调研报告在全国人大常委会法工委内刊发 10 篇简报。此外,还协助省、市人大开展 20 余部地方性法规的意见征集和执法调研等工作。

两年来,江海联系点始终在认真思考,怎么贯彻落实习近平法治思想和习近平总书记的重要指示精神,怎么在立法工作中扎实践行全过程人民民主重大理念,怎么实现全国人大常委会法工委在江门设立基层立法联系点的期待和要求。梳理实践中探索形成的"江海经验",我们认为,基层立法联系点的生命力体现在五个方面,即根在基层、魂在特色、体在制度、相在传播、梦在有为。

一、基层立法联系点的"根"在基层,
在广大人民群众的沃土之中

江海联系点认为,只有把工作网络扩展到社会生活的方方面面,把触角延伸到老百姓身边,把法律草案文本拿到人民群众中间去讨论,做到接地气、聚民智,基层的声音才能融入立法过程,法治精神才能浸润社会。

两年来,江海联系点在江门市范围内设立了 57 个立法联系单位,构建了立足江海、覆盖江门、类型丰富、要素齐备的工作网络,开展工作有抓手、落实任务有帮手;我们建立了一支由 70 位社区居民组成的立法意见收集队伍,他们在街巷里、榕树下热心地组织会议、摆谈法律,"原汁原味"的群众声音得以反映到立法机关;我们还借助社区议事会,结合"一村一法律顾问",征集立法意见建议的同时,为群众反映诉求、协调解决实际问题搭建平台;此外,我们采取"立法意见

* 易立,全国人大外事委员会法案室法案处处长,挂任广东省江门市江海区区委副书记、区人大常委会党组副书记。

征集—意见上报—采纳意见梳理—采纳意见反馈"四步工作法,并向意见得到采纳的群众和单位颁奖,打造立法意见征集的闭环机制,提升人民群众有序参与国家立法的积极性。

全过程人民民主的本质属性,在于广泛的人民性。基层立法联系点要保持蓬勃旺盛的生命力,必须扎根基层,在保障全链条、全方位、全覆盖的民主方面想办法,在推进最广泛、最真实、最管用的社会主义民主方面下功夫。

二、基层立法联系点的"魂"在特色,融汇了地方特色的立法才是健康灵动的

江门是全国著名"侨乡",与港澳地缘相近、人缘相亲,归侨侨眷和海外侨胞的资源非常丰富。两年来,江海联系点主动为侨胞群体反映意见创造条件,将江门市侨商总会、江海区"侨梦苑"确定为立法联系单位,与江门市侨联建立合作机制,侨胞参与立法的活跃度逐渐提升;我们通过调查问卷了解侨胞的法治需求、政策需求,形成报告向全国人大常委会法工委以及省市人大反映;我们协助统战和侨务部门研究现行法律法规和政策,积极参与推动"侨捐物资"管理、侨胞子女报考普通高校的身份确认、华侨在农村宅基地权益等侨胞"急难愁盼"问题的协调和解决。

特别值得一提的还有两个江海特色。一是在区委指导下,区内的立法联系单位、人大代表联络站、社区议事会协调行动、"抱团"议事,发挥"1 + 1 + 1 > 3"的合力,做细做实网格化管理工作,推动立法意见征集、群众议事与基层治理深度融合。二是加强与上级人大政府的工作联动,与江门市依法治市办、江门市司法局签署合作协议,共享市政府的基层立法联系网络,共享市人大常委会立法咨询专家库,借助外力、整合资源、提升效率。

目前全国基层立法联系点的设立和布局,兼顾了特点各异的省情、区情,能够广泛覆盖诉求多元的各类群体。因此,各联系点结合地方特色参与立法工作,收集所在地对地方治理特殊问题的阐释和表达,推动解决地方特殊矛盾、发挥地方特殊优势、反映本地特色治理的有益经验,是基层立法联系点真正的生命力所在。

三、基层立法联系点的"体"在制度,必须依托制度的力量强健筋骨

人民代表大会制度是实现我国全过程人民民主的重要制度载体,也是基层立法联系点建设和开展工作的制度遵循。两年来,江海联系点始终坚持和完善

人民代表大会制度,夯实工作基础。区人大常委会在 2021 年 11 月挂牌成为"江门人大全过程人民民主实践基地",并将在 2022 年上半年完成联系点活动中心二期工程建设,新增 200 多平方米的功能区域作为代表中心联络站,届时,五级人大代表会聚在江海联系点交流和履职,与基层群众共商立法,为群众解决问题;我们制定并在最近修改完善了《江海区基层立法联系工作制度》《江海区基层立法联系点工作职责》等规范性文件,交由区人大常委会党组讨论通过,不断强化联系点的组织建设、功能拓展和作用发挥;我们自主建设的江海法治广场成为江门市的法治城市地标、"网红"打卡地,区人大常委会邀请和督促市直、区直各部门制定法治广场普法活动计划,定期开展以宪法为核心的各领域法治宣传活动,弘扬法治精神,用足用好普法阵地。

建立基层立法联系点制度的初衷是推进立法精细化,但基层立法联系点已经成为新时代中国发展全过程人民民主的生动实践,成为人民代表大会制度充满活力的象征。在今后的实践中,基层立法联系点要继续发挥好根本政治制度的引领功能、工作制度规则的支撑作用,为基层群众有序政治参与、增强法治意识提供务实有效的制度保障。

四、基层立法联系点的"相"在传播,要自信笃定地强化宣传功能、发挥窗口作用

基层立法联系点是做什么的、能发挥什么作用,这是基层群众和海内外侨胞第一次接触联系点工作时的疑问。江海联系点从建立伊始,就敢于给自己"画像"、为自己"推广",在务实专业工作的基础上,不断扩大知名度和影响力。

两年来,我们充分利用 5000 平方米法治广场和 1200 平方米活动中心的优良环境,举办多场人大代表和公职人员宪法宣誓仪式、"12·4"宪法日宣传活动、学法座谈会、人大代表培训会、法律法规进企业、进校园、进军营活动;我们积极借助媒体发声,向海内外介绍江海联系点,宣传中国立法成就和全过程人民民主实践。仅在 2021 年里,江海联系点被中央和地方媒体报道 63 次,2021 年 9 月,中宣部直属外宣机构五洲国际传播中心为江海联系点拍摄专题片。11 月,中国国际电视台(CGTN)《今日世界》栏目播出江海基层立法联系点的专题报道,在海内外反响热烈,中国驻瑞士大使馆关注并转发,外宣效果显著;2022 年 3 月,我们通过网易融媒体平台参加江门市"法治政府面对面"专题访谈,向社会公众全方位介绍江海联系点工作情况。

我们认为,基层立法联系点既然是新时代实践和发展全过程人民民主的生

动写照,那就要有意识地向国内外生动地展示自己的工作,让人民了解我们是什么、在做什么。地处对外开放前沿的联系点,更要积极发挥向世界传播中国民主声音、讲述中国法治故事、介绍中国发展成就的窗口作用。

五、基层立法联系点的"梦"在有为,在国家和地方发展中不断进取、担当作为

江海区是国家级高新区,区内的中高端制造业、高新技术企业众多,进出口贸易活跃,近年来一直是江门市经济发展的重要引擎。两年来,江海联系点擦亮高新品牌、发挥地方优势,注意引导区内的大型工业企业、名优企业发挥行业领军和桥梁纽带作用,就反食品浪费法、科学技术进步法(修订)、突发事件应对管理法等草案收集工业界、高新技术研发机构、企业职工的立法意见建议,圆满完成国家立法工作任务,在国家发展大局中,扎实推进全过程人民民主;我们还积极参与江门"侨都赋能""港澳融合"重点工程,吸引了深圳国际仲裁院江门国际仲裁中心落户江海区,还吸引了广州知识产权法院、华侨华人离岸公共法律服务中心、域外法律查明中心在联系点活动中心附近设点办公,目前已初步形成以江海联系点为中心、500米范围内集聚了立法、司法、仲裁、公共法律服务、普法、法治教育等丰富元素的大型"法治超市",有力有效地保障地方经济社会发展、提升法治政府水平、推动国家治理体系和治理能力现代化。

今年2月,广东省人大常委会主任黄楚平同志在江门调研时指出,要继续推进江海区基层立法联系点建设,应当辐射粤港澳大湾区、面向全广东。虽然基层立法联系点地处基层,但应当有宏阔的梦想,要与最高国家立法机关保持"声气相通",在国家立法全过程中及时准确反映湾区意见、广东声音;同时,基层立法联系点更要立足当地实际,主动融入地方发展大局,结合地方发展需要规划工作、担当作为,这样才能始终葆有源头活水的生命力。

下一步,江海基层立法联系点将坚持把党的领导贯彻到联系点建设和发展的全过程、各方面,总结好工作中的创新经验,以务实高效的工作实绩,持续固根、聚魂、强体、亮相、逐梦,努力建成高水平的"国字号"基层立法联系点,推动全过程人民民主实践提质增效。

让立法"直通车"满载民情民意

——雅安基层立法联系点工作情况汇报

王　琼[*]

2021 年 7 月,雅安市人大常委会有幸被全国人大常委会法工委确定为基层立法联系点,我们深受鼓舞、深感振奋,同时我们也清醒地认识到成为基层立法联系点仅仅是"长征路上第一步",关键要"走好征途每一步",倾力畅通立法"直通车",才能充分发挥基层立法联系点在实践全过程人民民主中的作用,为发展中国特色社会主义民主作出雅安努力、贡献雅安力量。

一、提高政治站位,强化使命担当

深入贯彻落实习近平法治思想、习近平总书记关于"全过程人民民主"的重要论述和基层立法联系点的重要指示精神,切实提高政治站位,深刻领会"两个确立",自觉践行"两个维护",成立了以市委书记李酌同志为组长的基层立法联系点工作领导小组,在市人大常委会设立领导小组办公室,落实机构人员、完善制度体系、打造工作阵地、强化工作机制,推动雅安基层立法联系点建设起步稳健、开局良好。

二、加强规范化建设,推进协作化运行

健全两个制度,保障规范有序开展联系点工作。一是制定了《全国人大常委会法工委雅安基层立法联系点工作规定》(以下简称规定),结合雅安实际,对基层立法联系点工作职责、专门委员会和常委会办事工作机构工作职责、协同办理机制、工作程序、工作质效、工作结合等作出了具体规定。二是修订完善了《雅安市人大常委会基层立法联系点工作办法》,新增了市本级基层立法联系点配合做好全国人大常委会法工委交办工作任务等内容,推进两级基层立法联系点协调一致开展工作。

---

* 王琼,四川省雅安市人大常委会一级调研员。

三、一体搭建征集网络体系，畅通民意表达渠道

构建四个层面的征集网络，畅通民意表达渠道。一是调整充实市本级基层立法联系点，延伸联系点触角。按照"有基础、有特点、有意愿"的原则，综合考虑地域、领域、行业的代表性、特色性和多样性，将市本级 13 个基层立法联系点调整充实为 19 个，以县区人大常委会为主干，涵盖基层司法机关、民族乡人大主席团、村（社区）、群团组织和协会、学校、律师事务所等。二是组建立法信息员。通过面向社会公开征集和特邀方式，聘任包括国、省人大代表在内的第一批立法信息员 14 名。立法信息员的显著特点是立足基层一线、遇到问题最直接，能充分反映"点"上意见，让"村情民意""街谈巷议"成为立法的宝贵资源。三是发挥驻雅高校在立法中的智力支持作用，与四川农业大学法学院合作组建雅安市地方立法协作基地。四是在市级部门建立立法联系制度，落实负责人和联系人，发挥部门专业优势，广泛汇聚"面"上民意，推动科学立法、民主立法走实走深。

四、聚力窗口阵地建设，发挥法治引领作用

贯彻落实《法治社会建设实施纲要（2020—2025 年）》，打造三个方面阵地，弘扬法治精神。一是以法治文化阵地建设为抓手，落实 780 平方米的单体建筑打造雅安基层立法联系点工作阵地。二是联动县（区）建设 19 个市本级基层立法联系点阵地，在全市打造集收集民情民意、开展普法宣传、代表之家等为一体展示全过程人民民主的"窗口"。三是在县（区）提升打造一批法治文化公园（广场）、法治文化宣传栏（长廊、书屋）等法治文化实体阵地，弘扬法治精神，播撒法治理念，充分发挥法治文化的引领熏陶作用。

五、畅通立法"直通车"，"原汁原味"反映雅安声音

立法"直通车"开通以来，完成了《中华人民共和国种子法（修正草案）》等 9 部法律草案意见征求工作，走访、座谈 25 次，征求基层群众意见建议 1500 余人次，共收集整理反馈 204 条意见建议，"原汁原味"反映雅安群众立法诉求。把法律草案征求意见的过程同时作为向基层群众宣传法律的过程，让老百姓感到遥不可及的国家立法，直接到了家门口，极大调动了基层群众学习法律、参与立法的热情，有效达到普法宣传效果，该项工作被评为"雅安 2021 年度依法治市

'十大以案释法案例'"。

下一步,雅安基层立法联系点进一步准确把握新时代中国发展全过程人民民主的实践定位,紧密结合雅安实际,坚持体现地方特色,高标准建设基层立法联系点,深化科学立法、民主立法、依法立法,延伸联系服务网络,畅通民意反映渠道,更好发挥接地气、聚民智、汇民意的重要作用,切实将基层立法联系点打造成雅安践行全过程人民民主的重要窗口、鲜活载体。

基层立法联系点工作具有政治性、专业性和实践性。建议:一是加强工作指导。大力指导基层立法联系点围绕推进绿色发展和基层治理等开展地方立法探索,支持基层立法联系点地方立法工作的创新,加强对基层立法联系点实体阵地打造的指导和支持,推动建设具有鲜明地方特色但又不同质化的窗口阵地。二是帮助提升能力水平。在组织学习培训、立法调研等活动中给予倾斜,增加对基层立法联系点工作的激励机制,帮助不断提升基层立法联系点工作能力和水平。

深入践行全过程人民民主
推动"昆山之路"行稳致远

胡　健[*]

　　党的二十大报告将发展全过程人民民主确定为中国式现代化本质要求的一项重要内容,强调全过程人民民主是社会主义民主政治的本质属性,对"发展全过程人民民主,保障人民当家作主"作出全面部署、提出明确要求。这对于新时代新征程更好发挥我国社会主义民主政治优势,全面建设社会主义现代化国家、全面推进中华民族伟大复兴具有十分重要的意义。近日,冯仁新主任主编的《人民至上:全过程人民民主的昆山实践》一书在江苏人民出版社出版发行,第二十届中央委员、全国人大常委会法工委主任沈春耀同志亲自为本书作序,周伟书记、陈丽艳市长分别撰文畅谈认识体会和实践探索,各部门、各区镇提供了翔实生动或丰富、翔实、生动的事例,充分彰显了昆山深入贯彻落实党的二十大精神,发展全过程人民民主的政治自觉、思想自觉和行动自觉,充分展示了昆山全力打造全过程人民民主县域典范的现实基础和美好蓝图。

　　全过程人民民主与基层立法联系点关系密切、渊源很深。党的十八届四中全会决定提出,建立基层立法联系点制度。2019 年 11 月,习近平总书记在上海虹桥街道考察全国人大常委会法工委基层立法联系点时,首次明确提出"人民民主是一种全过程的民主"。2020 年 7 月,经栗战书委员长、王晨副委员长批准,全国人大常委会法工委明确昆山市人大常委会为全国第二批、江苏省唯一的基层立法联系点;8 月,沈春耀主任亲自来昆参加授牌仪式。从此,国家立法的"民意直通车",开上了"昆山之路"。昆山这座人民城市,也与践行全过程人民民主结下了不解之缘。

　　全过程人民民主不是高高在上的原则口号,更不是虚无缥缈的空中楼阁,而是在中国广袤土地上自发生长起来、具有深厚历史底蕴和扎实实践基础的先进民主形态。今年是昆山经济开发区"国批"三十周年。回顾昆山改革开放史,昆山干部群众在党的领导下充分调动积极性、激发创造性,敢闯敢试、唯实唯

　　* 胡健,清华大学法学博士,全国人大常委会法工委发言人办公室主任,2021 年 7 月至 2022 年 8 月曾挂职昆山市委常委、副市长。

干、奋斗奋进、创新创优,走出了一条举世瞩目的"昆山之路",本身就是人民民主的生动实践。实践证明,民主不仅能够凝聚起谋发展的改革共识,还可以激发促发展的无穷力量。作为习近平总书记寄予厚望的"勾画现代化目标"的地方,昆山是江苏改革开放的缩影、全国县域发展的典型,也是世界观察中国包括中国特色社会主义民主政治的重要窗口。发展全过程人民民主,是中国式现代化的本质要求,更是昆山全力打造社会主义现代化建设县域示范的应有之义和力量源泉。

回顾历史,"昆山之路"本身蕴含深刻的民主精神

一个城市的发展,除了产业基础、区位优势、历史机遇、营商环境等因素之外,民主法治同样发挥着十分重要的作用。民主法治程度越高,人民群众就越能依法参与社会治理、顺畅表达利益诉求,这对于凝聚社会共识、稳定社会秩序、形成发展合力至关重要。回顾"昆山之路",民主的价值追求和实践运作主要体现在两个方面。

一方面,民主凝聚起谋发展的改革共识。习近平总书记指出:"民主不是装饰品,不是用来做摆设的,而是要用来解决人民需要解决的问题的。"改革开放之初,昆山面临的最大问题就是经济落后,发展速度远远不能满足人民群众对美好生活的向往。当时,昆山还是一个典型的江南农业县,产业结构单一,工业基础薄弱,在当时苏州下辖县中一直排名最末,被称为"小六子"。经过深入调查研究和广泛征求意见,当时的领导班子深刻认识到,"谋发展"是民心所向,杀出一条发展新路是群众共识。此后,历届领导班子顺应民心民意,广聚民智民力,始终坚持"制造业立市""工业强市""发挥临沪对台优势"等重要理念,不折腾、不动摇,一张蓝图绘到底,一任接着一任干。正是有了民意基础深厚的社会共识,昆山干部群众多年如一日,筚路蓝缕、艰苦创业,坚持唯实、扬长、奋斗,成功实现"农转工""内转外""散转聚""低转高""大转强"的历史跨越,走出一条举世瞩目的"昆山之路"。昆山成为全国首个地区生产总值突破 5000 亿元、一般公共预算收入突破 400 亿元、工业总产值突破 1 万亿元、进出口总额突破 1000 亿美元、社会消费品零售总额突破 1000 亿元的县级市,连续 18 年稳居全国百强县首位。

另一方面,民主激发了促发展的无穷力量。习近平总书记指出:"人民是真正的英雄,激励人民群众自力更生、艰苦奋斗的内生动力,对人民群众创造自己的美好生活至关重要。"昆山历届班子始终坚持为了人民、依靠人民,尊重人民群众主体地位和首创精神,把人民群众中蕴藏着的智慧和力量充分激发出来,

在全社会形成改革创新活力竞相迸发、充分涌流的生动局面。比如，从 20 世纪 80 年代自费办开发区，到 90 年代出口加工区封关运作，到 21 世纪初综合保税区创新破局，再到 2013 年以来相继获批深化两岸产业合作试验区、金融改革创新试验区，并不是上级部署的任务，而是不等不靠、自我加压的成果，充分展现了昆山干部群众顺应潮流、敢想敢试、求新求变的活力和担当。正因为昆山干部群众总能在国际国内大环境中捕捉新机遇，并通过试点、试验、示范，持续激发社会整体活力、充分释放改革开放红利、不断推出制度创新成果，才会推动昆山始终走在高质量发展前列。又如，昆山虽然具有紧邻上海的"先天"优势，但"先天"优势并不必然转化为发展优势，只有善于抓住机遇者方可赢得先机。昆山的"后天"优势即对台合作优势，更是全市干部群众通过真心、贴心、耐心的招商服务，使昆山成为大陆台商投资最活跃、台资企业最密集、两岸经贸文化交流最频繁的地区之一。

由此可见，"昆山之路"的重要经验就在于通过广泛、真实、管用的民主，使党委、政府和人民成为目标相同、利益一致、相互交融、同心同向的整体，从而有效促进经济社会持续发展，促进人民生活质量和水平不断提高。从这方面说，"昆山之路"根本上是人民民主的生动实践。

立足当下，民主深嵌昆山这座城市的建设治理

2020 年 7 月，经批准，全国人大常委会法工委明确昆山市人大常委会为全国第二批、江苏省唯一的基层立法联系点。从此，昆山这座城市有了连接最高国家权力机关与人民群众的"民意直通车"，与全过程人民民主更加紧密地联系在一起。周伟书记强调，要高水平建设基层立法联系点，积极打造践行全过程人民民主的县域典范。2021 年 12 月 4 日国家宪法日，中共昆山市委就践行全过程人民民主、推进基层立法联系点建设出台实施意见、形成制度成果，开全国之先河，受到全国人大常委会领导同志批示肯定。两年多来，昆山基层立法联系点已完成 32 部法律草案的立法征询任务，来自田间地头、工厂车间、社区网格的 1700 多条立法建议直通最高立法机关；在已公布的 26 部法律中，有 155 条意见建议被认可采纳；昆山多次派员参加有关法律草案通过前评估，多篇调研报告被中央领导同志批示肯定，服务国家立法取得显著实效。《人民日报》、新华社、《求是》杂志、《光明日报》、《法治日报》以及央视新闻联播等权威媒体作了广泛报道，充分展示了法治建设和国家立法中的昆山声音、昆山经验、昆山担当。

基层立法联系点是昆山践行全过程人民民主的一个缩影，同时也给昆山的

建设与治理带来一股新风,以民主立法为示范,全面推进民主选举、民主协商、民主决策、民主管理、民主监督,人民依法有序的政治参与不断扩大,人民的民主生活丰富多彩。比如,街头巷尾常见的党群服务中心、新时代文明实践基地以及代表之家、统战之家、侨胞之家、妇女之家、青年之家等,成为服务团结凝聚昆山市民的坚强阵地;人大创新开展"联督联促"和"代表之约"活动,最大限度地回应广大群众对美好生活的新期盼,增强人民群众的获得感幸福感;政协扎实推进"有事好商量",通过协商在基层、议事解民忧、成事聚民心,努力把涉及群众利益的事商量顺、商量通、商量成;台办大力推动昆台融合发展,台商台胞积极参与城市治理,归属感、凝聚力和向心力不断增强;法院、检察院、司法局充分发挥人民陪审员、人民监督员、人民调解员的重要作用,以司法民主促进司法公正、增强司法公信。除了市级层面,区镇也各展所长、主动作为。比如,淀山湖镇首创"公众评判庭",吸纳人民群众参与矛盾调处,实现"评议一件事、普法一群人、教育一大片"的效果;周庄镇用好"吃讲茶"的民间传统,搭建议事平台,实现群众事群众说、群众议、群众定;金华村坚持"三请三到三访",有效动员村民参与村庄治理,提升基层民主自治质量;泾河村设立村民议事厅,推动形成"话有地方说,理有地方讲,事有人去办"的良好氛围;周市镇市北村以"村规民约"为抓手,有效化解矛盾纠纷,彰显基层自治活力。

　　即使在应急状态下,昆山也依然坚定不移地践行全过程人民民主,充分信任群众,广泛发动群众,坚决依靠群众。今年上半年,昆山遭遇了一轮新冠感染疫情侵袭。疫情期间,指挥部统筹部署、科学谋划、严密实施,党政主抓与全民参与有机融合,将民主协商、民主决策、民主管理、民主监督贯穿于高效统筹疫情防控和经济社会发展全过程、各环节,是全过程人民民主在基层一线的生动实践。坚持全民动员、广泛参与、群防群治,全面构建疫情防控共同体。累计下沉市级机关志愿者9.4万人次,发动社会及社区志愿者73万人次,招募培训企业、单位及社区防疫人员约1.9万人,和广大社区工作者一道筑牢疫情防控的"最后一道防线"。全市上下成为同舟共济、同向而行的疫情防控共同体。坚持开门防疫、民主协商、多方共治,不断优化疫情防控各项举措。全体市民积极参与"征集疫情防控'金点子'"活动,踊跃建言,累计提出2494条意见建议,其中一大批"金点子"得到吸收采纳。参与建言的,既有小区居民、社区工作者、志愿者、企业员工、老干部、公务员、在校大中小学生,也有人大代表、政协委员、在昆华侨、台胞台商、外国友人等,形成了全民协同抗疫的生动局面。同时,坚持科学精准、依法合规、落实高效,切实提升疫情防控治理效能,既有效维护人民群众生命安全和身体健康,又较好防住疫情、稳住经济、维护安全。

　　可以说,全过程人民民主正内在地融入昆山这座人民城市建设和治理的全过程、各领域,真正实现了发展为了人民、发展依靠人民、发展成果由人民共享有机统一,充分彰显了中国式民主的现实模样和磅礴力量。

展望未来,民主为昆山实现新超越提供新动力

当前,昆山正在深入学习贯彻党的二十大精神,全力打造社会主义现代化建设县域示范。市委提出,要传承弘扬"敢闯敢试、唯实唯干、奋斗奋进、创新创优"的新时代"昆山之路"精神,坚决扛起"争当表率、争做示范、走在前列"的光荣使命,聚力建设新城市、大力发展新产业、全力布局新赛道,力争到2025年成为全省社会主义现代化建设的样板,到2035年成为在全国具有强大吸引力、创造力、竞争力、影响力的社会主义现代化县域示范。同时,市委强调,要积极打造践行全过程人民民主的县域典范,真正让法治成为昆山社会主义现代化建设的核心竞争力。

民主法治是现代化的本质要求,也是重要标志,与现代化建设相伴相生、相互作用、相互促进。高质量的民主法治必然能够推动经济社会高质量发展,实现良法善治。作为中国式现代化的"探路先锋"和距离现代化最近的城市,昆山不仅需要雄厚的经济基础、强劲的产业集群、良好的营商环境,同时还要以民主理念和法治方式,固根本、稳预期、利长远。打造社会主义现代化建设县域示范,必须全面贯彻党的二十大精神,发展全过程人民民主,毫不动摇坚持、与时俱进完善人民代表大会制度这一根本政治制度以及中国共产党领导的多党合作和政治协商制度、基层群众自治制度等基本政治制度,巩固和发展最广泛的爱国统一战线,构建多样、畅通、有序的民主渠道,扩大人民有序政治参与,以全过程人民民主的实践成果,凝聚现代化建设的人民力量,推动新时代"昆山之路"行稳致远。

在社会主义现代化建设的新征程上,我们要以更高的水平建设全国人大常委会基层立法联系点,充分发挥其接地气、察民情、聚民智的独特优势和重要作用,更好地服务法治建设和立法工作,打造国家立法工作联系群众的"连心之桥"、人民群众参与民主法治建设的"聚力之桥";更好地服务昆山经济社会发展,推动立法决策与昆山先行先试的改革需要相衔接,通过法治手段破解率先遇到的新情况、新问题,努力将基层立法联系点建设成为实践全过程人民民主的鲜活载体和闪亮名片。

在社会主义现代化建设的新征程上,我们要充分发挥人民代表大会作为全过程人民民主主渠道的作用,秉持"人民至上"价值追求,积极为人民尽职责、为人民谋发展、为人民代好言、为人民办实事,支持和保证人民通过人民代表大会

行使国家权力,健全民主制度,丰富民主形式,拓宽民主渠道,保证人民平等参与、平等发展权利,发展更加广泛、更加充分、更加健全的全过程人民民主,奋力开启新时代基层人大工作新局面。

在社会主义现代化建设的新征程上,我们要进一步讲好中国民主故事,把人民当家作主具体地、现实地体现到各项决策的制定上来,使每一项政策措施、发展规划都顺应人民意愿、符合人民所思所盼;具体地、现实地体现到经济和文化事业、社会事务的管理上来,使民主的过程成为凝聚共识的过程、团结群众的过程、推动问题解决的过程;具体地、现实地体现到实现人民对美好生活的向往上来,使人民意愿既能畅通表达,也能有效实现,确保人民群众的获得感、幸福感、安全感更加充实、更有保障、更可持续。

习近平总书记强调,江山就是人民,人民就是江山;中国共产党领导人民打江山、守江山,守的是人民的心。发展全过程人民民主,保障人民当家作主,是坚持人民至上最生动、最直接的体现。民主没有最好,只有更好,对于全过程人民民主的探索和实践永无止境。我们坚信,在市委、市政府的坚强领导下,新时代"昆山之路"一定会坚持来自人民、为了人民、造福人民,一定会把握人民愿望、尊重人民创造、集中人民智慧,一定会充分体现人民意志、保障人民权益、激发人民创造活力,在践行全过程人民民主中行稳致远、再创辉煌。

践行全过程人民民主的实践

——北京市朝阳区人大常委会基层立法联系点情况汇报

宝月凤[*]

2021 年 7 月,全国人大常委会法工委确定北京市朝阳区人大常委会为第三批基层立法联系点。自联系点成立以来,其各项工作都得到了全国人大、北京市人大的高度重视和大力支持,全国人大常委会法工委多位领导多次到朝阳区调研指导工作,出席了朝阳联系点启动工作座谈会,为联系点授牌,并对朝阳区基层立法联系点提出了工作要求。同时,我们也学习借鉴了虹桥街道、昆山市等联系点的先进经验,借此机会,一并表示感谢。

我们深刻认识到基层立法联系点是践行全过程人民民主的重要载体,是察民情、汇民意、聚民智的重要途径,必须以基层立法联系点的丰富实践,深入践行全过程人民民主。朝阳区高度重视基层立法联系点工作,区党委作出专门批示,提出工作要求。区人大常委会在区党委的有力领导下,着力构建党委领导、人大主导、政府依托、社会参与的工作格局,整合资源,凝聚智慧,突出特色,扎实做好各项工作。联系点成立 8 个多月来,共完成 9 部法律征求意见工作,收集意见建议 1138 条,向全国人大常委会法工委提出意见建议 820 条。通过立法联系点这个直通车,把群众的意见建议原汁原味地传递到国家立法机关。人民网、中国环球电视网等媒体对立法联系点工作宣传报道 20 余次。

一、加强党的领导,构建工作网络

一是加强党对基层立法联系点工作的领导。区人大常委会党组及时将基层立法联系点的重要事项、重点工作向区委请示报告,始终坚持党的领导。成立区人大常委会基层立法联系点工作领导小组,领导小组下设办公室,负责立法联系点的综合协调组织工作,常委会各工作机构根据职责分工,组织开展好与对口联系单位业务有关的立法意见征询工作。二是整合多方资源,打造工作网络。建立健全"43 个立法联络站 +61 家立法征询单位 +232 个人大代表工作

---

* 宝月凤,北京市朝阳区人大常委会副主任。

站"覆盖全区的工作网络。依托全区43个街乡代表之家设立立法联络站,并分别设1名联络员、5—7名信息员。朝阳区基层立法联系点将全区"一府一委两院"、群团组织61家单位作为立法意见征询对口单位;与朝阳区律师协会等组织建立立法协作关系;依托区人大常委会专家顾问,组建立法咨询顾问团队,为开展工作提供专业支撑。

二、建立健全制度,强化制度支撑

一是抓好制度建设。建立了立法联络站工作规则、立法意见征询对口单位工作职责、立法信息员工作职责等制度,推动工作规范化建设。二是优化工作流程。总结前期工作做法,并学习借鉴兄弟联系点经验,形成了立法征询意见"九步工作法",明确了接受征询任务、制定工作方案、开展意见征询、整理意见建议、汇总意见情况、向常委会报告、完成报告上报、做好宣传报道、做好工作台账等九个环节的流程。三是夯实基层基础。颁布了《关于加强朝阳区人大常委会基层立法联系点街道(地区)立法联络站建设的工作意见》(以下简称"意见"),建立"五有一考核"制度,为推动立法联络站规范化、标准化、品牌化建设,推进立法联络站与代表之家一体建设、融合发展提供了制度保障。"意见"明确了立法联络站有健全的组织领导体系和高质量的工作队伍等"五有"建设标准,并将立法联络站工作纳入区人大常委会对街道(地区)人大工作的考核评价。

三、推进四个结合,完善工作机制

一是坚持统筹协调与分工负责相结合。立法联系点工作办公室统筹制定立法征求意见方案,各工作机构分别组织立法征询协作单位、立法联络站广泛征求意见,增强工作合力。二是坚持全面覆盖与精准对接相结合。既面向全区基层群众广泛征集对法律草案的意见建议,又组织相关区级职能部门、专业律师团队深入研究,让提出的意见既接地气,又不乏专业性。三是坚持线下互动与线上征集相结合。区人大常委会积极组织开展征求意见座谈会活动,面对面听取各有关方面的意见;各街乡立法联络站通过座谈会、书面等方式征求广大代表和群众的意见;区律协通过官方网站公开征求全区各律所和律师的意见,同时将参与法律草案征求意见工作纳入公益法律服务时长,调动广大律师的积极性。四是坚持服务立法与普法宣传相结合。各街乡立法联络站围绕《中华人民共和国突发事件应对管理法(草案)》等与群众生活密切相关的法律,广泛开展征求意见座谈会,并以此积极宣传立法工作,既实现了群众对立法过程的直接参与,又搭建了全民普法的沟通互动平台。

四、发挥五个优势,彰显朝阳特色

一是充分发挥立法联系点与人大监督工作相融合的优势。去年,我们就《中华人民共和国民事诉讼法》修订提出了58条意见建议。今年,区人大常委会将听取审议区法院开展民事诉讼程序繁简分流改革相关工作情况的报告,结合新的《中华人民共和国民事诉讼法》,深入调研法律实施情况,将服务立法工作与监督法律实施情况有机结合起来。

二是充分发挥人大代表密切联系群众的优势。通过推进代表"家站网"三位一体平台建设,围绕代表"月进站、季回家、年述职"制度化常态化,深化"代表集中联系选民主题月"、市区乡三级代表联动等机制,积极动员1700余名市区乡三级代表联动,全方位反映民情、倾听民意、汇聚民智。

三是充分发挥一线执法司法部门的优势,推进立法、执法、司法、普法有机融合,将执法司法面临的痛点难点反映到立法"直通车"中。发挥各立法意见征询单位的作用,对一些专业性较强的法律,重点征求职能部门的意见。例如,朝阳区法院是全国民事诉讼程序繁简分流改革试点院之一,也是全国收结案数量最多的基层法院之一。围绕《中华人民共和国民事诉讼法(修正草案)》,我们重点征求了区法院的意见,为法律修改提供针对性的意见建议。围绕《中华人民共和国反电信网络诈骗法(草案)》,我们组织公安朝阳分局牵头征求了区打击治理电信网络新型违法犯罪联席会议成员单位的意见,汇集了各方的意见建议。

四是充分发挥广大朝阳律师的专业资源优势,凝聚专业优势、职业优势和实践优势合力,为国家立法提供有水准、实务性的意见。朝阳区有律所1100余家,执业律师2万余名,律师从业人员数量在北京市乃至全国名列前茅。我们注重发挥朝阳律师的专业优势和品牌特色,围绕《中华人民共和国反垄断法(修正草案)》,中伦律师事务所积极组织反垄断业务团队研究提出了22条意见建议。围绕《中华人民共和国公司法(修订草案)》,朝阳区律协民事业务研究会、盈科律师事务所全国公司法专业委员会以及中伦、安理、兰台等多家大型律所提出了许多专业意见。经过汇总,我们就《中华人民共和国公司法(修订草案)》向全国人大常委会法工委提出了426条意见建议。

五是充分发挥立法联络员和信息员来自群众、服务群众的优势,为国家立法提供直观、生动、鲜活的意见和诉求。区妇联的立法联络员组织部分女人大代表和政协委员、女性社会组织、女律师代表等,召开了《中华人民共和国妇女权益保障法(修订草案)》征求意见座谈会;市场监管局立法联络员组织区内餐饮、商超、教育、互联网、医美等 10 个行业企业代表召开了《中华人民共和国公司法(修订草案)》征求意见座谈会;朝阳区 43 个街乡立法联络站围绕《中华人民共和国公司法(修订草案)》《中华人民共和国妇女权益保障法(修订草案)》《中华人民共和国突发事件应对管理法(草案)》三部法律草案,共组织人大代表、立法信息员 746 人次参与征求意见。我们对各方面收集的意见建议进行了认真汇总、整理,原汁原味地反馈给全国人大常委会法工委。

"林下系列"铺就社情民意"零距离"

——浙江省杭州市余杭区闲林街道基层立法联系点实践案例

陈锦秋　章慧芬*

民意,是人民群众共同的思想或意愿。人民代表大会制度是党领导下集中民智、行使民权、维护民利的伟大制度创造。让人民真正成为国家和社会的主人,顺畅表达意愿,成为社会主义民主政治建设的主体力量,这是全过程人民民主建设中的最关键特征和最根本前提。

立法,担负着将党的主张通过法定程序上升为国家意志,是极其重要的政治活动。基层立法联系点将立法平台搭建在人民群众的家门口,一头连着国家权力机关,一头系着基层群众,是国家各级立法机关直接联系基层群众的有效渠道,直接反映和体现民情、民意、民智、民心,真正实现立法由人民参与,法律由人民制定,保证人民当家作主,提高立法质量与实现全过程人民民主。

如何进一步畅通和规范群众诉求表达,拓宽人民群众反映意见和建议的渠道,使得公共决策体现民智,社会治理体现民心是基层立法联系点的重要功能。本文实录了浙江省杭州市余杭区闲林街道基层立法联系点一年多来的实践探索及取得的成效和启示。

一、基本情况

闲林,旧称"闲林埠"。此处春秋时期范蠡筑停辞溪,东汉陈浑开闲林港、张家潭,奠基了闲林埠的繁华,且有京杭大运河的支流——闲林港穿街道而过,生生不息。

闲林街道地处浙江省杭州市第三城市中心未来科技城核心板块,下辖21个村社,户籍人口7.3万人,常住人口23万人。2023年闲林街道完成财政总收入23.23亿元,多项核心经济指标位于余杭区前列,完成规上工业总产值60.69亿元,同比增幅9%,全区排名第二,先后获评"国家级生态乡镇""浙江省文明乡镇""浙江省社会治安综合治理先进单位""浙江省新时代美丽城镇建设样

---

* 陈锦秋,浙江省杭州市余杭区人大常委会闲林街道工作委员会主任。
章慧芬,浙江工人日报社主任记者。

板"等荣誉称号。

作为浙江省首批人大践行全过程人民民主基层单元培育对象,人大闲林街道工委于 2022 年 12 月被杭州市十四届人大常委会确定为基层立法联系点。一年多来,该基层立法联系点牢记习近平总书记的嘱托,在省、市、区三级人大常委会的精心指导和培育下,基层立法联系点不断夯实"立法民意直通车、普法宣传播种机、法规实施检测仪、法治影响放大器"四大功能,依托闲林埠人文环境优势,在移步换景中充分体现法治的氛围,创新将"基层立法联系点 + 人大代表联络站"深度融合,通过"一堂一廊一站"三大阵地,充分发挥基层立法联系点作用,着力打造"林下系列"品牌,切实将全过程人民民主贯穿于立法工作的全链条,让基层声音"原汁原味"直达立法机关,打造具有闲林特色的基层立法实践地。

截至目前,该基层立法联系点开展高质量法治宣传讲座 8 场;"线上 + 线下"开展草案等建议征集、法规实施检测活动 49 次,整理上报立法社情民意 1409 条,参与立法草案征集 9 部,共整理意见建议 361 条,提交 346 条,被采纳 26 条;开展立法专题议事 6 场,提出意见建议 152 条;开展执法检查活动 9 场,收集意见建议 76 条,高质量推进了基层立法联系点的规范化建设。代表撰写的《建强基层立法联系点的路径与建议》被《浙江人大·理论专刊》(总第 8 期)录用。同时,与立法联系点深度融合的代表联络中心站,被杭州市人大常委会评为"最美人大代表联络站(人大践行全过程人民民主基层单元)",《人民代表报》、人民网、浙江人大、浙江在线等媒体先后报道了站点的创新做法和成效。

二、工作基础

(一)赓续前行,坚持党建引领,擦亮法治底色

一是牢记嘱托,持之以恒推进法治建设。2006 年 2 月 8 日,时任浙江省委书记习近平在杭州专题调研"法治浙江"工作,视察闲林街道并召开座谈会,指出"要加强基层依法治理,提高基层法治水平",对当时的闲林镇由综治办牵头,集司法所、信访办、治安巡防队、流动人口管理办、警务工作室等为一体,实行联调、联防、联勤,对综治工作给予充分肯定,强调要进一步加强对基层依法治理工作的领导,用法治的理念、务实的作风推进基层依法治理工作;要加强普法教育,提高全民法治观念;要扩大基层民主,发展民主政治等,为闲林法治建设指明了清晰的方向,揭开了闲林在法治轨道上基层社会治理的新篇章。多年来,人大闲林街道工委始终牢记嘱托,将习近平总书记的重要指示精神作为人大工

作的根本出发点和落脚点,助力推进基层法治建设走深走实。二是党建引领,增强立法工作政治自觉。在探索实践中,我们深刻领会到坚持党的领导是社会主义法治最根本的保证,要始终坚持党对立法工作的领导,坚持党建引领推进全过程人民民主和基层立法实践。严格落实向党工委报告制度,按党的二十大报告关于"健全吸纳民意、汇集民智工作机制,建设好基层立法联系点"的 27 字方针,争取全方位保障联系点规范化建设。同时,积极发挥人大代表在立法中的主体作用,始终把更好地服务大局作为人大履行职责的中心任务。紧紧围绕杭州市人大常委会年度立法计划,按注重社会关切、注重精准选题、注重征集范围"三注重"原则,制定侧重闲林实际的年度参与立法工作计划,确保意见建议接地气、贴民心,助推法律决策部署真正落地见效。三是依宪立法,全面维护宪法核心地位。人大闲林街道工委始终坚持依宪立法、依法立法,全面贯彻宪法规定、宪法原则、宪法精神,更好发挥宪法在立法中的核心地位功能,尤其是在法律法规草案征求意见时,创新方式方法,通过"站内 + 站外、线上 + 线下"保障人民群众多途径参与立法活动,广泛听取人民意见建议,确保整理上报的意见建议符合宪法精神、体现宪法权威、促进宪法实施。

(二)踔厉奋发,坚持制度保障,突出阵地亮色

一是完善工作体系。人大闲林街道工委以基层立法联系点规范化建设为契机,积极构建"立法 + 人大"双向互动的工作新模式,进一步明确工作目标、强化工作保障、搭建载体平台、打造特色品牌、完善制度机制,创新建立"12345"工作体系。即依托各方力量,围绕打造具有闲林特色的基层立法实践地"一个目标";依托"制度 + 数字",持续建设"两个支撑";重点打造"一堂一廊一站",持续建好"三大阵地";不断完善"林下系列",持续建强四大"林下品牌";通过"五步工作法",充分发挥基层立法联系点在民意征集、普法宣传、立法评估、立法调研、联系群众等方面的作用,让基层声音"原汁原味"直达立法机关。二是加强组织保障。成立了以街道党工委书记为站长、人大工委主任为副站长的基层立法联系点组织架构。建立"三支队伍":立法民意信息员队伍由代表民情信息员、选区联络信息员、基层网格信息员组成,发挥人大代表在立法中的主体作用;立法联系宣讲团由辖区九段普法讲师队、乡贤讲师队、街道宣传队组成,发挥基层普法播种机的作用;立法专家顾问团由致公党明志法律服务团、驻点律师事务所、"余法行"智囊团组成,发挥专业力量优势,全力推进基层立法联系点各项工作,为打造具有闲林特色的基层立法实践地提供坚实的组织保障。三是打造工作阵地。突破物理空间限制,创新性地打造"一堂一廊一站"三大阵地。"一堂":深度挖掘区域优势资源,成立"林下说法·宣讲团",以"林下说法·大讲堂"为主阵地,开展立法宣讲、法律咨询等活动。同时将立法工作延伸到基层村社,如与"家门口的老年大学"深度融合,增强了法治的影响力。"一廊":设置"林下听语·民情廊",以拉家常接地气的方式,拉近了法律与群众之间的距离,倾听百姓的心里话。通过"林下听语·公告栏",及时传播法治理念、开展立法征集、收集立法意见,确保每个立法流程环节都能听到人民的声音。同时在"林下书院"设置"林下学法·加油站",让法治文化走入寻常百姓家。"一站":利用人大代表联络中心站基层单元的优势,开展立法联系点规范化建设,实行站点一体化运行,将基层立法联系点工作与代表联络中心站主要职能高度融合,形成横向到边、纵向到底的立法联系工作网络与立法日常工作机制,开展视察调研、执法检查、专题议事等活动,"原汁原味"整理上报立法社情民意,更好地促进了立法和联络站工作"双提高"。四是创新工作机制。为确保立法联系点工作有序推进,进一步规范立法工作流程,在实践过程中形成了"接受征询任务、制定工作方案、开展意见征询、汇总建议上报、做好整理归档""五步工作法"。以国内数字贸易领域首部地方性法规——《杭州市数字贸易促进条例(草案)》为例,杭州市人大常委会高度重视该《条例(草案)》的意见征集工作,从源头保障推动杭州数字经济高质量发展。2023 年 11 月 8 日,杭州市人大常委会在立法数字化应用场景"草案意见征集"模块上发布征询任务,闲林街道基层立法联系点第一时间接受了征询任务,科学制定工作方案。首先咨询立法专家顾问团,再邀请法律专业人士进行深度解读、组织立法民意信息员学习,最后确定征求意见对象、实施步骤等。通过座谈会、走访调研、发布征询二维码等形式开展意见征询,实时整理上报意见建议。2023 年 12 月 8 日上午,杭州市人大常委会党组副书记、副主任戚哮虎带队专题到闲林街道基层立法联系点开展《杭州市数字贸易促进条例(草案)》立法调研活动,会议除闲林部分立法民意信息员参加外,同时邀请了杭州市余杭区商务局、区数管局及部分企业家代表等参加,与会人员围绕《杭州市数字贸易促进条例(草案)》的法规背景及条文内容,针对数字贸易现状、发展前景、存在的问题,结合各自工作实际,提出修改完善的意见建议,会上共提出修改意见建议 40 条,杭州市人大研究吸纳 23 条,《杭州市数字贸易促进条例》正式实施时被采纳 5 条。其中《杭州市数字贸易促进条例(草案)》的第五条,区人大代表、立法民意信息联络员章慧芬提出"细化经济和信息化等部门的职责,负责推进信息化发展战略,实施信息化建设规划,促进信息基础设施的建设",正式施行的《杭州市数字贸易促进条例》第五条内容明确了"市经济和信息化主管部门负责协调推进本市数字贸易信息基础设施建设等工作",该建议被采纳。她同时提出《杭州市数字贸易促进条例(草案)》中关于"人民政府及其部门在促进数字贸易发展工作中应当严格执行国家安全审查制度",建议删除的意见,《杭州市数字贸易促进条例》正式施行时也被采纳了。《杭州市数字贸易促进条例》第九条"支持数字金融、视觉智能、智慧医疗、智慧物流、在线教育、远程办公等数字服务贸易发展"中的"智慧物流",也是在此次座谈会上建议新增的内容。

三、工作实践

人大闲林街道工委依托闲林埠老街人文环境优势,切实念好"融"字诀,通过"老街景点＋立法元素""林下品牌＋四大功能""基层立法联系点＋人大代表联络站"三大融合,在移步换景中充分体现法治的氛围。特别是将杭州市人大基层立法联系点"四大功能"与闲林人大"林下系列"品牌深度融合,拓宽基层群众参与立法的深度和广度,使立法更接地气、更具实效。同时积极探索立法联系"集智聚力"实效,推动法检"两院"——"余法驿站""余检e站"成功入驻,形成站点资源共享、优势互补的良好融合发展局面,不断拓展立法联系群众的途径和渠道,进一步提升基层立法联系点实效。一是"林下说法",法治建设接地气。组织"林下说法·宣讲团"按年度立法宣讲计划在"林下说法·大讲堂"点单式开展法治宣传讲座8场,如开展"学家庭教育促进法 做智慧家长"专题讲座,进一步提升了依法教子、科学育儿的能力;在"家门口的老年大学"为辖区老年人开展主题为"老年人法律保护:反诈与继承"的专题讲座,进一步提升老年人法律保护意识;与法检"两院"联动开展"反家暴普法""未成年人权益保护宣讲"等活动,以案为鉴、以案释法,达到预期效果。二是"林下听语",民呼我应"林距离"。为确保每个立法流程环节都能听到人民的声音,在"林下听语·民情廊",通过"七嘴八舌评立法,三言两语传民声"与"林下听语·公告栏",实现"线下听、线上扫"征集意见建议。在工作程序上,按照立法前中后的顺序,确保群众能够参与到立法的全过程。截至目前,"线上＋线下"开展草案等建议征集活动49次,收集立法社情民意1409条,参与立法草案征集9部,共整理意见建议361条,提交346条,被吸收26条。特别是《浙江省促进中小微企业发展条例》在征求意见时,人大代表提出加"微"的建议,中小微企业和个体工商户是稳经济的重要基础、稳就业的主力支撑,在条例正式发布时被吸纳,为优化浙江量大面广的中小微企业的营商环境提供了法治保障。三是"林下议事",民主协商出实效。围绕"众人的事情由众人商量"的工作机制,搭建"林下议事"协商平台,创新"听建议—拟方案—多协商—推办理—真监督—促落实"六步议事法,共开展《杭州市农村集体经济组织财务管理规定(草案)》等立法专题议事6场,提出意见建议152条,如邀请致公党明志法律服务团对《杭州市农村公路条例(草案)》进行专业解读,现场提出修改意见建议11条,被正式吸纳3条,其中建议将第十条中的"损毁"改为"损坏"。正式施行的《杭州市农村公路条例》第十条内容明确了"任何单位和个人都应当爱护农村公路,有权对破坏、损坏、非法占用或者非法利用农村公路、农村公路用地,影响农村公路安全的行为进行举报"。该建议被正式采纳。还有一条建议增加"征求意见"条款,组织编制村道规划时,乡(镇)人民政府应当将村道规划草案征求沿线村村民的意见。正式施行的《杭州市农村公路条例》第十二条"编制村道规划,应当征求村民会议或者村民代表会议的意见"正是采纳立法点提出的建议。围绕《杭州市大型群众性活动安全管理规定》等执法检查活动,组织开展执法检查活动 9 场,收集意见建议 76 条,为后续《杭州市大型群众性活动安全管理规定》的修改完善提供民间智慧。四是"林下畅联",数智赋能提质效。探索"家门口"参与立法的模式和路径,精心组建的三支立法民意信息员队伍,依托人大联络中心站平台,通过"1155 三联"工作法(即 1 名代表联系 1 个选区、5 个网格、5 名群众)"走出去"收民意;结合"1 + 2 + N"(即 1 名代表 + 2 名居民议事会成员 + N 名街道部门负责人)每日选民接待等活动载体"请进来"听民声,更广泛收集立法民意需求与意见,打通基层参与立法"最后一公里"。截至目前,通过"请进来 + 走下去"开展活动 195 次,收集意见建议 686 条。依托杭州市人大立法数字化应用场景,开发设立宣传计划、人员队伍、"两院"之窗等具有闲林特色的功能模块,360 度全景式展现联系点"线上 + 线下"工作情况,同时与嵌入的基层单元数字化应用实现多场景多应用协同,提高立法数字化应用水平。在各个代表联络站、选区及人流密集场所公开基层立法联系点"二维码",让立法民意渠道"24 小时不打烊"。

四、工作启示

作为街道级的基层立法联系点,首先要明确联系点的功能定位。闲林街道基层立法联系点立足人民意志,在吸纳民意、汇集民智上充分发挥基层优势,坚持民主立法、开门立法,依托数字赋能,拓宽"线上 + 线下"民意征集渠道,打造"接地气"的立法阵地,以立法理念凝聚基层治理"向心力"。但在实践探索过程中也存在着一些问题,如围绕征求意见的广泛性、数字化运用的实效性、制度机制的完善性以及提升"站点"融合发展的创新性等,仍需不断探索与加强,如何在守正基础上开拓创新,需要进一步思考和实践,如何发挥"三支队伍"的主观能动性,建立良性循环,需要更多的激励机制,等等。

在基层立法联系点的实践中,工作取得实效基于:一是争取领导重视,完善制度机制。基层立法联系点作为发展全过程人民民主的生动实践,要始终坚持党的全面领导,坚持中心工作推进到哪里,立法、普法工作就跟进到哪里。不断建立健全组织体系、完善工作制度,研究制定《闲林街道基层立法联系点工作制度》,推动基层立法联系点工作规范化、标准化运行。积极争取省、市、区人大常委会与街道党工委全力支持和精心指导,全方位高质量推进联系点规范化建设,让立法、普法的全过程深入民心。二是推进站点融合,形成共享局面。进一步树立"融"的思维,用好"老街景点 + 立法元素""林下品牌 + 四大功能""基层立法联系点 + 人大代表联络站"三大融合平台,形成站点资源共享、优势互补的良好融合发展局面。整合队伍力量,充分发挥好人大代表及"三支队伍"的作用,加强队伍建设、提升专业水平。不断拓展立法联系群众的途径和渠道,激发基层群众的主观能动性,将民主立法、普法的触角真正延伸到基层。三是运用数字赋能,畅通基层基础。依托杭州市人大立法数字化应用场景,进一步用好闲林特色功能模块,实现立法意见"认领、征集、汇总、上报、反馈"全流程数字化管理,使用好意见征集、问卷调查、视频会议等功能,注重意见建议智能化收集和统计分析,积极参与立法草案征集、立法后评估、法规实施检测、执法检查等活动,最大程度丰富立法民情民意基础数据来源,寻求立法惠民的"最大公约数",不断提升应用场景的使用率、覆盖面和活跃度。

行舟山水画中,感受立法"零"距离。闲林街道基层立法联系点如流水行船,载着"原汁原味"的民情民意,划出从立法机关到基层群众之间的"新航道",让立法工作在基层"水到渠成"。人大闲林街道工委将坚持以党的二十大精神为指引,高质量迈开基层立法联系点规范化建设步伐,持续打造"林下系列"品牌,依托人大数字化改革,推动基层立法联系点与基层单元、专业力量、法检"两院"等的深度融合,为参与立法全过程贡献闲林街道基层立法联系点的智慧和力量。

义乌市人大常委会基层立法联系点的建设经验

义乌市人大常委会法工委

一、基层立法联系点简介

义乌地处浙江中部、金衢盆地东缘,市域面积 1105 平方公里,中心城区建成区面积 113 平方公里,本地户籍人口 89.1 万,常住人口 188.8 万。义乌历史悠久,名人辈出,历史上孕育了"初唐四杰"之一骆宾王、宋代名将宗泽、金元四大名医之一朱丹溪、南朝梁代禅宗著名尊宿傅大士,以及现代教育家陈望道、文艺理论家冯雪峰、历史学家吴晗等一批名人志士。改革开放以来,义乌坚持和深化"兴商建市"发展战略,以培育、发展、提升市场为核心,大力推进工业化、国际化和城乡一体化,走出了一条富有自身特色的区域发展道路,成为改革开放全国 18 个典型地区之一。

义乌的发展一直得到习近平总书记的关心关怀。习近平总书记在浙江工作期间调研的第一个县就是义乌,曾先后 12 次深入义乌调研指导,亲自总结推广"义乌发展经验",指出义乌的发展是"莫名其妙、无中生有、点石成金"的发展。党的十八大以来,习近平总书记多次在国内外重要场合推介义乌,肯定"义新欧"中欧班列是共建"一带一路"的早期收获,并亲自为义乌定位世界小商品之都。义乌拥有全球单体最大的小商品批发市场,享有"世界超市"的美誉。作为"建在市场上的城市",义乌现有专业市场经营面积 640 余万平方米,经营商位 7.5 万个,汇集 26 个大类、210 多万种商品,编制发布了全国首个"市场信用指数"和《小商品分类与代码》行业标准。电子商务蓬勃发展,内外贸网商密度分列全国第一、第二,快递业务量位居全国各大中城市第二,跨境电商业务量位居全国第三批跨境电商综试区第一。义乌物流便捷高效,形成了辐射国内全球的物流网络,是浙江省主要的内陆港,也是全国最大的零担货物配载中心和首批国家物流枢纽之一。基本建成了以商贸服务型国家物流枢纽为核心的全球集疏运物流网络,全球货物实现一站式通达,被联合国亚太经社会列为国际陆港城市。美国联邦快递等全球快递巨头和马士基等全球知名海运公司都在义乌设立了分公司或办事处。同时,义乌是吃"改革饭"长大的,是全省全国的改革试验田。近十年来,先后承接 30 余项"国字号"改革试点和 40 项省级改革试点。国际贸易综合改革试点、自贸试验区、国家跨境电商综试区、国家进口创新示范区等国家级改革开放平台在义乌叠加。2011 年 3 月,义乌经国务院批准开展国际贸易综合改革试点。2019 年 1 月,浙江省委、省政府下发义乌国际贸易综合改革试验区框架方案。2020 年 8 月,国务院批复中国(浙江)自由贸易试验区扩区到义乌。

2020 年 7 月,义乌市人大常委会被确定为全国人大常委会法工委第二批基层立法联系点之一,也是浙江省首个国家级基层立法联系点。在被确定为基层立法联系点以来,义乌全面贯彻落实习近平总书记在全国人大常委会法工委上海虹桥基层立法联系点考察时提出的"人民民主是一种全过程的民主"精神,以打造一流基层立法联系点为目标,不断探索、大胆创新,成立基层立法联系点工作领导小组,书记、市长任双组长,在义乌全市范围内构建"1 + 3 + X"基层立法联系点工作网络。"1"是由基层立法联系点办公室负责统筹立法意见征求工作,"3"是建立征询单位、联络站、立法咨询专家库三个立法意见建议收集平台,"X"是由立法联络员、信息采集员、人大代表、行业代表等多支骨干组成的立法信息采集队伍。截至目前,义乌市共有征询单位 47 家、联络站 21 家、立法咨询专家 39 名、立法联络员百余名、信息采集员近万名,基本辐射了全市村居社区、各行业单位,汇集民心民意,凝聚广泛共识,让"全过程人民民主"重大理念落实到基层,也是社会主义民主政治广泛性的真实表达。

二、基层立法联系点建设的"民主实践"

义乌市人大常委会不断完善基层立法联系点的架构、机制和功能,充分发挥基层立法联系点察民情、听民意、聚民智、解民忧的重要作用,有效架起百姓与国家立法机关之间的"连心桥",推动全过程人民民主在义乌基层的生动实践。两年多来,有 7.5 万人次基层群众在立法全过程中实现民主参与、民主表达、民主决策,充分彰显了人民民主的人民性、真实性和广泛性。

(一)丰富载体,实现民意征集全覆盖

一是构建立体化意见征集网络。成立以市委书记、市长为双组长的立法联系点工作领导小组,搭建以"基层立法联系点办公室为指挥中枢、联络站为阵地、信息员为触角"的金字塔式立法意见征集网络。现有基层立法联络站 21 家、联络员 51 名、信息员万余名,工作网络覆盖 37 个主要部门、14 个镇(街道)、544 个村(社区)、88 个行业协会、89 万个市场主体,收集民意触角纵向到底、横

向到边。

二是推动与全过程人民民主基层单元建设"点站融合"。全过程人民民主基层单元是浙江省人大常委会坚持以习近平总书记关于全过程人民民主的重要论述为遵循，以数字化改革为牵引，以助推共同富裕和现代化先行示范为目标，推动代表联络站迭代升级、提质增效，致力打造的保障人民当家作主的前哨阵地和一线窗口。义乌基层立法联系点积极推进基层立法联系点与市级代表联络总站、镇（街道）代表联络精品站和村（社区）代表特色分站等民主民意表达平台相互融合，在基层单元建设中增设立法联络站所需的座谈讨论、意见征集、展示宣传等功能，做到通盘谋划、统一规划、同步建设、功能互补。把立法联系任务列入常委会业务下沉清单，将立法工作与国家机关工作人员进入代表联络站相结合，部门、代表联络站、人大代表参与立法联系工作情况列入基层单元"三大指数"指标考评体系，最大程度发挥代表联络站和基层立法联系点践行全过程人民民主双载体、双平台作用。

三是注重数字化改革赋能。根据浙江省人大数字化改革总体目标和要求，积极推进基层立法领域数字化改革。完成义乌立法意见征询智慧平台建设，开发建议话语数字化规范、法条位置识别定位等便捷功能，推动立法意见自动收集，准确形成意见建议、采纳结果数据库，采纳结果自动反馈，实现"群众参与立法联系工作'一次不用跑'、立法动态全周期可视"。目前，正在推进该平台与浙江省、金华市相关应用场景打通。并已就 7 部法律法规开展了定向征求，收集意见建议 234 条。同时，基层立法联系点撰写的《全过程人民民主理念下基层立法联系点数字化建设路径探究——从义乌基层立法联系点工作数字化实践出发》一文被评为浙江省人大第九次理论研讨会论文一等奖。

（二）健全机制，助力民主立法全链条

一是推行立法建议征询"七步法"。积极推动立法联系点工作规范化、标准化建设，对征集的意见建议进行"草拟—提交—审核—修正—上报—反馈—评价"全流程闭环管理，做到每一部法律草案"征求—分析—总结"，紧密结合本地实际，精准对接，增强主动性，在及时准确反映人民群众的所思所盼所愿的同时，不断提升法律草案征求意见的匹配度和实效性。

二是"原汁原味"反映群众立法建议。通过实地走访、会议座谈、专题调研、视频连线等多种形式，及时、全面、近距离地获取基层群众意见和建议，听取基层群众"原汁原味"的声音。如征求反食品浪费法草案意见时，选择 60 余个村，以通俗易懂的方式为群众解读草案，收集意见建议 127 条。积极指导引导立法联系点网络架构下的 21 家立法联络站抓住自身特点，在收集民声民意上各显特色,进一步激发不同群体、不同行业参与立法活动的热情。如苏溪镇六都村的"榕树下座谈会"、江东街道鸡鸣山社区的"立法意见征求直播间"、商城集团的"大脚板"、后宅街道李祖村的"大樟树下议法议事"等等,以接地气的形式,让群众畅所欲言。

三是发动社会群体广泛参与。义乌常住人口接近300万,外来人员众多,民族集聚。联系点注重意见内容的典型性和意见来源的多元性,认真听取各行业、各群体的意见建议,充分反映地区特点和基层特色。两年来,上报全国人大常委会法工委意见建议1920条,有168条意见建议被国家立法认可采纳。除本地市民外,联系点还广泛征询外来建设者、少数民族群众的意见建议,收集外来建设者意见建议580余条,少数民族群众的意见40余条。如陆港集团物流员工提出"增强未成年人自我保护意识和能力"的建议,在《中华人民共和国家庭教育促进法》第十九条中得到了体现。

四是注重发挥法治领域专业力量作用。关注意见内容的专业性,统筹用好所在区域内的法律资源和社会资源,充分发挥公检法司等法律专业部门及律师团队、行业协会等作用,吸收高校、贸易、电商、金融等多领域人才,聘请立法咨询专家39名,"借智借脑",提高意见建议专业性。如浙江师范大学立法研究院,两年来提出意见建议313条,被吸收采纳49条。

(三)拓展功能,践行基层民主全领域

义乌基层立法联系点以立法意见征询活动为抓手,推动由立法征集环节向立法征集前、后延伸,征集内容由立法建议向改革发展中心任务、基层治理和为民办事解难等延伸,进一步完善民主民意表达平台和机制,保证基层群众在各方面行使知情权、参与权、表达权、监督权。

一是向改革发展中心任务延伸。围绕重大改革发展事项,立法联系点办公室与相关单位定期沟通,广泛征集意见,及时向上级人大反映义乌国际贸易综合改革、自贸区建设、"义新欧"班列等改革发展、基层创新实践遇到的法律新问题,向立法机关提出义乌经验、建议,争取涉法、修法、改革支持。如围绕农村宅基地制度改革深入调研,形成意见建议报告,并和典型案例一同上报全国人大,为最高立法机关提供基层改革经验参考。

二是向基层治理依法善治延伸。通过立法意见活动,全面把握各方诉求,兼顾各方利益,关注回应各方关切,形成社情民意"最大公约数",形成社会治理的"向心力"。积极拓展基层立法联系点的执法、司法、普法、守法等多方面的功能,发动基层群众参与普法、推动执法、服务基层社会治理。

三是向民生实事解疑释困延伸。关注群众"急难愁盼""关键小事",组织热点问题线上探讨、涉法意见在线留言、基层法律援助，推动法律切实解决实际民生问题。如在征询妇女权益保护法草案意见建议时，联系点重点倾听弱势群体声音，专题开展妇女就业调研，督促为女性择业创造更优环境，让基层群众感受到法治和民主的温度。2022 年以来，共梳理群众反映的电信网络诈骗、民事强制执行、离婚冷静期等热点涉法问题 12 个，以意见、建议等形式转交有关职能部门研究，出台各项为民服务措施。

（四）扩大宣传，展示人民民主全方位

一是向基层宣传好全过程人民民主。通过群众喜闻乐见的新媒体方式开展宣传。拍摄《家庭教育——从零开始》《噪声防治——声音》等立法宣传片，记录或聆听大街小巷的基层立法人物，发布《生根发芽》《涓涓入海》《因声结缘》等立法小故事 11 个，通过身边的小人物、小故事展示全过程人民民主的显著优势和生动实践，让更多的基层群众认同全过程人民民主、践行全过程人民民主。

二是向社会讲述好基层民主故事。邀请主流媒体来义调研采访，积极向上报送基层立法联系点的创新做法和基层民主的生动实践。2022 年以来，先后有《人民日报》、新华社、"焦点访谈"、"新闻联播"、《法治日报》等国家级媒体对义乌基层立法联系点工作进行报道，省级以上媒体、刊物共计宣传报道 14 篇（次）。

三是对外展示好中国式民主。2022 年 4 月，在全国人大与非洲法语国家议会线上研讨会上，线上介绍义乌基层立法联系点建设、运行情况，讲述中国式民主，介绍义乌经验，得到了与会各方的充分肯定。在噪声污染防治法草案意见建议征求过程中，邀请 6 名在义生活创业的外国人参与立法建议征询问卷发放，增强外籍人士对民主立法的体验感，使其自发地成为中国民主故事的"讲述者""传播者"。此外，还通过立法建议征询，积极向外商介绍宣讲中国的法律法规，增强他们对中国民主立法的体验，增强他们的尊法守法意识。

"众力并，则万钧不足举也；群智用，则庶绩不足康也。"义乌基层立法联系点将继续深入践行全过程人民民主，在打造全过程人民民主实践高地，推进共同富裕示范区建设中作出更大贡献。

关于加强基层立法联系点建设的思考

——基于重庆市首个社区型基层立法联系点中心湾社区的调研

苏二威*

一、基层立法联系点设立的逻辑：提高立法质量与发展全过程人民民主

党的二十大报告首次将基层立法联系点建设写入党代会报告，指出要"健全吸纳民意、汇集民智工作机制，建设好基层立法联系点"。回顾基层立法联系点制度的逐步确立过程，大致经历了"地方探索—中央试点—地方展开"这样"自下而上、自上而下、功能扩展"三个发展阶段。基层立法联系点制度作为民主立法制度的创新，始于2002年甘肃省人大常委会设立的"地方立法联系点"探索。① 2014年党的十八届四中全会通过的《中共中央关于全面推进依法治国若干重大问题的决定》要求，"健全向下级人大征询立法意见机制，建立基层立法联系点制度，推进立法精细化"。这意味着探索中的省一级向下级人大征询立法意见机制上升到国家层面。从功能上来看，设立初衷是为立法服务，推进立法精细化。2015年7月，全国人大常委会法工委正式确定湖北襄阳、江西景德镇、上海虹桥和甘肃临洮等四个国家级别的基层立法联系点②，国家最高立法机关通过该渠道直接吸收基层民意，标志着基层立法联系点制度由地方实践探索正式上升到全国布局。2019年11月，习近平总书记考察全国人大常委会法工委基层立法联系点上海虹桥街道时，首次指出"人民民主是一种全过程民主"这一论断，肯定了基层立法联系点的民主意义和民主价值，指出中国的民主是"全过程民主"，这是中国特色社会主义民主的一个实现形式和实现路径，要求

---

* 苏二威，中共重庆市渝中区委党校讲师。

① 孙莹：《基层立法联系点是民主立法的有效途径》，载《人民之声》2020年第7期。

② 孙莹：《基层立法联系点是民主立法的有效途径》，载《人民之声》2020年第7期。

总结推广这一模式,使国家的重大决策更加有效、更接地气。① 至此基层立法联系点功能由单一的"服务立法、提高立法质量"的服务立法上升到兼有"发展全过程人民民主"的践行民主政治功能。此后,上海市着手开展基层立法联系点功能拓展的制度化构建,推动基层立法联系点功能由"立法中"向"立法前""立法后"两端延伸,进而拓展到立法全过程,使其逐渐成为服务于"参与立法、监督执法、普法守法、社会共治"的"建言站、直通车、助推器、宣传台",也成为实践和发展全过程人民民主的有效平台。② 在上海市人大常委会深入实践下和全国人大常委会深入推动下,习近平总书记提出的"全过程人民民主"重要理念迅速在基层立法联系点落实落地,推进基层立法联系点不断"扩量提质",③一个立足于提高立法质量,发展全过程人民民主的涵盖"国家—省—市—县"的四级基层立法联系点体系正在逐步形成。截至 2022 年 1 月,国家层面的基层立法联系点总数达到 22 个,覆盖全国三分之二省份,带动全国省、市两级人大常委会建立立法联系点 4700 余个。④ 基层立法联系点制度,在不断提高立法质量的同时,也成为坚持人民主体地位、实践民主立法和践行全过程人民民主的重要举措。

二、中心湾社区基层立法联系点的实践:成效、经验与不足

(一)中心湾社区基层立法联系点的定位

2020 年 7 月重庆市人大常委会设立了首批 5 个基层立法联系点,沙坪坝区石井坡街道中心湾社区成为全市首批唯一一个社区型基层立法联系点,主要承接与居民生活相关的立法征询工作。2021 年 9 月,全国人大常委会法工委明确沙坪坝区人大常委会为重庆市唯一一个"国字号"基层立法联系点,⑤形成了基层立法联系点为核心、联络员单位和信息采集站为延伸的工作格局,中心湾社区是其核心联系单位和信息采集点。与其他基层立法联系点相比,中心湾社区

① 郑辉、张明君:《践行"全过程民主"的实践探索与理论思考——以上海市人大常委会基层立法联系点为视角》,载《人大研究》2021 年第 4 期。
② 郑辉、张明君:《践行"全过程民主"的实践探索与理论思考——以上海市人大常委会基层立法联系点为视角》,载《人大研究》2021 年第 4 期。
③ 郑辉、张明君:《践行"全过程民主"的实践探索与理论思考——以上海市人大常委会基层立法联系点为视角》,载《人大研究》2021 年第 4 期。
④ 《2022 法治蓝皮书:中国法治发展报告》,中国社会科学院法学研究所、社会科学文献出版社 2022 年版。
⑤ 颜若雯:《以依法履职的实际行动做好新形势下地方人大工作》,载《重庆日报》2022 年 1 月 20 日第 7 版。

这个基层"社群型"单位作为国家级基层立法联系点的核心信息采集点，不仅承接省市一级的地方立法征询工作，还承接了国家级立法征询工作，成了名副其实的连接最高国家权力机关和人民群众的"民意直通车"。

（二）核心工作

基层立法联系点的核心工作是开展立法征询工作。该立法联系点开展立法征询工作的模式是层层传达、"线上＋线下"相结合的双征询模式。借助 QQ、微信、小程序等 App 搭建了线上联系点平台，全时空推进民主立法工作，并利用石井坡 E 党建小程序开通的立法留言板、法治专栏等进行在线互动。线下则以座谈会、院坝会、茶话会、漫谈会等多种形式开展征询工作。截至 2022 年 7 月，中心湾社区基层立法联系点已完成 19 部法律草案的立法征询任务，累计上报意见建议 294 条，在已公布的法律案中，有 37 条意见建议被国家或地方立法采纳认可，其中完全采纳 15 条，部分采纳 12 条，助推国家和地方立法取得显著实效。基层立法联系点能直接反映来自一线、来自基层的法治需求，打破了立法在群众间的"神秘感"，提高了群众参与立法的积极性，生动践行全过程人民民主，推进立法工作高质量发展。

（三）条件保障

在各级人大常委会、区政府和街道的大力支持下，在立法联系点、信息采集站的联络员、信息采集员队伍和广大居民的共同努力下，该联系点逐步探索形成了有制度、有机制、有经费、有阵地、有实效的"五有"工作格局。由于篇幅有限，下面重点就该站点的阵地、队伍和制度三个方面进行介绍。

1. 有阵地。相较其他类型的基层立法联系点，该点得到区政府更大支持，在区财政相当紧张的情况下仍投入 200 万元，为中心湾社区打造了 1000 平方米的民意会客厅，集中展现该立法联系点工作成效，集中开展立法征询工作。石井坡街道也大力支持，充分调动基层力量，将立法联系点建设与人大代表家站建设进行深度融合，与网格化管理相融合，与党群服务站、红岩市民调解站、公共法律服务站等基层治理单元相融合，实现了阵地共建、功能共融、品牌共创、活动共推、信息共享。目前已在 20 个居民区和辖区 88 家非公经济和社会组织设置了"信息采集点"，打造出一个涵盖居委会、企业、机关部门、物业小区和群团组织的"信息采集矩阵"。

2. 有队伍。该立法联系点依托中心湾社区居委会，由居委会书记兼任立法联系点负责人，一名居委会工作人员担任立法联系点联络人，石井坡街道所辖所有居委会均指定一名联络员兼信息采集员负责联络所在社区的信息采集员队伍。信息采集员队伍是基层立法联系点的核心力量，他们绝大多数是来自本辖区的社区居民和在区工作的各界人士。信息采集员实行聘任制,建立了与社区志愿者积分奖励同等的奖励机制以及激励办法,依据考核结果实行动态管理,保证信息员队伍能有效发挥作用。该立法联系点还多方链接资源,邀请高校法律院系和律师事务所进行共建,成为重庆大学法学院教学基地和学生实习基地。

3. 有制度。以《全国人大常委会法制工作委员会基层立法联系点工作规则》和《重庆市人大常委会基层立法联系点工作办法》为指导,沙坪坝区先后制定了《关于支持和保障重庆市人大常委会基层立法联系点工作的意见》《沙坪坝区人大常委会关于支持和保障市人大常委会基层立法联系点(中心湾社区居民委员会)工作的意见》。2022 年 5 月,石井坡街道探索制定了《中心湾社区基层立法联系点激励办法(试行)》,规定了信息采集员每次的上报、采纳、普法、宣讲、接受采访、参会和参与志愿服务活动等给予 2 元—40 元不等奖励,立法建议被国家、市人大采纳和部分采纳则给予 200 元—1000 元不等奖励。此外还通过寄送祝贺信、颁发纪念杯,提供相关资料、工作服,提供培训和外出考察机会等形式进行综合激励。这一系列制度和规定进一步保障了立法联系点规范有序运行。

（四）创新经验

依托沙坪坝区人大常委会这一国家级基层立法联系点,不断探索完善独具特色的创新工作机制,是该联系点能够保持在全市、全国有一定影响力的关键。一是及时总结立法征询的工作方法,凝练成"三甄三译"①六步工作法,为开展高效、专业的立法征询工作提供了方法指引。二是创新实施"开放式漫谈会"活动,较好发挥了民主立法"直通车"作用。三是利用"网格化"管理,组织工作人员、党员志愿者在网格中察民情、访民意、解民忧、促和谐。四是整合现有司法资源,依托"三官一师"(法官、检察官、警官、律师)和"法律明白人"进社区制度,确保群众更好地理解法律法规内容并能够充分表达"原汁原味"意见建议。五是借助沙坪坝区人大常委会国家级基层立法联系点在全市高校、科研院所、律师事务所、公检法司等单位遴选聘请的 36 名立法咨询专家和"专群结对"定点联系镇街工作机制,搭建了"法言法语"与"民言民语"的双向转化平台。六是充分利用基层社会治理的创新载体,多方联动畅通民意沟通渠道。依托石井坡中心湾社区现有社会治理品牌"特钢能人坊",形成了特钢能人议事苑、纾解角、和事佬"三坊联动"民意沟通互动制度体系,广泛收集民情民意,及时做好信息反馈。

---

① 一甄,甄别法律草案征集意见范围;一译,解读法规草案内容及调研重点。二甄,甄别具体意见建议的针对性和可行性;二译,给予建议必要的补充和阐释。三甄,上报立法意见建议报告;三译,宣讲和解读已出台的正式法规。

（五）不足之处

中心湾社区基层立法联系点经过两年的运行,在立法征询工作上取得了丰硕的成效,但对比上海市人大常委会基层立法联系点建设推进情况,依然存在不少困难和差距,具体表现在职能定位、人员配置、反馈机制和宣传动员等方面。

1. 职能定位有待进一步深化扩展。受限于财力、人力和精力,中心湾社区基层立法联系点目前常态化开展的工作主要集中在立法征询方面,同时兼顾一些普法宣传,对人民参与全过程立法领域的探索积淀尚浅,对发展全过程人民民主实践的延伸力度还有待加强,工作主动性不足,经常是在上级要求和规划下开展工作,与上海"全功能联系点"的定位存在一定差距。考虑到该点在市区两级的重要性以及当下基层立法联系点建设不断展开、全过程人民民主实践不断加强的新形势和新要求下,若要继续保持其在全市的探索先锋和领头羊地位,落实在全国"后来居上,勇争一流"的建设目标,在前瞻性、开创性、示范性上还有很大提升空间。从成立两年的情况来看,该点精于立法征询,打造民意征集平台的前期定位是准确和恰当的,这也代表了当地政府务实的工作作风,但未来如何在守正的基础上开拓创新、拓宽功能,逐步将联系点立法征询工作拓展到立法全过程实践中来,拓展到发展全过程人民民主实践是值得探讨的问题。

2. 人员力量和专业化程度有待加强。面对越来越高的建设要求、越来越专业的全过程立法和全过程人民民主建设实践,该站点队伍建设存在明显不足,具体表现在三个方面。

（1）专业背景欠缺。有学者认为,立法工作有人大常委会法工委与立法专业联系点的把关,社区型的基层立法联系点只需要把最朴素的民意和群众智慧收集到即可,没有必要过于强调专业化信息员队伍建设。[①] 此观点虽有一定道理,但在实践中,如果缺乏一定的基本专业要求,会导致立法民意传达失真失察,立法建议采纳率过低,无法实现提高立法质量的本意。实践证明,一批高素质的立法信息采集员队伍确实是立法征询工作专业性和立法严谨性的有效保障。信息采集员队伍是立法联系点团队的核心,必须由一定规模的具有法学背景和从事法律工作的人员作为支撑,发挥必要的引导和带动作用,才能不断满足新形势的需要。据统计,中心湾社区基层立法联系点的信息采集员队伍中具有法学背景和从事法律、政策研究的不足10%。面对一些重要、紧迫、专业性和

---

① 上海人大工作研究会办公室:《落实全过程人民民主推进基层立法联系点功能拓展》,载《上海人大月刊》2021 年第 9 期。

程序性很强的法律草案,多数信息采集员的知识储备相形见绌,只有通过自学和托熟人来开展立法征询工作。在运用专业知识解释法律的同时,信息采集员还需要对群众意见进行筛选、核实、完善,形成法律法规框架下可供参考的上报意见。这对信息采集员队伍的责任感、耐心、链接资源能力和知识储备都提出了较高要求。

(2)队伍结构单一,缺乏代表性。社区型基层立法联系点重在"基层性"和"群众性",要能体现代表性和全面性,即使提不出实质性建议,但能够参与立法征询工作,参与全过程人民民主实践,群众一样能得到政治参与的获得感。目前该联系点的立法征询工作开展还主要依托社区工作在进行,没有进行统计学意义的样本筛选和社会组织购买服务或者社会调查外包。在信息采集员的招募上采用志愿者的招募方式并进行简单筛选,由于主动报名的信息员人数还不够多,其结果就是筛选较为宽松,在性别、年龄、专业和职业背景上代表性不强,对受访人员的选取也很少进行指导和干涉。据统计,比较活跃的 38 名核心采集员里,社区工作者和社区退休人员占 70% 之多,在职的、中青年的、女性的信息采集员数量偏少,采集对象也相对固化,对弱势群体的采集较少。要保障立法征询工作具有充分的民主性,就必须扩大采集员的代表性和采集对象的代表性。

(3)工作人员全员兼职,激励欠缺。该立法联系点的负责人和一名工作人员均为社区工作者兼职。基层工作本身就复杂而烦琐,他们在做好立法联系点工作的同时,还要肩负社区诸多工作,往往感觉分身乏术、力不从心,工作经常处于被动,导致立法征询工作无法深层次、系统性地开展。同时有些地方出现将人大常委会的权力职责、街道办事处的政府管理职责、相关部门的普法宣传职责和居委会的职责旁落立法联系点的情况,[1]也应引起注意。

3. 反馈机制有待完善。由于立法程序相对较长,目前大多数地方的人大常委会法工委以各基层立法联系点为对象,将采纳情况直接反馈到点,由点再反馈给个人,但往往是半年统计一次,[2]中心湾社区基层立法联系点也不例外。联系点无法及时向参与群众进行信息反馈,也不能及时告知是否采纳意见及未采纳意见的原因,造成社区党员群众参与立法的积极性降低,信息采集员的热情也受到严重影响。

① 上海人大工作研究会办公室:《落实全过程人民民主推进基层立法联系点功能拓展》,载《上海人大月刊》2021 年第 9 期。

② 上海人大工作研究会办公室:《落实全过程人民民主推进基层立法联系点功能拓展》,载《上海人大月刊》2021 年第 9 期。

4. 宣传力度、居民参与还有待加强。中心湾社区常住居民有 1 万余人,整个石井坡街道常住居民 6 万余人,但目前仅有 500 余人参与到立法工作中,占片区常住居民的 0.8%。民众参与立法的途径和民主立法的重要性均比较模糊,对意见建议是否真正能够被法律采纳是有疑虑的,导致居民参与立法的积极性不高。整体而言,目前社区立法参与还处在"动员性"参与阶段,尚未形成主动参与立法、主动接受普法的良好氛围。

三、加强基层立法联系点建设的思考

(一)加强政策引领,打造全过程人民民主基层实践点

基层立法联系点因时因地随政策而生,也必将随着时间推移、形势需要、实践变化而不断进行政策调整、转型并日臻成熟完善。自"全过程人民民主"理念提出以来,基层立法联系点已经做了深入调整。可以预见,伴随着全过程人民民主理念的逐步落实落地,人民当家作主制度体系的不断完善,基层立法联系点还将具有很大的政策空间、成长空间。未来,可在开展民主立法的基础上,不断拓宽、加深这一全过程人民民主实践平台和民意平台,使其真正成为探索创建全过程人民民主基层实践点的桥头堡,助力全过程人民民主基层实践点建设。全过程人民民主基层实践点建设,以人民有序政治参与、践行全过程人民民主和健全人民当家作主制度体系为基本理念,尝试设立、整合民主选举、民主协商、民主决策、民主管理和民主监督等为一体的基层联系点。通过不断地整合各类政策、人力、物力、财力等资源,给予更多的人员、经费和政策支持,逐步破除因历史原因、政策原因、人为的、区域的或部门等因素形成的现有的利益壁垒和政策藩篱,逐步整合和重构现有归口各部门的各种资源,做到目标一致、共建共治、资源共享、互通有无,使全过程人民民主基层实践点在民主立法、民主选举、民主协商、民主决策、民主管理和民主监督上发挥出重要作用,不断激发出人民群众政治参与的积极性、主动性、创造性,使其成为群众有序政治参与的综合平台和保障人民当家作主有效的制度载体。

在发展全过程人民民主功能上,一是可以将基层立法联系点与人大各项工作相结合。在人大行使重大事项决定权、人大行使监督权上有些地方已经开展了有益探索,[①]在服务立法的同时,服务好行政决策,保障好人民监督权利,发挥

---

① 胡健:《基层立法联系点要融入和助力人大工作——以昆山市为例》,载《人大研究》2022 年第 4 期。

"直通车""发声筒""照妖镜""议事厅"等作用。二是要与选举工作、代表工作相融合,与人大代表家站相融合,充分发挥代表作用。将人大代表"家、站、点"作为立法联系点的运作平台,实行"场所共用、设备共配、人员共管、资源共享"的集约化建设,实现"一个场所、两块牌子、两种职能",①方便各级人大代表直接联系人民群众、开展立法意见征集座谈、法规草案解读等活动。三是要与基层治理相互融合。基层治理涵盖的党建引领、"五社联动"、网格化治理等对基层立法联系点发展全过程人民民主至关重要。这一点,社区型基层立法联系点就很具有优势,也是中心湾社区基层立法联系点的优势所在。基层立法联系点一般会首先设立在基层治理、社区治理发展较好的基层单元,其可贵之处就在"基层"二字,意在将基层声音传递到顶层立法,试图通过广开言路、开门立法,摆脱精英立法可能带来的"立法谋私""立法作秀"的弊端,破解群众因"沉默的螺旋"导致的"基层失语"现象。这就要求基层立法联系点的征询工作要开展到位,让群众信任,想方设法让群众张嘴说真话,不能浮于表面,这很考验前期基层治理状况和群众参与氛围。而良好的立法征询工作又能促进基层治理,为此二者的融合是必要且紧要的。

(二)立足立法征询工作核心,实事求是拓展职能

立足立法征询工作,是基层立法联系点的核心职能。在条件有限的情况下,保证好立法征询工作有序开展是第一任务。当下,大多基层立法联系点的主要任务还集中在立法征询工作上,有的还未能有效开展好,有的已卓有成效,有一定基础的地方已经把基层立法联系点的立法行政工作对象升级到法律的立项、起草、调研、审议、评估、宣传、实施等全过程、各环节。要根据各地自身状况,实事求是地给予不同的支持和引导,适时拓展职能。笔者认为,推动基层立法联系点功能由"立法中"向"立法前""立法后"两端延伸是必要的。这就需要相关的政策支持,引导其有序参与立法规划调研、立法计划编制意见征集、法规草案意见征集以及法规通过后实施的征集意见建议、调查评估等工作。②

(三)加强队伍建设,提升专业水平

制度的执行关键在人。人才是基层立法联系点的第一资源,要把队伍建设放在突出位置,加强配套服务保障。一是建立专兼结合的人才队伍。要改变基层立法联系点全员兼职的现状,把联系点当成淬炼机关干部、社区工作者和法

---

① 李宝清:《建好用好基层立法联系点更好践行发展全过程人民民主》,载《人大建设》2021年第11期。

② 杨海涛、李梦婷:《基层立法联系点参与立法征询工作的完善进路——以上海市嘉定工业区管理委员会为例》,载《人大研究》2021年第9期。

学专业学生基本功的"训练营"。《南宁市人大常委会基层立法联系点工作规定》要求保证每个联系点都有一名"点"的负责人和不少于一名的行政事务工作人员,负责承担立法活动的具体实施及相关工作。[①] 以中心湾社区基层立法联系点为例,一方面可以由公职人员补充,可抽调区人大常委会工作人员下沉到社区办公,也可在街道工委层面抽调专职人员负责该立法联系点建设。另一方面可将社区兼职人员专职化,通过设置专岗、减负,给予一定工作经费保障,提升工作成效。如任命社区居委会班子成员副职担任专职联系点负责人、增设人大基层立法联系点专职联络员等,还可以依托高校法学院系建立法学专业实习生常态化实习制度,以补充人手短缺问题。二是提升联络员和信息采集员队伍专业化水平。立足本地志愿服务站,招募辖区内具有一定法律知识、群众工作经验丰富的党员群众,在原有志愿者队伍基础上不断发现、吸引、培养人才。在激励机制上,除了依托志愿者积分兑换奖励和荣誉奖励外,还要注重提供提升法律素养的培训实践机会。要健全基层立法联系点人员培训制度,实行岗前培训与定期培训相结合,理论培训与业务培训两手抓。可通过邀请市人大常委会法工委备案审查处负责同志参与培训讲授;聘请立法联络员和信息采集员担任法院陪审员,通过组织参与相关领域案件的公开审判旁听、组织立法现场考察交流等提升业务能力。还应提供更多参与立法相关工作的机会,如推荐信息采集员、人大代表等参加市人大常委会的立法征询座谈会、论证会、听证会,列席市、区人大常委会会议等,以便深入了解地方立法工作进程。三是加强信息采集员队伍的评价考核。按照严进宽出原则,加强入口关管理,侧重考察信息采集员的政治素养、法律素养、工作态度和工作能力,对不活跃的挂名采集员,应及时提醒、督促和劝退。四是加强立法征询顾问团队建设。可聘请法院、检察院、司法局、法制办的相关人员,高校法学院学者,律师事务所律师作为立法征询顾问,负责对各自擅长领域的法律法规提出立法征询意见和建议,从而形成上下联动,带动立法联系点专业能力提升。五是充分发挥好人大代表作用。利用人大代表联系选区选民机会,组织人大代表共建基层立法联系点,探索建立了人大代表立法征询资源信息库,以人大代表家站为据点开展立法征询工作。

(四)加强上下联动,建立有效的反馈、互动机制

一是立法部门要注重立法征询草案附带说明和重点条文解读。可以将附带草案的相关说明,包括制定目的、重要条款的解读、制定起草过程中重点条文

---

① 莫晓:《设区的市基层立法联系点设立规则及机制保障完善建议——以南宁市立法联系点为例》,载《法制博览》2019 年第 34 期。

的争论等作为立法征询参考材料,完整、准确,通俗易懂地下发到各基层立法联系点,①提高立法征询的方向性,最大程度方便采集员和群众参与立法征询工作。二是加强立法征询内容和征询对象的分级分类管理。对于国家级立法,应启动基层立法联系点最高级的国家立法重大征询工作程序,联系点的所有资源都要启动起来。特别是一些涉及全民性的重要法律法规,如民商法、刑法、行政法、经济法、社会法等。还要有效筛选不同群体,保证群体声音能够传达到位。与民生相关的高质量发展立法、惠民立法、环保立法、弘德立法、协同立法等地方立法重点领域专题开展"一线调研"。对一些地方性行业性政策法规要区别对待。一些数量较多、专业性强的地方行业性规章制度,可以向立法部门争取资源,以小切口,通过线上线下等形式指导并引导采集员深入行业协会和相关从业人员收集意见建议。三是建立有效的反馈机制。建议得到采纳或得到上级的明文反馈将为信息采集员和群众参与立法征询工作提供强大动力。不同于一般的公开征求意见,基层立法联系点的征询工作具有固定性、特定性,上报建议均可溯源,因此及时反馈就显得十分必要和可行,这也是尊重民意的具体体现。如《东莞市公众参与政府立法程序规定》第二十一条规定:"起草单位应当对公众意见进行整理、归纳和分析,结合工作实际及论证情况作出是否采纳的决定,并编制公众意见采纳情况说明。公众意见采纳情况说明应当包括公众意见概述、公众意见采纳情况及理由等内容。"②对团体或者个人无论是进行直接回复还是整体回复,建立及时的自上而下的法规草案公众意见采纳情况反馈机制,都能激起联系点和群众参与立法的积极性。

(五)主动宣传、服务,增强群众参与立法吸引力

一是主动宣传,提升公众参与立法意识。依托基层立法联系点,结合"法律三进"、以案释法等日常普法宣传活动,通过宣传栏、宣传册、小视频、微信公众号、各种社区活动等进行立法工作宣传、立法成果宣传,让广大居民群众在充分认识、了解立法工作的基础上,积极主动参与到立法活动中来,理解基层立法联系点是保障人民群众参与立法的有效途径,是民主立法的重要制度安排,并在建言献策中潜移默化地接受法律熏陶,提升学法尊法守法用法的意识和能力。二是主动服务,营造良好的参与立法、守法氛围。基层立法联系点要将吸纳的专业资源、培育的专业队伍转换为法治效能,在广泛征求立法民意的同时,积极

---

① 杨海涛、李梦婷:《基层立法联系点参与立法征询工作的完善进路——以上海市嘉定工业区管理委员会为例》,载《人大研究》2021 年第 9 期。

② 杨海涛、李梦婷:《基层立法联系点参与立法征询工作的完善进路——以上海市嘉定工业区管理委员会为例》,载《人大研究》2021 年第 9 期。

为居民群众提供法律法规咨询服务,为居民依法维权提供法律依据。对遵纪守法模范和积极参与立法征询工作的居民可通过个人和单位致感谢信、社区张贴栏宣传等方式加强荣誉奖励。三是主动结合群众焦点,做到民有所呼,法有所应。立法需要回应民生期盼。要在广泛征求民意的基础上开展调查研究,摸清群众最迫切需要解决的问题和关注的热点焦点,注重收集掌握群众反映强烈的法律制度的空白和冲突,有的放矢地提出相应的立法建议。

借助基层立法联系点开展全方位人大立法宣传

——基于河北省的实践

祝晓光　杜　倩*

基层立法联系点制度自提出后,多地人大常委会积极探索,勇于实践,根据本地立法工作实际,建立了基层立法联系点。在立法实践过程中,基层立法联系点在提升立法质量方面发挥了显著的作用。此外,研究发现,基层立法联系点在提升立法宣传效果、推进普法宣传方面的作用发挥尚不充分,还有待进一步挖掘。

一、基层立法联系点建设有序开展

2014 年,党的十八届四中全会《中共中央关于全面推进依法治国若干重大问题的决定》提出,"建立基层立法联系点制度,推进立法精细化",这也是首次从中共中央党内文件里提出基层立法联系点的概念。随后,全国人大常委会以及多省市人大常委会结合各地实际相继探索建立了基层立法联系点,基层立法联系点制度在全国普遍推广开来。当前,基层立法联系点制度历经了"地方实验"和"制度扩散"阶段,进入了"深化拓展"阶段。[①] 上海市长宁区虹桥街道是全国人大常委会法工委首批四个试点基层立法联系点之一,在推进民主立法方面发挥了积极的作用。2019 年 11 月,习近平总书记在考察上海市虹桥街道全国人大常委会法工委基层立法联系点时,站在推进国家治理体系和治理能力现代化的高度,充分肯定了基层立法联系点的民主意义和民主价值,指出中国的民主是"全过程民主"这一重要论断[②],将该制度的意义从立法工作提升到协商民主和基层民主等更高层次。

近年来,河北省人大常委会在全国人大常委会的指导下,也开始试水探路建立河北省人大常委会的基层立法联系点,并逐步探索完善相关制度,赋

---

　* 祝晓光,河北省人大常委会原一级巡视员、研究员。杜倩,河北省人大常委会。

　① 严行健、贾艺琳:《后发优势与制度嵌入:"全过程民主"探索中的基层立法联系点》,载《人大研究》2021 年第 3 期。

　② 郑辉、张明君:《践行"全过程民主"的实践探索与理论思考——以上海市人大常委会基层立法联系点为视角》,载《人大研究》2021 年第 4 期。

能增效,促进其成为生动展示人大制度优势,贯彻落实"全过程民主"的重要窗口。

2021年,河北省人大常委会贯彻中央和省委部署,立足实际需求,按照有基础、有特点、有意愿的原则,统筹考虑各设区的市、各领域、各行业的典型代表,确定了13个基层立法联系点。3月,河北省人大常委会为临空经济区(廊坊)管理委员会基层立法联系点授牌,这是全省首个挂牌的省人大常委会立法联系点,标志着全省基层立法联系点工作正式启动,在河北地方立法史上具有重要意义。① 5月,河北省人大常委会到衡水市桃城区法院举行河北省人大常委会"基层立法联系点"授牌仪式。

河北省人大常委会基层立法联系点是贯彻落实习近平总书记提出的"全过程民主"的实践探索,基层立法联系点的选取、建设、推进均立足河北省立法实际情况,力争体现河北特色,解决河北省地方立法过程中面临的实际问题,着力提升河北省地方立法质量和普法效果。

二、河北省人大立法宣传工作面临的困境

2021年,河北省人大常委会通过了《白洋淀生态环境治理与保护条例》等多项地方性法规,在相关法律法规的宣传过程中发现,基于法律法规与公众的利益相关度、知识相关度,以及人大立法宣传的资源等因素,河北省人大立法在吸引公众积极参与立法、深入基层进行立法宣传、及时有效解答基层群众疑惑方面面临着一些困境。

立法过程中公众参与的积极性受到限制。研究认为,公众参与立法的积极性与该法律法规同公众的利益相关性,以及公众自身的知识水平有直接关系。对于公众较为熟悉,且与其切身利益相关的领域,如财税改革、司法改革、社会管理等,公众给予的关注度相对较高。相对地,公众对于权利保障、污染治理、市场服务、组织建设、教育发展等领域立法的关注度则较小。②

立法宣传的落地性和普及性受到制约。在立法过程中,由于立法资源、人力资源等多方面因素影响,省人大常委会在立法宣传方面,主要通过传统媒体、网络媒体,以及新闻发布会等方式进行宣传,而对于基层群众,特别是广大农村

---

① 《河北省人大常委会赴廊坊立法调研并开展基层立法联系点启动工作》,载中国人大网,http://www.npc.gov.cn/npc/c30834/202103/c5e4956b13e64f1688cd69ef10dc5852.shtml。

② 汪波:《当代中国网络立法协商:创新、模式与完善——基于全国人大的实证调查》,载《武汉科技大学学报(社会科学版)》2021年第3期。

的基层群众来说,限于群体用网习惯影响,导致公众信息来源、获取信息类型较为单一,对于立法类信息了解关注较少,影响了人大立法宣传的信息递达率,也进而影响了基层公众的意见反馈效率。

立法宣传的长期性受到限制。通常一部法律法规制定后,人大的立法宣传工作重点集中在法律通过后的前期阶段,囿于时间、人力、物力等因素,难以施行长期性的有效宣传。而法律实施效果如何,公众反馈如何更多体现在法律实践过程中,在于立法后期。在具体的法律实施过程中,基层公众对法律的困惑或不解通常难以得到有效解答或回复,从而容易导致一项法律法规通过后,公众对该法律法规的了解更多的限于仅知悉新制定了什么法律,但是对于法律的适用,对自身的影响并不完全知悉,也致使公众难以根据法律法规预判其行为将导致的后果,也在一定程度上限制了法律引导作用的发挥。

三、借助基层立法联系点开展全方位法治宣传

基层立法联系点是推动科学立法、民主立法、依法立法的重要举措,也是全过程民主的有益探索。目前各基层立法联系点在地方立法中充分发挥接地气、察民情、聚民智的"直通车"作用,打通了立法民意征集的"最后一公里"。但是,基层立法联系点的工作并不应仅仅局限于在立法过程中征询群众意见上,立法联系点还可以通过采取在立法前开展立法需求调研、立法后开展普法宣传、听取群众对法律法规实施情况的意见建议等方式,充分发挥自身在立法全过程民主中的作用。①

作为走在基层立法联系点实践前列的上海,在建设基层立法联系点过程中不断开拓创新,探索拓展基层立法联系点的民主平台功能。2020年4月,上海市开始实施《上海市人大常委会基层立法联系点工作规则》,其中第十五条规定,"联系点应当采用多种形式,把法律法规草案征求意见等工作与普法宣传、联系点工作宣传等结合起来,广泛吸收引导基层人民群众参加讨论,把征求意见的过程变成宣传、普及法律及扩大联系点社会知晓度和影响力的过程,营造法律法规实施以及基层人民群众积极参与讨论的良好社会氛围"。②

因此,河北省人大常委会也可以充分挖掘基层立法联系点的作用,探索以

---

① 《上海中心城区民主立法触角全面延伸基层立法联系点进商圈入旧里》,载《法制日报》2020年5月12日第5版。

② 严行健、贾艺琳:《后发优势与制度嵌入:"全过程民主"探索中的基层立法联系点》,载《人大研究》2021年第3期。

联系点工作为契机,在立法意见征集的基础上,挖掘其民主平台的多重功能,实现立法意见征集、立法宣传、法律解读等功能,将联系点打造成为倾听民声、反映民意,以及推进立法宣传、凝聚法治共识的载体。

一是通过基层立法联系点,加强立法中的法律宣传,提升立法质量。基层立法联系点可及时全面发布立法信息及参与的方式,借由立法联系点的延伸触角,将立法的声音递达至基层各个角落,实现人大与公众之间的信息对称,确保公众在立法之初能及时充分地获取有效的立法信息,有时间增加相关知识储备,进行深入思考,进而提出更多有价值的意见建议,保障立法能够充分反映民意、集中民智。

二是通过基层立法联系点,加强立法后的解读,推进普法宣传。各基层立法联系点可积极运用微信公众号宣传、社区讲座、志愿者普法等方式开展形式多样的立法宣传、法律解读,借助立法联系点的社会影响力,将立法精神广泛宣传到辖区内部,确保立法信息宣传的深度和广度,促进立法联系点成为加强法治宣传、提升公众法治意识和法律素质的窗口。

三是通过基层立法联系点,加强日常对基层群众法律问题的答疑解惑,促进公众守法。基层立法联系点可建立专家库和志愿者库,吸纳本辖区内熟悉法律、有行业知识背景的人才加入专家库。首先,由法律专家对志愿者进行培训,通过专家培训志愿者的方式,实现"以点带线",壮大普法宣传主体的队伍;其次,借助志愿者的力量,通过志愿者解答公众疑问的方式,实现"以线带面",提升为公众答疑解惑的效率。

借助基层立法联系点开展全方位法治宣传,促进基层立法联系点从参与立法向监督执法、促进守法和宣传普法延伸。① 通过基层立法联系点民主平台功能的充分发挥,促进其在地方立法中不仅能够收集更多高质量的意见建议,推动地方立法质量的提升,还能够通过公众对立法的广泛参与,以及法律的普及宣传,提升公众的法律意识和法律素养,有力地推进城市治理体系和治理能力现代化。

---

① 《促进基层立法联系点从参与立法向监督执法、促进守法和宣传普法延伸》,载文汇客户端,https://wenhui.whb.cn/third/baidu/202101/26/389604.html。

基层立法联系点制度的异与同：
基于各地工作规则的比较研究

严行健　　万安东*

摘　要：党的十八届四中全会以来，全国人大常委会法工委及一些省、市级人大常委会开始推进基层立法联系点建设工作，并相应出台了工作规则。这些规则在内容上普遍包含"组织架构""设点条件""产生、调整和撤销规则""工作职责""工作方式""工作保障机制"六个方面。文本反映出各地在诸如联系点的功能定位等方面存在一些共性认识，一些地方的制度创新和特色也在其中有所反映。

关键词：人大制度；基层立法联系点；工作规则；比较研究

2019 年 11 月，习近平总书记考察上海期间赴虹桥街道全国人大常委会法工委基层立法联系点视察。在视察过程中，习近平总书记首次做出了关于全过程民主的重要论述。以此为契机，各地人大常委会纷纷加快了基层立法联系点制度的推进步伐，这一过程中涌现出了许多地方制度创新实践的亮点。

基层立法联系点制度是一个年轻的制度，各地对其的探索仍在深化之中。本文尝试从各地的工作规则文本入手，对其进行简单梳理和归纳，并在文末总结其中的规律，以此加深学界和实务界对该制度在各地的特色和普遍性规律的了解。

一、研究概述

研究以全国各省（自治区）和市两级人大常委会颁布的基层立法联系点工作规则为梳理对象。由于联系各地人大常委会获取制度文本在实施上需要的时间成本较高，本文通过搜索引擎，以地名加"基层立法联系点"加"规则"等关键词进行搜索的方式获取各地公开制度文本。截至 2020 年 12 月，共搜得各地相关规则文本 40 例，后期通过其他渠道获取两地文本，共计 42 例。其中，山东潍坊市的规则名称为《地方立法研究服务基地管理办法》，临沂市的规则名称为

---

　*　严行健、万安东，华东政法大学政治学研究院。

《立法联系点和立法服务研究基地工作制度》。两地对基地的定义和使用方式与联系点类似,故本文也将两地制度文本纳入分析中。当前,一些地方的人民政府也开始设立基层立法联系点,并颁布了相应工作规则。由于此类联系点不属于人大常委会管理,其介入立法的环节也有所不同,本研究暂不涉及。

特别需要说明的是,由于各地方人大在信息化建设方面存在差异,一些地方虽然设立了基层立法联系点且颁布了工作规则,但由于没有将信息上网,造成了检索上的缺失。总的来说,全国各省市设立基层立法联系点的人大常委会数量应高于42例。由于资料样本不全,本文仅能围绕现有文本,对其中反映出的制度特征及规律做初步的梳理,并放弃了一些基于数量研究等方法基础上的深入因果推论研究。

当前搜集到的各地规则文本在内容甚至结构上具有相当高度的一致性。在内容方面,各地规则文本普遍包含"组织架构""设点条件""产生、调整和撤销规则""工作职责""工作方式""工作保障机制"六方面内容。甚至在结构上,六部分内容都基本上按照这一顺序出现在各地文本中。因此,本文也以上述六方面为标准,依次对各地内容进行如下梳理。

二、组织架构

该部分内容的目的是框定人大常委会与基层立法联系点之间的组织关系。各地规则中的具体内容一般由两方面构成。一方面,各地规则中普遍出现了"基层立法联系点在市人大常委会领导下开展工作"或类似表述。一些地方会在此条中对具体的日常负责部门做补充规定。其中,中山、苏州、常德及南充的规定明确由常委会法工委具体负责联系点的日常联系和组织协调等工作[1],湖北省规定由省人大常委会法规工作室具体负责联系点组织管理工作。清远市的规定则将辖区内的县级(包括市区中的区)人大常委会列为联系点日常管理机构,要求其"根据市人大常委会总体要求,组织指导本地基层立法联系点开展工作"。事实上根据笔者观察,在实践中由县(区)人大常委会具体负责辖区内立法联系点管理和运行(如协助市人大常委会在辖区内某一联系点开展立法征询会议)的情况并不罕见。

另一方面,各地规则也会围绕人大常委会对联系点的领导和管理方式做较为宏观的表述。其中,组织协调、联系服务、培训指导和考核考评是最常被提及的。但各地规则基本没有对培训指导和考核考评等工作的具体方式和标准做出明确。

---

① 延边州等地的规则中则表述为"法制工作机构"。

一些地方的人大常委会在联系点组织架构方面的创新和调整也在规则中有所反映。如深圳市的规则中明确"社区立法联系点与人大代表社区联络站合署办公"。在实践中，深圳市除 12 个企业型基层立法联系点外，其他点均为与人大代表社区联络站合署的社区型联系点。其数量已经超过 200 个。福田区等区人大还尝试在点上建立了"立法议事会"等组织。① 深圳的这一制度安排充分利用了其相当成熟且已成规模的代表社区联络站制度。通过将联系点制度"嫁接"在已较为成熟的制度中，实现了制度的高起点发展。

三、设点条件

联系点的遴选标准是各地规则中的重要组成部分。各地规则中除了规定"坚持正确的政治方向"和"忠于宪法，模范遵守法律法规"外，具体操作性的遴选条件可以归纳为以下三类。

第一，列出设点单位类型的大致范围。此类规定出现在绝大多数地方的规则中，且普遍集中于八大类型，包括县（区）级人大常委会及有关工作机构、乡镇、街道、社区、大专院校、律师事务所、行业组织以及企事业单位。上述八个类型体现出各地对于"基层"这一概念的三重理解。其中，"县（区）级人大常委会、乡镇、街道、社区"彰显的是通达基层群众意义上的基层；"行业协会及企事业单位"所彰显的则是专业领域的代表性；各地规则中刻意提及的"律师事务所"又代表了法律使用者意义上的基层。同理，上海等一些地方在实践中还有将检察院和法院列为联系点的探索，也是突出这一意义上的"基层"。

第二，以地域上的广泛覆盖实践"基层"属性。如湖北省和襄阳市的规则都有"兼顾城市与农村、平原与山区"的表述。一些地方甚至进一步强调保证地区的全覆盖。如湖北省强调"原则上每个市、州设立一个基层立法联系点"，百色市规定"原则上每个县（市、区）各设立 1 个（联系点）"。苏州、承德等市的规则中也有类似的表述。

第三，一些地方特别强调了立法联系点的专业领域。如百色市规定"在涉及城乡建设与管理、环境保护、历史文化保护等方面的企事业单位以及高等院校、律师事务所等单位中选取部分单位进行设立"。与之类似的还有江苏宿迁市。这一规定显然意在对接 2015 年《中华人民共和国立法法》修改中赋予设区的市围绕"城乡建设与管理、环境保护、历史文化保护等方面的事项"制定地方性法规的权力。

① 刘畅：《深圳：福田区率先推进基层立法联系点建设规范化》，载《广州日报》2019 年 12 月 12 日。

当然,也有一些地方的规定十分笼统,没有对设点单位的大致范围进行罗列,也没有硬性规定各辖区必须"雨露均沾"。如汕头的规则文本将选点条件表述为"应当统筹考虑广泛性、多样性和代表性,兼顾城市和农村以及不同地域、行业、领域、群体的立法需求"。

各地规定中遴选条件的上述三种形态反映出各地方在探索基层立法联系点制度时,对"基层"这一概念的不同理解。而如何理解"基层",恰是决定这一制度未来发展方向的重要因素。总的来说,上述三种形态可以归纳为强调基层立法联系点的广泛性、代表性和专业性。而这三方面甚至明确出现在一些地方的规则中。① 相比狭义上一般指代基层群众的"基层"概念,各地在制度规范和实践中强调的代表性、专业性以及地域的覆盖性,已经是对"基层"概念的显著扩展。或许正因如此,全国人大常委会法工委在遴选第二批基层立法联系点时,特地将中国政法大学这个突出专业性的点标注为"立法联系点",而非"基层立法联系点"。

另一个值得注意的问题,是各地规则在强调广泛性和代表性作为选点标准的同时,在一定程度上忽略了对申报单位履职基础和工作条件的要求,而它们往往是相关单位在被选为联系点后能否顺利开展工作的关键。在大多数地方的文本中,相关内容是在对联系点工作方式做出规定的部分出现的(即下文中"工作方式"部分)。此时,其制度逻辑就变成先按照基层性和代表性的要求选点,再要求这些点配备工作条件,而非首先根据工作条件和基础筛选候选联系点。苏州、上海等少数一些地方的规则中对设点单位的基础做了规定,如苏州规则的第五条规定了设点单位所在基层人大应具有较好的组织能力。该条具体包含如下三款。

(1)基层人大工作机构健全、人员配备好、工作制度健全、工作成绩突出;②

(2)法治建设工作基础较好,基层组织和部门、行业依法治理水平高;

(3)辖区内单位和居民法律素质较高,民主意识较强,热心立法工作。

上海市人大常委会在 2020 年新修订的联系点工作规则中也有比较详细的此类条款。

联系点的设立,应当符合以下条件:

(1)法治建设基础较好的单位或者组织。

---

① 大多数明确强调设点单位应具有"代表性和广泛性",三亚的规定中还强调了"专业性"。

② 苏州之所以对设点单位所在基层人大的组织建设情况做出要求,与其基层立法联系点主要设在乡镇、街道有关(第三条)。

（2）有积极参与地方立法工作的热情和主动承担联系点工作的意愿。

（3）有开展工作所需的固定场所和人员等条件保障。

（4）具有丰富的法律资源，有较强的组织和资源整合能力。

（5）具有较强的行业代表性或者区域代表性。

（6）具备履行工作职责所需的其他条件。

四、产生、调整和撤销程序

在联系点的产生程序方面，各地普遍采用"酝酿—批准"的方式。初步名单的酝酿工作则普遍由人大常委会法工委负责。其中，一些地方规定直接由法工委酝酿名单，一些地方则在规定中强调各专门委员会和常委会各工作机构参与推荐。湖北省及一些市级地方人大的规则中还有授权下一级人大常委会和市直机关推荐候选单位的条款。例如钦州市规则的第七条规定："一般基层立法联系点的候选名单，由市人大各专门委员会及常委会各工作机构、县（区）人大常委会和市直有关部门按照本规定第五条、第六条的规定组织推荐，经市人大常委会法制工作委员会汇总和筛选后，报市人大常委会主任会议研究决定。"而在酝酿完成后的批准环节中，由主任会议批准名单是各地通行做法。

上述产生程序意味着整个选点过程是在人大常委会内部完成的。研究在梳理过程中，也发现一些地方在规定中添加了外部参与或增加透明度的条款。如邢台市的规则中有设点名单"通过邢台人大网站和邢台日报等新闻媒体向社会公布"这样的透明度条款。类似条款还出现在湘潭市的规定中。[①] 佛山、肇庆等地的规则中进一步规定了法工委需要在酝酿过程中与有关单位和基层组织进行充分协商。

基层立法联系点的调整和撤销，首先涉及的是设点单位的任期问题。当前，各地规则中普遍将其设定为五年。这显然是为做到与人大及其常委会的任期相统一。相应地，规则中也有联系点名单每五年调整或增补一次的条款；[②] 一些地方的规则中还为常委会预留了撤销不称职或有违法违规情形的联系点的条款。联系点因该原因撤销的，无须以五年为期。调整和撤销仍遵循"法工委提出，主任会议决定"的流程。

各地规则中通常会列出可能导致联系点被调整或撤销的情形。相关情形可归纳为以下三类。

---

① 其规则第三条规定"联系点名单在主任会议决定后通过湘潭人大网向社会公布"。

② 亳州市是一个特例，其规定是"每两年集中调整一次"。

第一,主观上缺乏工作动力。围绕这一情形,各地有不同的表述。例如,三亚市和湖北省的规定是"连续两年绩效考评不合格"。安徽省及安庆等市的规定是"连续两年未参与省人大常委会组织的相关立法活动"。当然,一些地方的表述也很笼统,其中以"未按照要求履行工作职责"及类似表述最为常见。

第二,客观条件上不再具备履行联系点职责的能力。例如,辽宁省规则的第十四条规定了两类情形,分别是"缺少熟悉工作的人员不能发挥作用"以及"因行政区划调整、机构改革导致地域分布、领域分布、组织形式等不再具有代表性或者单位被撤销的"。

第三,出现违法违规行为。各地规则中出现较多的导致撤销的情形包括"泄露国家秘密和其他不能公开的信息""严重违反立法活动规定""违反国家法律法规"。

各地工作规则主要出台于 2015—2016 年,第一批设点工作也大多在此时完成。以五年推算,近一两年应是该批联系点进入届满调整的密集期,但从现有公开资料,尤其是媒体资料中很难找到各地对联系点进行调整或撤销的情况。从笔者了解到的有限信息来看,在实际工作中导致联系点被调整的主要原因往往不是其主观上缺乏工作动力或出现违法违规行为,而是客观因素居多,如立法工作重心调整、当地发展战略和规划调整等。但与此有关的规定实际上并未出现在目前搜集到的任何规则文本中。

五、联系点工作职责

联系点工作职责方面的规定占各地工作规则文本中的相当篇幅。各地一般采用列举的办法,将其细分为五到八条具体职责。这些工作职责大体有两个方面,即立法工作和法治宣传工作。当然,一些地方也有其他职责上的规定。

通过基层立法联系点搭建立法工作与广大基层的直通车,以此加强立法工作,这是该制度的核心价值属性。各地规则中,首先体现的就是联系点在立法方面的职责。值得注意的是,从规则文本中可以看出各地普遍以立法全过程的思维确定联系点在立法方面的职责。即不但强调联系点应完成具体立法草案征询意见工作,还将其向前延伸到立法规划制定和立法的前期调研准备阶段,向后延伸到立法后评估工作中。其中,上海的规则按照"立法前""立法中""立法后"的顺序对联系点职责进行了概括,具有典型性。

(1)在立法前,组织征求对市人大常委会五年立法规划、年度立法计划草案的意见建议,应邀参加、受委托或者自行组织开展相关立法前期调研;

(2)在立法中,组织征求对法律法规草案、决定决议草案的意见建议,应邀参加相关立法调研、座谈等，协助市人大各部门赴联系点开展相关立法调研；

（3）在立法后，协助市人大各部门开展法律法规实施情况调研、收集法律法规实施过程中存在的问题和修改完善建议以及立法后评估等工作。

上述第三点中出现的"协助市人大各部门开展立法方面的工作"等类似条款也普遍出现在各地规则中。其中，提及最多的是协助开展考察和调研工作。从一些媒体公开报道的资料中可以看出，该项工作已经成为各联系点工作的一个重点。其具体实施方式为基层立法联系点利用熟悉辖区事务和人员的优势，具体组织承办立法意见征询会（及类似的活动）。会议实际召开时，由人大常委会相关同志和立法联系点负责同志共同主持。相比联系点自身组织立法征询活动后整理上报与会群众意见的做法，这种常委会和联系点共同完成的立法调研工作能够更快且"原汁原味"地将基层建议传导进常委会的立法程序，具有更好的效果。

各地规则中关于联系点在立法工作方面职能的规定不仅以立法项目和立法规划为中心。一些地方的规则中还有要求联系点应当反映基层组织、群众提出的立法建议和要求的相关条款。如安庆市规则的第九条第四款规定："收集本市地方性法规实施中存在的问题并向市人大常委会相关工作机构反映；收集公民、法人和其他社会组织对立法工作的意见和建议并向市人大常委会法制工作委员会反映。"各地规则中的此类条款与上述侧重立法工作的条款形成互补——前者以立法项目为中心，后者则强调联系点应当成为社会各界对立法工作意见建议输入的渠道，是对前者的进一步补充，也是对联系点完善立法工作能力的进一步提升。

与立法职责相对应的是法治宣教职责。相关条款在大多数地方的规则中都有所体现。例如，中山市的规则要求联系点"协助开展法制宣传活动，探索法制宣传的有效途径、方式，增强实效性"，佛山则要求"基层立法联系点应当结合本地本单位实际，开展法治教育及本市地方性法规宣传普及活动"。① 汕头市的规定则更加细致一些，其基本上将该工作的运行逻辑呈现了出来："把法律法规草案征求意见等工作与普法宣传结合起来，广泛吸收引导基层干部群众参加讨论，把征求意见的过程变成宣传普及法律法规的过程，营造法律法规实施的良好社会氛围。"成都市则进一步要求联系点"协助宣传我市生效的地方性法规"。

相关规定意味着各地已经注意到联系点制度除了能够提升立法工作质量，还有普法的"附加价值"。当然，类似的工作要求不是联系点制度的特色。涉及

① 各地规则文本中，有使用"法治"这一术语的，也有使用"法制"这一术语的。二者表述的意义没有显著差异。

人大及其代表与群众联系的制度中往往有类似条款。如宁波市海曙区人大制定的《人大代表联络站工作职责》中也有"宣传宪法、法律、法规和乡镇人民代表大会及主席团,区人民代表大会及其常委会决定、决议,开展人民代表大会制度和民主法制的宣传和教育,推进基层民主法制建设"等类似表述。

除了上述两方面普遍性的内容外,一些地方也有值得注意的制度探索体现于规则文本中。例如,三亚市的规则中将联系点征求意见的范围从地方性法规延伸到决定决议,意味着联系点的职责从立法工作延伸到了重大事项决定工作的范围。与之类似,廊坊的规则要求联系点收集并反馈有关规范性文件的实施情况以及对市人大常委会规范性文件备案审查工作的建议和意见。

六、联系点工作方式

该部分内容主要是对联系点的制度运行模式进行规定。各地规则文本在这一方面的规定较为笼统,主要涉及两方面内容。

其一是规定联系点必须提供能够保证其基本履职所需的人力物力。多地规则中一般都有"应配备至少一名负责人和一名联络员"的表述。云浮、潮州等地的规定还进一步要求"将负责人和工作人员的联系方式通过适当形式在当地公示,方便人民群众反映意见和建议"。三亚市的规则在此基础上又做了拓展,规定"立法联系点可以结合自身实际,在所在区人大常委会的支持下,充分发挥本地区或者本行业、本系统内各级人大代表的作用,吸收具有一定法律基础知识和实践工作经验的人员参与立法联系点工作"。相比对人力资源支持的要求,对场地条件做出要求的规则数量明显较少。此类例子如恩施州规则的第九条规定"基层立法联系点所在单位应当为基层立法联系点提供必要的工作场所及办公所需条件"。这一对比从一个侧面说明基层立法联系点工作开展得好坏,关键在人,而非场地等物质条件。

其二是对联系点开展活动的方式进行规定。在此方面,各地规则普遍定得较宽泛,一般提及的工作方式包括座谈会、调研会等。一些地方的规则还专门规定联系点应尝试通过互联网进一步拓宽意见征求渠道。

其中,苏州市的规则从五方面对联系点工作方式做了较为清晰的表述:

(1)实地调研。协助市人大专门委员会、市人大常委会工作机构在基层立法联系点进行的立法调研。

(2)书面征求意见。受市人大专门委员会、市人大常委会工作机构的委托,就相关立法工作开展调研、论证,并汇总、反馈书面意见和建议。

(3)参加会议。参加市人大专门委员会、市人大常委会工作机构召开的立法座谈会、听证会、论证会等活动。

（4）自主履职。结合基层人大开展的执法检查、视察、议案等工作，听取并反映对地方立法工作的意见和建议。

（5）电话和网络咨询、讨论等其他方式。

成都市的规则则是以立法意见征求工作流程的角度，以"接受任务""前期解读学习""制定工作方案""征求意见建议""咨询专业人士""汇总意见"六个步骤为顺序，逐一明确了其工作方式。

此外，苏州市规则的另一个亮点是突破了"人力物力保障"的简单规定，以五条具体措施明确了联系点自身制度建设工作的方式：

（1）建立和完善基层立法联系点本身的工作制度；

（2）在乡镇人大、街道人大工委确定一名负责人和联络员负责基层立法联系点工作；

（3）建立由乡镇、街道有关部门、基层自治组织、企事业单位相关人员和人大代表、律师等人员组成的工作网络；

（4）有专人接待群众提出立法意见和建议，并认真做好记录；

（5）有年度工作计划和工作总结。

七、联系点工作保障机制

各地普遍在规则文本的最后部分规定了常委会对设点单位的工作保障和支持机制。这些机制可以概括为五个方面：信息保障、经费支持、人力资源保障、工作指导以及激励条款。

信息保障机制主要体现于立法信息的供给上。由于除少数法律应用型单位外，大多数联系点设点单位并不专门从事法律相关工作，立法信息的供给成为常委会信息保障的重点。立法信息保障中最核心的工作是向各点提供法律法规。此外，多地规则也包含向联系点提供学习资料、书籍、人大机关刊物等。如上海市的规定要求"常委会法工委定期向联系点寄送法律书籍、法律法规草案、法规草案背景材料、法制参阅材料等立法相关工作信息和资料"。

另一种类型的信息保障机制是邀请立法联系点负责人或工作人员旁听市人大常委会会议，以及列席调研会、听证会、立法研讨会等相关立法工作会议。在实践中，邀请旁听或列席的机制起到的效果是多重的。除了保障基层立法联系点能够更快速且全面地领会立法精神，以便更好地开展基层立法意见征询工作，它至少还有两方面作用。其一是加快信息的自下而上传递，即联系点利用列席会议的机会，将基层群众的意见直接输入到立法程序中去。通过这一渠道传递的信息省去了流转处理的环节,能够起到比书面报告更好的效果;其二是激励作用。笔者接触到的资料表明,一些地方的人大常委会领导已经意识到该机制的这一作用,并提出了邀请联系点中建言献策积极群众旁听会议等可能的制度创新。

各地规则中普遍规定了经费支持。简单的如延边州仅规定"为基层立法联系点提供必要的工作经费",较为详细的规则会对经费具体来源做规定,其中提及最多的是年度立法专项经费。汕头市的规则对经费使用还做了较为详细的规定。

联系点运作经费主要用于以下支出:

(1)联系点硬件设施配备、日常办公等支出;

(2)从事本规则所列各项工作产生的支出,包括调研费、会议费、差旅费、专家咨询费、印刷费、资料费、非国家机关工作人员误工或者误餐补助等支出;

(3)培训费等支出;

(4)其他用于联系点建设和开展立法工作有关的支出。

联系点运作经费应专款专用,不得截留或者挪作他用。联系点应当按照市级财政部门的要求于每年 12 月 20 日前向市人大常委会办公室报送。

各地文本中提及常委会对联系点提供人力支持的内容不多。其中,上海和成都两地的规则中有常委会法工委干部赴点挂职或蹲点调研的规定。在实践中,该工作在包括全国人大常委会法工委在内的各级各层人大常委会机关都有所开展。上海市的规则中还进一步规定"建立健全联系点志愿者服务工作机制,推动高等院校法律专业在校学生协助联系点开展基层立法民意的汇总、分析,修法意见和建议的归纳、提炼等工作"。该条为此规则在 2020 年修订时新增,是对近年来上海市人大常委会开展的一些制度实践经验,特别是与华东师范大学法学院合作建立全国首支基层立法联系点志愿者服务队的经验所做的总结。

从各地规则来看,常委会对设点单位的工作指导主要是以组织各联系点负责同志开展工作交流和培训,以及通过机关杂志、刊物和网站等渠道推广工作经验的形式进行的。例如,亳州市的规则中规定"利用亳州人大网、《亳州晚报》等,介绍推广基层立法联系点经验做法",并且"组织基层立法联系点开展调研活动,支持基层立法联系点之间开展工作交流"。从制度理论的角度来说,常委会对设点单位的上述工作指导方式,既是一种支持机制,也是促成制度创新向外扩散的重要机制。

值得一提的是,各级地方人大常委会在开展联系点工作时,存在效仿上级人大常委会做法的现象。研究在梳理各地规则文本时发现同一省中,省和市的规则文本通常存在相当多的相似性。例如，湖北各市级人大常委会制定的工作规则文本与湖北省人大常委会制定的规则文本中明显存在不少"雷同"之处，襄阳市的文本中有数条规则几乎就是湖北省规则文本中将"省"字替换为"市"字的产物。这种主动的模仿也是制度扩散的机制之一。

而在激励机制方面，除了上文提及的邀请列席旁听外，一些地方还规定了奖励措施。但包含此类内容的常州、宜春、湘潭等地规则中仅将其笼统表述为"对成绩突出的予以表彰"或类似文字。

八、结　语

对于处于发展演变阶段的制度来说，制度文本总是滞后于制度实践的。由于两方面原因，基层立法联系点制度文本的滞后性更加明显。一方面，基层立法联系点制度正处在各地积极探索实验的阶段。特别是 2019 年 11 月习近平总书记视察虹桥街道联系点以来，一些地方的联系点制度在形态和功能范围上出现了许多新的进展。例如，上海闵行区委依法治区办在编制地方"十四五"规划工作中，利用联系点联通基层的优势开展群众意见征集工作；一些地方在选点方面更加灵活多样；以上海为代表，一些地方的联系点开始打破单纯在点上组织立法意见征询会的模式，探索更丰富的工作形态。2020 年 8 月，虹桥街道全国人大常委会法工委基层立法联系点赴华东政法大学附属中学召开《中华人民共和国未成年人保护法》二审修订草案意见征询会。参会学生积极发言并形成了 17 条修改意见。其中 1 条获全国人大常委会采纳。在这一活动中，原本缺乏建言渠道但却是该立法重要调节对象的未成年人获得了提出立法意见的机会。同时，这项活动本身就是一个极佳的法治宣传活动。类似上述这些制度创新上的新进展，尚待制度文本加以总结深化。

另一方面，全过程民主实践的不断深入，客观上要求人大制度担负起民主实践主渠道作用。[①] 而基层立法联系点制度作为其重要组成部分，势必将获得更大的制度空间，并将沿着纵向（立法全过程）和横向（立法之外的其他职能）两个维度继续深化。这些制度上的进展也需要制度文本及时加以总结。事实上，前引上海市人大常委会在 2020 年新修订的联系点工作规则中对联系点在立法事前、事中、事后各阶段工作的规定，已经在试图呼应全过程民主的内涵。

虽然联系点制度规则相比实践有一定滞后性，但本文的梳理仍能在一定程

---

① 程竹汝：《人大制度内涵的充分展现构成全过程民主的实践基础》，载《探索与争鸣》2020 年第 12 期；桑玉成：《拓展全过程民主的发展空间》，载《探索与争鸣》2020 年第 12 期。

度上反映出联系点制度存在一些概貌性的特征。基于以上分析,本文认为以下三个问题值得未来研究予以进一步探索。

其一,联系点选点方式与联系点绩效之间关系。各地规则文本反映出两类设点逻辑,一是突出点的代表性专业性,强调覆盖各领域,二是突出社会意义上的基层,将点全部或大部分设在乡镇、街道或基层人大,力图贴近基层群众,但可能导致一些涉及专业领域和工作的立法缺乏征询对象。两类设点思路会导致什么样的联系点工作绩效差异?有何制度手段可以弥补两类选点方式各自的缺陷?上述两个问题值得进一步思考。

其二,人大代表在联系点工作中的角色定位问题。纵观各地联系点工作规则,除深圳明确将点设在代表社区联络站外,几乎没有出现人大代表的"身影"。一些联系点为提升立法意见征集座谈会等活动的质量和效率,会尝试引入外聘专家。这些专家大多是律师或法学专家。联系点制度作为对既有民主立法途径的补充,确实强调搭建基层组织和个人与立法过程间的直连通道。但在这个过程中,人大代表似乎不应缺位。尤其是在探索全过程民主建设的大背景下,联系点在立法意见征询职能之外可能延伸出更多的职能,乃至成为基层民主的重要形式之一。在这一背景下,人大代表如何有机融入联系点工作,成为一个重要问题。

其三,也是最为根本的问题,是如何不断提升立法联系点工作的质量。联系点工作质量的提升是一个系统性的工作,制度规则在其中的作用不容忽视。客观上来说,各地规则在上述六方面的规定总体上较为笼统,联系点工作中的一些核心环节仅"点到为止",缺乏流程和绩效目标等方面的细化约束。举例来说,如果规则没有对常委会采用和反馈联系点立法意见的流程和时限作规范,则联系点与常委会之间不能建立常态化的工作互动机制,立法征询工作将面临流于形式化的危险。

上海市人大常委会基层立法联系点功能拓展研究

张　咏*

2019 年 11 月，习近平总书记视察上海市长宁区虹桥街道基层立法联系点，充分肯定其民主意义和价值，指出"人民民主是一种全过程民主"。2021 年 10 月，习近平总书记在中央人大工作会议上，将全过程人民民主解读为"全链条、全方位、全覆盖的民主，是最广泛、最真实、最管用的社会主义民主"。② 12 月 19 日，学习贯彻党的十九届六中全会和中央人大工作会议精神、持续深入学习贯彻习近平总书记关于坚持和完善人民代表大会制度的重要思想交流会上，中共中央政治局常委、全国人大常委会委员长栗战书指出，要坚持人民当家作主，不断发展全过程人民民主。要进一步健全完善发展全过程人民民主的机制和平台，使人大各项工作建立在坚实的民意基础之上。③

为深入学习贯彻习近平总书记讲话精神以及栗战书委员长的要求，更好地理解"全过程人民民主"重大理念和发展全过程人民民主，上海市人大常委会积极将基层立法联系点功能由"立法中"向"立法前""立法后"两端延伸，使其逐渐成为服务于"参与立法、监督执法、普法守法、社会共治"的"建言站、直通车、助推器、宣传台"，也成为实践和发展全过程人民民主的有效平台。④ 尽管功能拓展丰富了基层立法联系点实践全过程人民民主的内涵，但其并非"立法程序"下的全过程，也产生了一些问题。笔者通过爬梳文献、专题座谈、访谈学者及实地走访等方式展开调研。通过参鉴基层立法联系点的创新做法，广泛听取建议，在梳理功能拓展的沿革与现状，肯定其积极意义的基础上，从指导思想、功能定位、具体步骤等方面，探索功能拓展的实现路径，对进一步发挥基层立法联系点作用，促进全过程人民民主再创新再实践提出建议。

---

　　* 张咏，上海市人民代表大会社会建设委员会。
　　② 何雅君：《在虹桥街道基层立法联系点，见证"全过程人民民主"的实践》，载《新闻晨报》2021 年 7 月 27 日第 2 版。
　　③ 栗战书：《切实肩负起新时代新征程赋予人大的新使命新任务　推动人民代表大会制度优势更好转化为国家治理效能》，载《人民日报》2021 年 12 月 20 日第 1 版。
　　④ 郑辉、张明君：《践行"全过程民主"的实践探索与理论思考——以上海市人大常委会基层立法联系点为视角》，载《人大研究》2021 年第 4 期。

一、基层立法联系点功能拓展的沿革与现状

(一)基层立法联系点的历史沿革

基层立法联系点设立以来,大致经历了"地方实验—制度扩散—深化拓展"三个阶段。2015 年以前,部分地方人大常委会开始有关制度尝试,甘肃省人大常委会设立"地方立法联系点",四川省人大常委会设立"法制工作联系点"。各地人大常委会使用的名称有所差异,但本质功能相同,此时处于"地方实验"阶段,尚未建立完备的制度运行规则。

2015 年 7 月至 2019 年 11 月,是"制度扩散"阶段。2015 年 7 月全国人大常委会法工委布局湖北襄阳、江西景德镇、上海虹桥和甘肃临洮等四个基层立法联系点。随后更多地方人大常委会设立基层立法联系点,在制度设计时有较强的向上模仿与互相参考的特点。①

2019 年 11 月,习近平总书记考察全国人大常委会法工委基层立法联系点虹桥街道,首次指出"人民民主是一种全过程民主",标志着进入"深化拓展"阶段。2021 年 10 月,党中央首次召开中央人大工作会议,习近平总书记深入阐述全过程人民民主,各地纷纷探索基层立法联系点在职能方面的深化和拓展。②

上海已开展基层立法联系点功能拓展的制度化构建。2020 年 11 月,市人大常委会第六十一次主任会议通过《市人大常委会关于深入学习贯彻习近平总书记在上海基层立法联系点考察时的重要讲话精神,充分发挥人大在推进全过程人民民主探索实践中的作用的意见》,其中第(四)项提出,推动功能从参与立法向监督执法、促进守法和宣传普法延伸。2021 年 5 月,市人大常委会第七十一次主任会议通过《上海市人大常委会基层立法联系点工作指引》,也要求基层立法联系点拓展新功能。

(二)功能拓展工作的推进现状

对功能拓展的具体内涵,上海市人大常委会的工作指引指出,探索联系点"在参与立法、监督执法、促进守法和宣传普法各环节的功能拓展"。浙江省嘉兴市人大常委会、江苏省人大常委会甚至有工作人员指出,要发挥基层立法联系点在立法、执法、司法、守法、普法等环节中的法律地位和功能。实践中,上海

---

① 《人大常委会探索设立基层立法联系点制度基层群众参与国家立法搭上"直通车"》,载中国人大网,http://www.npc.gov.cn/npc/c30834/202111/3d9856820f4344379ffb7e39af9ca350.shtml。

② 习近平:《在中央人大工作会议上的讲话》,载《求是》2022 年第 5 期。

市基层立法联系点通过调研、走访、座谈等形式,不断拓展功能,主要在以下方面发挥职能。

其一,参与立法选题工作。基层立法联系点对市人大常委会五年立法工作规划及年度立法工作计划提出意见,反映群众提出的立法意见。如崇明区农业农村委起草了有关本市制定乡村振兴法实施办法的调研报告,建议市人大2022年制定相关法规。[①]

其二,增加立法起草、审议过程的民主性。基层立法联系点通过参与市人大各专门委员会、常委会各工作机构组织的立法调研、听证、论证等活动,对热点难点问题开展调研论证,为科学立法决策提供依据。部分基层立法联系点甚至邀请利益相关人士莅临市人大常委会法案审议现场提出意见,类似国外议会的委员会听证程序。如江宁路街道联系点联系网吧业主、零售商店店主和商务楼物业经理前往市人大常委会,参与控烟条例的审议。[②]

其三,服务监督立法效果。基层立法联系点通过走访、座谈、问卷等形式,反映法规实施中遇到的难点问题,提出修改完善的建议。目前主要有两种参与监督的途径:一是没有监督权的基层立法联系点,通过参与市人大常委会、市人大专门委员会组织的监督项目,为其开展法律实施情况检查、科学准确评估立法效果提供一手样本。二是基层人大常委会、司法部门等自身具有监督职能的基层立法联系点,自行开展监督,将结果反馈至执法部门。

其四,创新普法守法形式。宣传普法或促进守法目的不同,前者是为了让民众广泛了解法律,后者是为了让民众自觉遵守法律。但二者也存在共通点:一方面,均针对群众实施;另一方面,宣传普法能使民众潜移默化地接受法律熏陶,增强法治意识和守法观念,达到宣传普法与守法教育同步的效果。因此,本文将普法守法一并探讨。实践中基层立法联系点创新普法方式,同时注重阐释,让公民在理解的基础上自觉遵守法律。如嘉定工业区管委会联系点稳抓线上线下两条线,线上依托公众号、新媒体平台等畅通信息采集点横向、纵向沟通渠道普法;线下在实体化阵地基础上,打造法治成果展示、普法教育空间载体。[③]

其五,促进民主协商提质增效。基层立法联系点致力探索民主协商的新途

---

① 《擦亮践行全过程人民民主最响亮品牌》,载上观新闻公众号,https://sghexport. shobserver. com/html/baijiahao/2021/09/24/545780. html。

② 《传递立法民意,江宁路街道基层立法联系点让更多人参与城市治理》,载上官新闻公众号,https://sghexport. shobserver. com/html/baijiahao/2020/12/22/318724. html。

③ 嘉定工业区管理委员会:《畅通企情民意直通车,践行人民民主全过程》,载上海人大官网,http://www. spcsc. sh. cn/n8347/n8401/u1ai223537. html。

径,如上海市街镇工作协会立法联系点通过民情恳谈会、民情询问函、民情日记和民情信箱等形式,鼓励居民协商、讨论。同时,基层立法联系点有利于拓宽人大立法协商途径,通过将立法座谈会和论证会下沉到街道、社区和基层组织等,使基层声音从间接表达转为直接表达。如上海海通证券联系点邀请法国巴黎银行、安联寰通资管公司等外资企业代表座谈,就《上海市外商投资条例(草案)》交流意见。① 此外,部分基层立法联系点利用较成熟和制度化的法治资源,成为地方加强法治工作中民主协商成分的抓手。如上海闵行区七宝镇联系点与区委依法治区办对接,就依法治区"十四五"规划征求意见。②

其六,拓展社会共治空间。基层立法联系点能促进社会治理创新,达到立法意见征集、法治宣传、社会共治的有机统一。许多基层立法联系点借助法案征询意见的时机,或与人大代表"家站点"合并实现资源整合,收集社情民意,将居民意见落实为社会治理项目。此外,基层立法联系点还能拓宽基层民主的教育和实践渠道,在民主政治知识普及、习惯养成和参与训练方面发挥作用,民众行使知情权、参与权、监督权的积极性及质量都明显提升。如绿色建筑协会联系点成立青年委员会,打造青年参政训练的平台,鼓励青年提出建设性意见。③

二、基层立法联系点功能拓展的必要性

(一)促进贯彻全过程人民民主重要论述,更好地保证人民当家作主

习近平总书记在中央人大工作会议上全面阐述了关于民主的立场、理念、观点,指出人民代表大会制度是实现全过程人民民主的重要制度载体。2021年3月,"全过程民主"写入《中华人民共和国全国人民代表大会组织法》;10月,地方组织法修正草案一审也写入"坚持全过程人民民主"。全过程人民民主要求把"以人民为中心"贯彻到全面依法治国的具体实践中,在立法、执法、司法、守法等各环节保障人民权利。这就要求基层立法联系点积极探索新功能,在人大制度建设和具体工作中更好地保障民众权利。

(二)深入贯彻习近平法治思想,加快推进全面依法治国

习近平法治思想是全面依法治国的根本遵循和行动指南,为推进全面依法

---

① 上海人大:《察民情、聚民智! 当基层立法联系点"证券+"》,载澎湃新闻网,https://m.thepaper.cn/baijiahao_10109047。

② 上海市闵行区司法局:《开门立规划,区委依法治区办赴七宝镇基层立法联系点听民意、聚民智!》,载网易新闻网,https://www.163.com/dy/article/FJCLQ2H40534128V.html。

③ 全国人大:《上海:打造"全过程人民民主"最佳实践地》,载全国人大网,http://www.npc.gov.cn/npc/kgfb/202108/9feaa09e60ca4f8f85b8a1cc697bec74.shtml。

治国的重点工作提出了"十一个坚持"的要求。其中,坚持全面推进科学立法、严格执法、公正司法、全民守法,是新时代法治建设的"十六字"方针。全面依法治国意味着要在立法、执法、司法和守法等环节都保障人民合法权利,实现立法、执法、司法和守法的有机统一。基层立法联系点是全面推进依法治国的助推器,参与立法可以促进法律的科学性,服务监督执法能确保法律得到良好实施,开展宣传普法可以促进公民对法律的遵守与认可。可见,基层立法联系点的功能拓展,是保障全面依法治国的内在要求。

(三)加快推进国家治理体系与治理能力现代化

基层治理是实现国家治理体系和治理能力现代化的基石,是提升社会治理有效性的基础。习近平总书记指出:"党的工作最坚实的力量支撑在基层,经济社会发展和民生最突出的矛盾和问题也在基层,必须把抓基层打基础作为长远之计和固本之策。"①基层立法联系点功能拓展可以使基层单位和群众有更多机会参与社区治理,激发民众参与协商的热情和基层自我管理的能力,成为基层协同共治的新渠道。如此,可以打通公共治理的"最后一公里",将人民民主的制度优势充分转化为城市治理效能。②

三、基层立法联系点功能拓展的问题与应有定位

(一)功能拓展产生的问题

从基层立法联系点自身而言,一方面,功能复合将增加工作量,基层立法联系点资源有限却要应对多方面工作,可能影响工作效率。另一方面,功能拓展意味着,基层立法联系点难以将全部精力集中于征集民众关于法律草案意见的原有功能,变成"全功能联系点",可能导致"全而不精"。

从与其他联系点的关系而言,基层立法联系点容易与其他联系点竞合。法律制定属于各级人大及其常委会的法定职权,但其他功能拓展工作的牵头负责部门各有不同,如拥有监督权的公权力部门除人大及其常委会外,还包括司法部门、纪检监察机关与审计机关。目前,司法部已开始试点基层行政执法监督联系点,旨在收集优化法治化营商环境、基层综合执法和涉及行政执法的社情

---

① 郭光文:《别开生面的学习会》,载《人民日报》2020 年 11 月 20 日第 5 版。
② 张维炜:《国家法律由人民制定——基层立法联系点践行全过程人民民主纪实》,载《中国人大》2021 年第 21 期。

民意。① 为充分发挥功能拓展作用,牵头部门本应充分合作,但由于信息鸿沟等因素,可能造成沟通不及时、资源浪费等问题。

此外,部分拓展的功能与联系点的"基层"属性有所背离。部分省市人大常委会指出,要发挥基层立法联系点在司法环节中的法律地位与功能。② 全过程人民民主虽然要求把"以人民为中心"贯彻到立法、执法、司法、守法等依法治国全过程,但司法应有中立性与被动性,司法民主应有限度,目前主要依靠人民陪审员、人民监督员与舆论监督的方式实现。笔者以为,基层立法联系点在司法方面发挥功能,可能指在部分基层立法联系点设置法院巡回法庭,这其实是通过典型案件审理进行普法,打造法治实践示范点,并非为推进司法民主。

(二)功能拓展的指导思想与应有定位

1. 指导思想

党的十八大以来,中华民族进入伟大复兴的关键时期,世界正经历百年未有之大变局。习近平总书记科学判断中国发展方位,在治国理政中把"守正创新"突出地提到全党面前,赋予守正创新在新时代党和国家事业改革发展中普遍性的指导意义。③ 基层立法联系点功能拓展是市人大常委会不断发展全过程人民民主,加强和改进新时代人大工作的重要抓手。因此,也应以"守正创新"作为功能拓展的指导思想,在守正创新中推进基层立法联系点高质量发展。

守正即坚守正道。习近平总书记指出:"要坚守正道、追求真理。"守正要求我们尊重客观规律,按规律办事。立法过程分广义与狭义,狭义指正式立法阶段,即法律的起草、审议、表决与通过、公布;广义指立法规划、计划等立法准备阶段,由法案到法的正式立法阶段,立法后评估、法律解释、修改、补充、废止等立法完善阶段。基层立法联系点最初由全国人大常委会法工委创设,原始功能立足于狭义立法过程,但参与监督执法、普法守法、民主协商等功能超出广义立法过程,涉及依法治国全过程。守正要求从客观事实出发,意味着功能拓展不能漫无目的,应与广义立法过程有紧密联系,若超出则应确保不会产生严重负面效果。

创新即革故鼎新。习近平总书记指出:"当今世界,变革创新的潮流滚滚向前。"创新是主体有意识地超越常规,实现实践或思维的突破性发展,并获得新

① 济宁市司法局:《济宁:聚焦"三项制度"推进行政执法规范化建设创新发展》,载澎湃新闻网,https://m.thepaper.cn/baijiahao_4871293。

② 江苏淮安市人民代表大会常务委员会:《试论基层立法联系点的法律地位和功能》,载淮安人大网,http://rd.huaian.gov.cn/bmdt/content/16172064/1619335646594UXaGgF7Y.html。

③ 黄庭满:《深入学习领会习近平总书记关于守正创新的重要论述》,载新华网,http://www.xinhuanet.com/politics/2021-05/18/c_1127460112.htm。

的成果。虽然基层立法联系点设立的初衷是直接听取立法民意,但并不意味着其仅能固守原始功能,尤其在全过程人民民主理念的指导下,功能拓展势在必行。基层立法联系点功能拓展能丰富人民民主形式、创新人民民主实践,总体上应肯定其效果,只是须在"守正"的前提下开展。

2. 应有定位

(1)参与监督执法。参与监督执法与广义立法过程的"立法后评估"存在内在联系,理论上立法后评估包含监督执法的内容,包括法规实施的成效、存在的问题及改进的建议,是否与上位法相抵触,规定是否切合实际,是否有针对性和操作性等。实践中,监督执法也蕴含着立法后评估的内容,尽管其更倾向于法律执行情况。因此,功能拓展至参与监督执法具有内在合理性。

(2)延伸普法半径。基层立法联系点通过宣传让群众学习法律,使地方立法工作建立在更可靠的群众基础之上,更有利于人民群众认可、遵守法律。宣传普法、促进守法是法律公布的延伸目的,其中,宣传普法是在更大范围、更深程度上的法律公布;而促进守法能实现社会秩序在法律框架内的稳定性,是法律公布最终的目的。因此,可以将功能拓展至普法守法。

(3)推动民主协商。部分基层立法联系点探寻民主协商的新途径,挖掘百姓喜闻乐见的协商形式。基层立法联系点的初始功能"促使群众参与立法",能有效拓宽立法协商的主体范围,乃至将人大协商从立法协商扩展为法治工作诸环节诸领域上的协商。① 其中,立法协商发生于法案到法的狭义立法过程。至于法治工作全环节的民主协商,虽然超过广义立法过程,但不会产生严重不利后果,只是便民手段。因此,联系点制度可以与协商民主制度整合。

(4)拓展共治空间。虽然基层立法联系点功能拓展至民主管理、社会共治与广义立法过程无关,但该功能并非核心功能,不具独特性,基层行政执法监督联系点或是人大代表"家站点"均可以发挥相应功能。因此,基层立法联系点在能力范围内,依据自身特色,可以有限度发挥民主管理的功能。如浦东新区工商联立法联系点探索建立了中小企业服务机制,帮助资金链出现问题的公司及时获得贷款,第一时间为民众纾难解困。②

综上,基层立法联系点功能可拓展至服务于"监督执法、普法守法、民主协商与社会共治"。当然,各拓展功能间并非单纯叠加关系,基层立法联系点应在

---

① 严行健、贾艺琳:《后发优势与制度嵌入:"全过程民主"探索中的基层立法联系点》,载《人大研究》2021 年第 3 期。

② 上海市工商联:《浦东:聚民意民智,暖民生民心——区工商联基层立法联系点被列为沪上十个百姓满意的基层实践》,载澎湃新闻网,https://m.thepaper.cn/baijiahao_11724383。

不影响参与立法这一核心功能基础上,根据委托事项或邀请,依据自身特色和能力拓展功能,将征集立法意见与其他工作结合,以各展其长。①

四、如何开展功能拓展工作

(一)夯实工作基础

基层立法联系点要进行功能拓展,必须在思想认识、软硬件基础、评估机制方面予以充分准备,为履职提供保障。

1. 深刻认识功能拓展的意义,探索功能拓展工作。首先要明确,基层立法联系点功能拓展,是践行全过程人民民主、贯彻全面依法治国思想、推进国家治理体系与治理能力现代化的应有之义。因此,要培训工作人员,在思想上统一认知、提高站位,进一步认识功能拓展是保障人民当家作主的必然要求,加强对自身功能定位的理解,针对自身特色针对性拓展功能。

2. 夯实软硬件基础配置,保障工作效率。其一,加强队伍专业化建设。基层立法联系点应聘请法律专业且有精力参与立法活动的工作人员。由常委会法工委定期前往指导,组织基层立法联系点负责人和工作人员学习培训,并派遣干部前往交流挂职。其二,市人大常委会应细化经费使用标准,对基层立法联系点经费使用给予更多指导。其三,基层立法联系点应健全工作规则或方案,明确组织机构、工作职责、办公流程和相关制度。其四,市人大常委会法工委应搭建交流平台,通过工作群定期研讨,实时共享信息;利用市人大网站、《上海人大月刊》等杂志,推广功能拓展的工作经验,加强理论探讨和经验交流。

3. 配套科学合理的评估机制,提高工作质效。推进评估标准化建设,是构建评估机制的前提。市人大常委会应重点围绕基层立法联系点功能拓展状况,设置并推广科学合理的评估标准和指标,具体建议见附表。在此基础上,常委会可以通过走访、座谈、问卷等方法,深入调研功能拓展工作,对标相关评估标准与指标,评估功能拓展的进展,发现问题。同时,相关部门可委托如科研院所等专门机构作为独立第三方开展平行评估研究,对功能拓展的现状、效果和问题等进行评估,形成评估报告并提出优化完善建议。此外,各基层立法联系点也可以自查,或与其他基层立法联系点互查,或协助市人大常委会开展调研,对

---

① 上海人大工作研究会办公室:《落实全过程人民民主推进基层立法联系点功能拓展》,载《上海人大月刊》2021 年第 9 期。

标评估标准与指标,发现功能拓展工作的不足并加以改进。

(二)具体功能拓展

1. 参与广义立法过程。基层立法联系点原始功能即鼓励群众参与立法,其他功能均围绕其延展。但参与立法也有功能拓展的空间,即从狭义立法过程拓展至广义立法过程。在立法准备阶段,由基层立法联系点组织征求对五年立法规划、年度立法计划草案、需列入下年度立法计划的项目等提出意见。在立法完善阶段,跟踪条例实施情况,收集对条款改进的意见。要更好地发挥参与立法功能,还必须促进立法意见征询的规范化,拓宽信息采集渠道。采集意见前,基层立法联系点应及时公布立法资讯,向公众阐释法条内容、立法目的、征求重点。采集意见时,提高征询意见频次,通过官网、微信公众号等线上渠道,结合街头采访、深入社区等线下方式,拓宽征询类别与范围。同时,除被采纳情况外,对于未被采纳的意见也应构建反馈机制,提升群众参与积极性。此外,市人大常委会应健全基层立法联系点激励机制。一是建立奖励和退出工作机制。不片面追求意见采纳量,全面考察组织管理、自身建设、立法征询建议、赋能增效等工作,奖励工作突出的基层立法联系点,对效果不明显的实行退出机制。二是根据基层立法联系点选定的立法项目审议情况,分批组织旁听常委会会议等活动,增强工作人员荣誉感。

2. 提升监督执法实效。其一,基层立法联系点应制定并形成比较完善的服务监督工作流程与制度,既注重检查执法部门执法不到位的问题,同时也检查法律执行过程中需完善的情况。其二,除传统的调研、座谈会外,基层立法联系点可以创新监督方式,如以执法实践中的困境为主题开展法治观察会,在观察中监督,为执法困境出谋划策。其三,基层立法联系点需注重提升监督实效,应拓宽检查人员范围,吸收法律工作者、政府工作人员和群众参与检查。同时注重全过程监督,既征询群众关于监督立法项目的意见,也征询法律执行过程中存在的问题。其四,鼓励基层立法联系点围绕市人大常委会监督检查的事项开展调查研究。充分将课题研究与监督工作结合起来,提出意见,为市人大常委会做好形成监督议题和提高监督实效的基础性工作。

3. 丰富普法守法形式。就普法宣传而言。首先,基层立法联系点应坚持立法和普法相结合,将每次立法征询都作为一次普法宣传。例如,曹杨新村街道联系点开发了"立法直通车"小程序,实现意见征询和法律普及的结合。其次,基层立法联系点应丰富灵活普法形式,综合线上线下两种渠道,开展多层面、广覆盖、全过程的法治宣传活动。最后,注意加强普法针对性,发挥特点,根据不同受众与重点人群设计宣传方式。就促进守法而言。一方面,基层立法联系点应充分发挥植根基层的优势,鼓励群众参与立法,使其需求和价值更好地融入法律,促使民众自我规范。另一方面,基层立法联系点开展立法征询前应注重调研解读,将法律术语转换为通俗易懂的文字,向公众讲解被征询法律的内容、立法目的、征求重点及立法者原意,培养公民对法律的认知和认同,营造法律实施的良好氛围。

4. 搭建民主协商平台。基层立法联系点的功能创新还体现在协商方面,充分拓展了民主协商机制。基层立法联系点可以搭建多种形式、多方联动的民意协商平台、民意博弈平台,让不同的民意充分协商、博弈后达成平衡;或者通过培育人民建议征集点,与其他政府机构合作参与编制规划中有关"法治工作"的建议征询工作,促进依法行政乃至法治工作全链条中的民主协商。如长宁区虹桥街道在古北市民中心搭建古北市民议事厅、业委会沙龙、社区单位联席会议等平台,促使各方为社区建设发展提出建议,增强民众协商议事的意识和提高能力。① 杭州市"湖滨晴雨"工作室联系点建立了一套常态化机制,开展了"相约星期五""南宋御街建设大家谈"等活动。②

5. 服务基层民主管理。推进基层社会治理体系和治理能力现代化,需要平台、机制两方面支撑。就平台而言,基层立法联系点可与人大代表家站点等线下平台或者微信公众号等新媒体平台结合,打造形式多样的公共事务参与平台。此外,基层立法联系点应发挥基层民主平台在参与主体、参与形式和活动方式等方面的灵活性,丰富、完善基层民主实践和民主教育的平台与渠道。如与高校、科研院所、律师事务所等合作,通过建立实习生基地、实训基地等方式,推动实习生赴基层立法联系点实习。就机制而言,基层立法联系点可探索年度项目制,通过结合本地实际、自身特点,坚持问题导向,按照清单化、项目化要求,形成目标明确、责任落实、上下联动、合力推进的工作格局,推进基层治理现代化。如虹口区四川北路街道联系点成立了社区更新、法制宣讲、社区5G+三个项目小组,社区5G+项目小组针对辖区老龄化特点,推进研发智能反诈识别产品,帮助提升老年人识别风险的能力,维护社会安定。③

---

① 人民网:《古北市民中心:聚民意汇民智,社会管理创新的上海实践》,载人民网,http://sh. people. com. cn/n2/2021/0416/c134768 - 34679452. html,https://m. thepaper. cn/baijiahao_11724383。

② 湖滨晴雨:《"湖滨晴雨"工作室:触摸民主,感受民生》,载浙江在线新闻网站,http://hangzhou. zjol. com. cn/system/2013/09/24/019610608. shtml。

③ 四川北路街道:《建言采纳率14%!"石库门里的立法点"开启"思想众筹"模式》,载上海人大官网,http://www. spcsc. sh. cn/n8347/n8483/u1ai234500. html。

附表:基层立法联系点功能拓展工作考评标准

项目	考核内容
工作保障坚强(15分)	思想教育扎实
	队伍专业化水平高
	经费使用标准细化
	硬件设施完备
	规章制度健全
服务中心工作(15分)	意见征集频次高
	立法建议数量多
	参与立法人数多
	意见反馈机制完善
参与监督有力(15分)	相关流程与制度完善
	服务监督执法频次高
	监督意见数量多
	参与监督人数多
	监督执法实效性强
普法守法深入(15分)	参与普法人数多
	普法守法形式丰富
	普法宣传针对性强
民主协商活跃(15分)	民意协商平台丰富
	立法协商途径拓宽
	民主协商拓展至法治工作全环节
共治空间拓展(15分)	公共事务平台形式多样
	基层民主实践和民主教育渠道完善
	年度项目制落实
	密切联系服务群众
特色亮点鲜明(10分)	创新推出功能拓展实践、制度方面好做法、好经验
	荣获市级以上表彰奖励或者市级以上媒体宣传报道

全过程人民民主理念下基层立法联系点制度的发展与完善

赵思宇*

摘　要: 党的十八届四中全会通过了《中共中央关于全面推进依法治国若干重大问题的决定》,其中明确提出"建立基层立法联系点制度"这一崭新命题。此后,基层立法联系点在全国各地开始推广设立,从无到有、从有到兴,成为践行全过程人民民主理念的生动写照。但在实践和发展过程中,基层立法联系点制度的运行也面临着一些困境和问题,本文以全过程人民民主为视角出发,通过探讨基层立法联系点制度在践行全过程人民民主理念的理论基础与实践探索,进而分析基层立法联系点制度未来的发展方向及路径,以期为新时代进一步发挥与拓展基层立法联系点的功能与作用提供参考借鉴,更好地践行全过程人民民主。

关键词: 全过程人民民主;基层立法联系点;政府立法基层联系点;地方立法

基层立法联系点制度,是指立法机关立足基层人民群众直接参与国家立法的民主立法形式,在不同行业、领域选取一些基层单位作为联系点,并依托联系点吸收群众对立法工作意见建议的形式。2014 年 10 月,党的十八届四中全会通过了《中共中央关于全面推进依法治国若干重大问题的决定》,提出"建立基层立法联系点制度"这一崭新命题。伴随着全过程人民民主的基层实践不断深化,基层立法联系点已经成为体现人民利益、反映人民愿望、维护人民权益的重要载体,并初步形成国家—省—设区的市(自治州)基层立法联系点三级联动的工作体系。

一、联系点制度践行全过程人民民主的理论基础

"全过程人民民主"是社会主义民主政治的本质属性。党的十八大以来,以

---

* 赵思宇,肇庆市司法局立法科四级主任科员。

习近平同志为核心的党中央坚持走中国特色社会主义政治发展道路,全面发展全过程人民民主,社会主义民主政治制度化、规范化、程序化全面推进。基层立法联系点作为立法机关吸收群众立法意见建议的"桥梁纽带",一头连着立法机关,一头连着基层群众,是践行和发展全过程人民民主的生动缩影和鲜活载体。

(一)联系点畅通了群众直接参与立法的渠道

2019 年 11 月 2 日,习近平总书记在视察上海虹桥街道基层立法联系点时首次提出"人民民主是一种全过程的民主",充分肯定了基层立法联系点在"接地气""察民情""聚民智"方面所做的有益探索。① 作为基层群众表达立法意见建议的载体,基层立法联系点以其"一头连着国家权力机关,一头连着基层群众"的特殊运行机制,为不同的群体提供了便捷高效的平台,降低了群众特别是弱势群体参与立法的门槛,使他们能够充分表达自己的利益诉求,以及在自身利益可能受影响时更快捷、直接地维护自身权益,有效保障了立法全流程各个环节中群众的知情权、参与权和监督权,是国家立足基层立法联系点制度践行全过程人民,充分尊重和保障公民权利的真实写照。例如,2022 年 11 月 29 日,江海基层立法联系点组织调研组走进威东村,围绕《中华人民共和国无障碍环境建设法(草案)》征集民意。在"板凳会"上,吴腾信提出,希望能优化农村无障碍设施,方便像他一样的残疾人出行,该建议一路直达全国人大常委会法工委。② 2023 年 6 月 28 日,十四届全国人大常委会第三次会议表决通过无障碍环境建设法,自 2023 年 9 月 1 日起施行。第五条规定,无障碍环境建设应当与经济社会发展水平相适应,统筹城镇和农村发展,逐步缩小城乡无障碍环境建设的差距。

(二)联系点能够最直接反映群众的利益诉求

联系点在制度设计上,最具突破性和创新性的一点既是联系点和立法机关的直接联络机制,突破了传统基层单位到立法机关逐级审核、逐级上报的层级制度,确保了群众的声音能够"原汁原味"地反馈给立法机关,促进了立法意见建议征集的效率提升,保障了全过程人民民主的有效实现。同时,联系点在工作中,通常采用座谈会、论证会等形式,与群众面对面坐到一起,针对具体问题进行讨论分析,激发群众参与立法的热情与信心,为法律法规的出台打好民意基础,确保法律法规出台后得到群众的理解和支持,助力有效实施。例如,2023年,《长沙市餐饮业油烟污染防治若干规定(草案)》面向社会公开征集意见时,

---

① 王博勋:《让每一部法律都满载民意、贴近民生、顺应民心》,载《中国人大》2023 年第 22 期。

② 黄星:《把实施宪法提高到新的水平》,载《人民日报》2023 年 12 月 4 日第 5 版。

民众对草案中部分内容观点不一、意见纷繁。为此,长沙市人大常委会法工委组织立法工作专班把会场搬到夜市、社区和基层立法联系点,组织群众代表开展研讨论证。① 在一次次讨论中,立法机关凝聚了立法共识,为法规出台打好了民意基础、聚集了群众智慧。

(三)联系点制度设计体现了全过程人民民主的时代内涵

关于判断一个国家的政治制度是否民主、有效时,习近平总书记提出了"人民群众能否畅通表达利益要求""社会各方面能否有效参与国家政治生活""国家决策能否实现科学化、民主化"等"八个能否"的具体评判标准。② 可以看出,基层立法联系点在制度设计上能够充分体现出我们国家的政治制度是广泛、真实且有效的。同时,基层立法联系点制度在十年来的实践发展中,不断通过立法工作广泛联络群众、汇聚民心民意,进一步拓宽了全过程人民民主的广泛性,在价值站位上彰显了全过程人民民主的真实性,在具体实践中验证了全过程人民民主的有效性。实践证明,基层立法联系点践行和发展全过程人民民主,使全过程人民民主理念的广泛性、真实性、有效性三者之间相互关联、互为支撑,"把人民当家作主具体地、现实地体现到党治国理政的政策措施上来,具体地、现实地体现到党和国家机关各个方面各个层级工作上来,具体地、现实地体现到实现人民对美好生活向往的工作上来",③不仅充分彰显了我国社会主义民主制度自身的优势和先进性,同时也代表了现代民主政治的正确发展方向。

二、联系点制度践行全过程人民民主的实践探索和创新发展

基层立法联系点制度的建立,是从地方探索开始,再到全面铺开。2002 年,甘肃省人大常委会率先在临洮县设立地方立法联系点,这是全国首次开始探索实施基层立法联系点制度。2014 年,党的十八届四中全会在《中共中央关于全面推进依法治国若干重大问题的决定》中明确"建立基层立法联系点制度",随后全国人大常委会陆续分批次在全国各地设立 45 个基层立法联系点,辐射带动 31 个省(区、市)设立 716 个省级基层立法联系点、320 个设区的市(自治州)设立 6634 个基层立法联系点,三级联系点达 7395 个,构建了多领域、多层次、

① 匡春林、凌晴:《与人民同行——写在长沙市人民代表大会成立 70 周年之际》,载《长沙晚报》2024 年 9 月 25 日。
② 习近平:《在庆祝全国人民代表大会成立六十周年大会上的讲话》,载《求是》2019 年第 18 期。
③ 习近平:《在中央人大工作会议上的讲话》,载《求是》2022 年第 5 期。

多维度的联系点工作网络。①

全国人大常委会法工委基层立法联系点
分布领域和数量统计表

■ 县级人大常委会　　▤ 乡镇人大主席团　　▨ 市、区政府工作机构

▢ 事业单位　　□ 国有企业　　▨ 其他

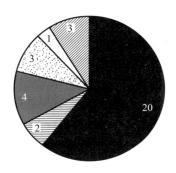

（一）多领域、多层次、多维度广泛覆盖

"基层"是联系点最突出的特征，也是联系点选取时最关键的考量因素。截至目前，全国人大常委会法工委共设立 45 个国家级基层立法联系点，覆盖范围广，涉及领域多。一是基层政权单位，可分为设区的市人大常委会、县级人大常委会、乡镇人大主席团，占比最大，共 34 个；二是市、区政府工作机构，以街道办事处为主，共 5 个；三是多种类型的事业单位，包括高校、党群服务中心、科技城管理局，其中，中国政法大学是唯一一个设立在大学的"立法联系点"；四是其他类型，包含 1 个人大代表服务平台、1 个社区。在联系点选取过程中，不同层级的人大常委会对于"基层"的定位并不一致，可以看出，全国人大常委会法工委在选点时以县级人大常委会为主，2023 年 12 月新增的一批 13 个联系点中，有11 个均为县级人大常委会，而省和地级市在选取联系点时，会侧重于考虑乡镇（街道）甚至村（社区）一级，从而实现了联系点工作网络的多领域、多层次、多维度广泛覆盖。

（二）制度建设不断健全完善

一是工作制度的建立。2015 年 6 月 25 日，全国人大常委会法工委主任办公会议通过了《全国人大常委会法制工作委员会基层立法联系点工作规则》，并

---

① 朱宁宁：《基层立法联系点工作历经十年成果丰硕——全国人大常委会法工委基层立法联系点工作片会侧记》，载《法治日报》2024 年 8 月 27 日。

于 2015 年 7 月 29 日印发实施,明确了联系点的选取原则、基本工作制度、挂牌规范,以及联系点在立法工作中如何充分发挥作用的途径和形式等,并于 2020 年 7 月根据工作实际进行了修订。《工作规则》出台后,各地普遍以其为蓝本,结合本地区实际,制定了地方的立法基层联系点工作制度,例如,2015 年广州市人大常委会通过《广州市人大常委会基层立法联系点工作规定》、2019 年江苏省人大常委会通过《江苏省人大常委会基层立法联系点工作规定》、2020 年上海市人大常委会通过《上海市人大常委会基层立法联系点工作规则》等。二是工作机制的完善。联系点被称为民意"直通车",是指联系点作为立法机关和群众之间互联互通的平台、桥梁,实现了立法中群众的高效参与。一方面,是立法意见建议的向上直报机制,目前全国人大常委会法工委的 45 个联系点,涉及市县人大常委会、国企高校、行政机关等基层单位,这些单位在日常的工作架构上,较难与全国人大常委会产生直接的联系,即使工作中收集到好的立法意见建议,也需要逐级上报、逐级审批才能向全国人大常委会提交。联系点设立后,全国人大常委会可以与这些基层单位直接联系,吸收来自基层的立法意见,不需要经过其他单位的审核,极大提高了立法意见采集的效率,实现了联系点桥梁作用最大限度的发挥。另一方面,是打通了联系点与基层群众双向沟通的路径,通过将联系点设在群众"家门口",可以通过联系点来向群众对有关征求意见的法律法规草案进行解读,将"法言法语"转化为"群言群语",便于群众理解和读懂法律法规文本,进而提出更具操作性和实用性的意见建议。

(三)政府立法基层联系点的探索与发展

基层立法联系点制度由全国各级人大常委会法工委主导,历经 10 年的发展不断健全完善,这种依托基层单位听取群众立法意见建议的好经验好做法逐渐被各地政府部门学习借鉴。近年来,各地司法行政部门开始探索实施政府立法基层联系点制度。根据《中华人民共和国立法法》规定,"省、自治区、直辖市和设区的市、自治州的人民政府,可以根据法律、行政法规和本省、自治区、直辖市的地方性法规,制定规章"。地方政府根据本地区实际,制定政府规章的过程,通常被称为"政府立法"。由于政府部门在起草法规草案时,同样有吸收群众的意见建议的需要,因此,政府立法联系点制度逐渐在各地推广实施,运行模式类似于人大主导的基层立法联系点制度,但依托政府立法基层联系点吸收群众意见建议主要适用于政府规章和法规草案。

以广东省为例,2020 年 6 月,广东省人民政府办公厅印发了修订的《广东省人民政府法规规章起草审查听取意见工作规定》,明确提出要"建立省政府立法基层联系点,深入基层听取群众和社会组织对法规规章草案的意见"。2021 年

12月,经省人民政府同意,广东省司法厅印发《广东省人民政府立法基层联系点工作规定》,明确省政府立法基层联系点的选定条件、选定范围、选定程序、工作任务以及工作方式方法,通过建章立制,畅通和拓宽社情民意表达和反映渠道。2022年初,省司法厅启动省政府立法基层联系点选点工作。经评审,选定了40家省政府立法基层联系点,涵盖了基层行政单位,基层群众性自治组织,社会组织、高等院校、科研院所、法律服务机构,企业单位和其他基层组织6个类型,逐步构建起较为完善的政府立法基层联系点工作体系和运作机制。① 随着省级工作机制的建立,广东全省各地市均启动了市级政府立法联系点相关工作,由各地市司法行政部门主导,结合本地区实际,选取了一批市级政府立法基层联系点。

三、联系点制度在实践发展中面临的困境和问题

随着基层立法联系点制度在实践中不断发展,各地都涌现出一些好经验好做法,如广东省的"江海经验",上海市的"虹桥经验"②等,提供了很好的参考和借鉴。同时,联系点制度在实践和发展过程中,也逐渐暴露出一些问题。

(一)联系点的载体平台作用淡化

一方面,被设立为基层立法联系点的基层单位,特别是一些社区居委会或村委会,往往已经承担了较大的日常工作压力,具体承担联系点工作的人员,也一般需要负责基层单位本身的大量工作,导致接受联系点工作任务时,会出现分身乏术、力不从心的情形,进而使立法意见建议征询工作无法走深走实。调研了解到,不少联系点在收到立法机关发来的法规草案征求意见后,由于工作繁忙,便仅仅由联系点工作人员对草案进行研究后,便向立法机关反馈意见,使得联系点联系群众、依托群众的载体平台功能大打折扣。另一方面,实践中,联系点的社会认知度还有待提升,从社会影响力的角度看,社会层面上很多群众对于基层立法联系点并不熟悉,对其作用并不了解,甚至不少群众根本不知道基层立法联系点的存在。经向某些地市的基层立法联系点工作人员了解,从基层立法联系点的视角来看,联系更多的群众往往意味着更大的工作量,而目前许多社会公众对联系点的工作性质与工作内容完全不清楚,联系起来比较耗费

---

① 吴晓娴:《广东首批40家省政府立法基层联系点出炉! 看看是否在你身边》,载《南方日报》2022年12月21日。

② 《虹桥经验:基层立法联系点六大工作法》,载中国人大网2022年6月17日,http://www.npc. gov.cn/npc/c2/c30834/202305/t20230517_429535.html。

时间精力,导致了一些联系点发动群众参与立法的积极性不高、深度不够。

(二)联系点工作队伍立法专业素养有限

基层立法联系点的工作成效,很大情况下取决于工作人员的法律素养。立法联系点具体承办立法业务的工作人员是立法联系点团队的核心,只有拥有专业的法律素养,才能将百姓原汁原味的立法建议转化为抽象专业的法律语言。全国人大常委会法工委基层立法联系点往往配备有专门的立法信息员,而到省、设区的市一级,联系点负责立法业务的工作人员往往是兼职,多由乡镇人大主席、副主席、秘书,司法所长,街道或社区工作人员担任,人大系统的工作人员不仅要承担乡镇(街道办)选举等日常业务工作,还往往要分管乡镇(街道办)其他的业务及挂点村帮扶等工作,街道社区的事务则更加烦琐,联系点工作人员在兼职其他业务情况下,难以集中精力提升个人立法专业素养。同时,由于基层立法联系点立法工作人员有从事法律专业经验或法学背景的人员比例不高,立法工作专业型人才缺乏,导致在面对一些重要、紧急的、专业性很强的法律草案时相形见绌,无法将基层群众或社会组织一些碎片化、零散化的"群言群语"立法建议及时转化为法言法语,同时也无法将一系列法言法语及时转化为百姓知悉的日常语言,进而让百姓更好地了解法律政策。这在一定程度上影响到立法建议的收集率以及民主立法的效能。在推进全过程人民民主的进程中,要保障民主立法具有充分的民主性,就必须注重提升基层立法联系点工作队伍的法治素养。

(三)联系点的固定化与立法方向多样化之间的矛盾

基层立法联系点在设置过程中,一般选定在基层政权单位、乡镇(街道)政府(办事处)、村(居)民委员会、企事业单位、社会团体以及行业协会等等,尽可能地覆盖社会面上的多个领域。但随着经济社会发展,立法需求逐渐呈现出多元化、精细化的趋势,而基层立法联系点天然地受到其本身作为基层单位的属性制约,导致难以适应多元化、精细化的立法方向发展趋势。调研中了解到,某些行业协会作为联系点,在涉及本行业、本领域相关的法律法规草案征求意见,往往能够提出专业性较强,具有较高参考价值的意见,而与这类行业相关度高的立法频率并不高。当涉及其他行业领域的立法意见征集,联系点又难以组织联络对象提出有关意见建议,制约了联系点作用的发挥。

(四)人大与政府之间的联系点工作缺乏互通机制

政府立法基层联系点工作相较于人大常委会主导的基层立法联系点工作,起步较晚,且主要依照上级政府对口业务部门的工作部署,在上级部门的既定框架内结合本地实际开展联系点工作,较少与同级人大常委会法工委对接,导致同一地区的政府立法基层联系点与人大常委会基层立法联系点彼此之间各成体系、相对独立，不利于互相交流借鉴，共同发展完善。同时在实践中，群众基础好、基础设施完备、工作成效显著的基层单位在申报联系点时往往更具竞争优势，这类基层单位在欠发达地区一般比较固定，容易出现人大常委会基层立法联系点和政府立法基层联系点重复设立在同一个基层单位的情形，造成立法资源的浪费，也不利于调动其他基层单位参与立法工作的积极性。

四、基层立法联系点制度未来的完善方向

党的二十大报告在"发展全过程人民民主，保障人民当家作主"部分专门提出要"健全吸纳民意、汇集民智工作机制，建设好基层立法联系点"。明确了要继续发挥好联系点制度的作用。因此，未来需要进一步加强基层立法联系点的建设，继续在推动联系点制度践行全过程人民民主理念上做文章，以下是笔者对未来加强联系点建设的几点思考。

（一）进一步健全完善基层立法联系点相关的工作制度

目前，各地均参照《全国人大常委会法制工作委员会基层立法联系点工作规则》制定了各具特色的联系点工作规则，但由于联系点工作制度缺乏明确的上级法律法规依据，导致各地的联系点工作水平参差不齐，影响了联系点整体功能的发挥。因此，有必要由全国人大常委会出台指导不同层级基层立法联系点的工作制度或者指导性文件，引导各地理顺联系点工作的基本定位、选点条件、布局要求、组织架构、奖惩措施等等内容，在搭建起基础性架构的前提下，再由各地结合本地区实际细化具有地方特色的联系点工作规则，更有利于推动联系点整体功能的发挥，保障联系点践行和发展全过程人民民主。同时，兼顾政府立法联系点建设的需要，从全国层面出台政策措施指导政府立法联系点工作有序开展，为政府立法联系点工作提供明确的制度依据，建立起基层立法联系点与政府立法基层联系点的互联互通机制，为各地开展政府立法基层联系点制度把舵领航，实现基层立法联系点与政府立法基层联系点互促共进，共同蓬勃发展的良好局面。

（二）调动联系点参与立法工作的积极性和主动性

一是进一步拓展基层立法联系点联络群众的深度和广度。结合联系点实际，通过问卷调查、走访座谈、线上平台、新媒体等多种形式征集立法意见，提高意见征集的广泛性和实效性。注重在征集群众、企业意见建议时将"法言法语"转化为"群言群语"，对群众关注度高、与群众关系密切的条款着重进行说明解

读,以便群众和企业准确理解条文内容和重点。不断创新宣传方式、拓宽宣传渠道,提升群众对基层立法联系点的知晓率,充分利用微信视频号、抖音等新媒体平台宣传基层立法联系点的工作动态、工作成效等,帮助群众加深对联系点工作的了解。二是进一步完善反馈机制。明确立法意见采纳情况反馈的时限,进一步激发群众参与立法工作的热情。由于立法工作周期较长,当征集到基层提出的立法意见建议后,立法机关对于是否采纳可能要经历长时间的论证,导致未能及时对意见是否予以采纳情况进行反馈。《全国人大常委会法制工作委员会基层立法联系点工作规则》中明确了"全国人大常委会法工委有关室对各联系点提出的意见建议要进行认真研究,能采纳的尽量采纳,并将研究采纳情况通过一定形式予以反馈"。但并未进一步细化反馈的时限,在实践中,从意见提出到反馈采纳情况往往周期过长,影响群众提出意见建议的积极性。因此,有必要对采纳情况反馈的时限进一步明确,需要较长时间论证的,应及时向联系点反馈有关情况。三是依托联系点抓好立法与普法的衔接协调,国家和省、市出台重要法律法规或规章后,及时组织基层立法联系点承办宣传活动,将立法、普法与法规政策落地工作深度融合,结合联系点实际,通过在联系点播放宣传视频、摆放法规规章小册子等多种方式,推动联系点功能从参与立法向促进守法、普法宣传延伸,构建联系点"征求意见、立法调研、立法宣贯、立法衔接普法"工作闭环,使群众依托联系点产生更多获得感。四是探索推广激励机制。在立法意见征集过程中制定具体激励政策,推动人大代表、村(社区)、专家、执业律师、企业、协会和居民群众等社会各方积极参与羊安街道基层立法联系工作,鼓励提出更多高质量立法意见建议。例如,成都市羊安街道依据《成都市人大常委会基层立法联系点管理办法(试行)》相关规定,并结合实际制定印发了《羊安街道基层立法联系点补助激励措施》,对参加羊安街道基层立法联系点组织的立法意见建议线下征集活动,区分意见被采纳的不同情形,制定了最高达400元的阶梯式奖励政策,同时,每年第一季度对上一年度立法意见建议采纳情况进行整理汇总,向意见建议被成都市人大常委会采纳数量居前三名的人员或单位分别按1000元、800元、500元进行激励,极大提升了联系点协调社会各方积极参与基层立法工作的积极性。①

(三)优化现有联系点机构设置

基层立法联系点的选点布局是影响联系点能否发挥好作用的关键因素,只

---

① 羊安街道办事处:《羊安街道基层立法联系点"硬核"补助激励措施来啦!》,载邛崃市人民政府官网 2024 年 8 月 21 日,http://www.qionglai.gov.cn/qlsgzxxw/c150925/2024−08/21/content_a1c05a238fb548c3b89f003be815a644.shtml。

有精准选点,确保联系点的数量和质量不断优化,才能保障联系点听取意见的广泛性。一是优化联系点的布局设置,进一步增强不同区域和行业领域的覆盖性,通过增加联系点数量,让联系点尽可能涵盖生产、生活、执法等与群众生活息息相关的领域,同时要考虑本地区党委和政府的中心工作等重要因素。在地域上,尽可能覆盖到各个县(市、区),要侧重于考虑人大代表联络站、村(社区)党群服务中心、综合执法办、司法所等与群众接触密切的基层单位,从而保证意见收集的广泛性、代表性以及真实有效性。二是要结合不同地区的特殊情况,在特殊领域增设基层立法联系点。要分析联络对象的特殊性和需求,构建起符合地方特色的联系点工作网络,确保特殊群体的立法意见建议能够及时有效进行反馈。例如,江海区基层立法联系点与江门市侨联建立合作关系,将江门市侨商总会等设立为立法联系单位,定期邀请海外侨团组织参加基层立法联系活动。同时,向本地侨胞、港澳同胞发放调研问卷,了解侨胞的法治需求和政策需求,充分发挥了侨乡优势,向世界讲好中国民主故事。[①]

(四)着力提升联系点工作人员法治素养

针对部分基层立法联系点工作人员法律知识欠缺,制约联系点作用发挥的情形,要进一步强化对联系点工作人员的业务培训,通过邀请人大法工委、司法行政部门、律师事务所等专业人士开展法律讲座、座谈会等,定期组织基层立法联系点工作人员参加业务培训班,选取工作成效好、工作态度积极的联系点工作人员参加上级人大常委会有关立法工作会议和各种培训活动等方式,推动基层立法联系点工作人员不断学习法律知识、提升法治素养,同时了解掌握立法工作流程,为联系点发挥好民意"直通车"作用夯实专业基础。例如,肇庆市司法局将立法基层联系点联络员纳入全市立法专业人员培训范围,和全市行政立法业务负责同志同堂培训,帮助联系点联络员熟悉政府立法工作有关规定和流程,进一步提升法治素养和业务能力,推动联系点桥梁纽带作用更好地发挥。[②]

---

① 周誉东:《江海基层立法联系点:向世界讲述中国民主故事》,载中国人大网站 2023 年 7 月 31 日,http://www.npc.gov.cn/c2/kgfb/202307/t20230728_430807.html。

② 蔡亚佳、符嘉静:《肇庆市司法局:三项措施建强用好政府立法基层联系点》,载肇庆司法微信公众号 2024 年 3 月 13 日,https://m.itouchtv.cn/article/cb25e9b56273330fe41258185c903a46。

关于加强基层立法联系点建设的几点思考

李学松　牛佳宝*

2019 年 11 月 2 日,习近平总书记到全国人大常委会法工委基层立法联系点上海虹桥街道考察,在基层立法联系点第一次提出"人民民主是全过程民主"的重要论述。基层立法联系点是全过程人民民主的理论起点和生动实践,是增强人民群众民主参与、民主决策获得感的重要路径。

基层立法联系点在经历"地方实验"和"制度扩散"阶段后,目前已经进入"深化拓展"阶段。《中国立法透明度指数报告》显示,除全国人大外,大多数地方人大立法活动和立法过程的信息公开情况均欠佳。基层立法联系点承载着人大立法通往人民群众最后一公里的重任,因此,创新机制,拓展功能,是进一步增强立法工作质效、提升法治指数的有效切入点。

1. 引入竞争机制,激活固态内存,让"点"从数量和质量上活起来。成为基层立法联系点,带来的不仅是一块招牌,还有强大的内生发展动力,在加快法治建设进程、扩宽发展空间、优化营商环境、凝聚干群力量、提升全员法治素养等方面有着重要意义。建议有立法权的各级人大常委会,在届初根据法治建设规划和立法项目规划统筹部署,以代表性、专业性和多样性为总布局原则,科学确立基层立法联系点的基础名额。严格准入,有序退出,适时增补,形成竞争机制。

一是严格准入。根据立法规划,重点考察与立法内容契合度高、法律适用对象集中、个性优势或问题突出的地方和单位,突出民意收集平台广泛、联络机制健全、人才支撑优势明显、立法参与热情高等考核评价指标。以湖南省为例,根据《法治湖南建设规划(2021—2025 年)》,保护红色文化资源、促进乡村振兴、修订《湖南省行政执法条例》立法事项等已经纳入规划,那么在立法联系点的总体布局中就需要更加关注红色资源丰富、红色资源保护工作成效突出和较差的地区,乡村振兴特色突出、极端落后的地区,行政执法职能多或者执法矛盾集中的单位。二是有序退出。对已经确立的立法联系点,定期(如每 3 年)进行一次绩效评价,制定精准、科学的量化评价标准,对立法工作落实不力、作用发

---

* 李学松,华容县人大常委会主任。牛佳宝,华容县人民检察院副检察长。

挥不大、参与热情不高的联系点实行退出机制。三是适时增补。根据准入标准，重新选取考察对象，递补因退出而出现的空位。同时注重原则性和灵活性相结合，可根据实际工作需要，在基础名额上略有突破，适时为基层立法联系点注入新鲜血液，让更多有效参与、创新开展立法活动，并且在立法全过程、普法全过程、引领守法全过程中发挥积极效用的地方和单位加入基层立法联系点队伍中。

2. 优化反馈机制，激发参与热情，让"点"的相关要素活起来。立法是定规矩、立方圆，民主立法的主要功能是最大限度实现"法"正当性和功能性，其最大优势就是能够更积极地寻找社会共识的最大公约数，从而引领社会认同、带动社会行动。所以"点"相关的要素主要是不同利益群体、不同阶层代表、不同意志要求、不同期望值的人以及由这些人参与的项目。

中共中央印发的《法治中国建设规划（2020—2025 年）》中，健全立法工作机制方面包括五项内容，其中一项就是反馈机制。而表彰是反馈机制中最积极的一种形式，获得感和成就感更能够激发参与人的积极性，工作质效方面，主动参与会远远高于被动完成任务。反之，如果意见建议如石沉大海般毫无回应，看不到参与立法的工作评价、社会评价，那么参与人的积极性就会逐渐被贬抑和消损，长此以往，形成提与不提意见都一样、提好提坏都一样的消极氛围，立法参与积极性就会降低，造成被动参与甚至不参与。

鉴于此，建议在立法项目完成后，对立法联系点和立法参与人进行积极反馈，采纳意见建议的，由立法机关以简报或者感谢信形式进行反馈，带给当事人的是一种有效参与和被认可的成就感，积极性会进一步提升；未采纳的，释明理由，带给当事人的是"事有回音"的存在感，能更好地激发当事人的思辨热情。主动反馈，尤其是表彰机制带给参与人的成就感和获得感，远超越其本人在公布的条文中寻找到的成就感。

需要注意的是表彰机制的主要作用在于激发参与热情，因此在适用过程中应多一些包容性，表彰奖项和对象设置要多元化，不片面突出意见建议采纳率，兼顾工作机制建立情况、意见建议收集面、接地气程度等因素，既可以表彰"点"，又可以表彰人或者事。

3. 拓展立法后评估功能，完善立法参与链条，让"点"的功能活起来。"天下有定理而无定法。"广义或者说全链条的立法活动包括"立改废释纂"，其中"改""废""释""纂"都需要以立法后评估为基础。民意是高质量立法活动的源头活水。基层立法联系点有效拓展立法后评估活动，以问题为导向，带来原汁原味的源头活水。在承载《中华人民共和国立法法》第六十三条规定的职责中，实现了"依法立法"；在践行全过程人民民主的生动实践中实现了"民主立法"；

在有效调和立法"专家化""精英理性"与"接地气""大众需求"矛盾的过程中,优化资源配置,实现了"科学立法"。

基层立法联系点的立法后评估功能,虽然被写入 2021 年 12 月 4 日发布的《中国的民主》白皮书,但具体实践中存在两个主要问题:一是相关理论研究尚未跟上实践步伐,导致在具体实施过程中可循之章不多。中国知网的搜索结果显示,"立法后评估"的理论研究成果仅两项,相关图书仅一本。北大法宝收录的 265 家刊物中,关于"立法后评估"课题,自 2005 年至今,仅有 40 篇相关论文,关于"人大立法后评估"仅有 3 篇。二是精英之外的普通公众参与度有限。通过搜索近三年全国及各省市人大的公开报道,公众参与立法后评估的主要方式是问卷调查。以广州市为例,其于 2012 年首次出台《广州市人大常委会立法后评估办法》,通过对其此后进行的 9 次评估问卷的分析,问题的设置基本上以条文为序,大多基于问卷设计者自身对法律的认知,开放性题目数量不多,以至于面向普通公众的问卷调查,内容不够公众化,被调查对象难以深度或者实质性参与其中,从而影响了公众参与的积极性。

立法后评估,在具体实施中,首先应以立法的最高目标,即"良法善治"为核心来确定评估内容。"良法"相关的评估内容包括是否符合人民意愿、贯彻公平正义理念、符合当前社情民意、符合历史发展规律、体系科学、程序正当,"善治"的相关评估内容包括是否属于民主治理、依法治理、贤能治理、社会共治、礼法合治。然后整合上述评估内容,结合基层实践,粗化为三个接地气的维度,即"正当性""合理性""实效性"。最后,根据内容,确立及时、可靠的互动(评估)模式,互动过程中需要注意:一是注重信息公开,包括评估内容、形式及相关说明解释;二是对收集到的相关意见建议要有实质性反馈,不能一收了之,既要有承诺又要有答疑解惑;三是互动方式可以多样化,线上和线下相结合,平台交流和面对面沟通相结合。

基层立法联系点在立法后评估作用的发挥上,可以从以下几个方面来做工作。一是为评估立项找依据。以中立者的姿态,针对本区域或者个别行业相关的法律,常态化收集普通公民和生产经营主体的意见和建议,整合群体意见后,向立法机关建议启动相应法律的立法后评估程序。二是为评估内容找重点。树立问题导向意识,收集和汇总行政执法、司法纠纷、执法检查、人民调解等过程中问题和矛盾集中的法条,建议评估部门将其作为重点评估内容。三是为评估数据找支撑。广泛拓展立法后评估参与对象,收集一手资料、真实素材,除执法机关、司法机关、普通民众外,让基层组织、人民调解机构、合作社、福利机构等更广泛的主体充分参与,同时不断探索使用新方法,除问卷调查、听证、座谈会等传统方式,还可以采用辩论、随机走访等形式。

2022 年 3 月 12 日起实施,修订后的《中华人民共和国地方各级人民代表大会和地方各级人民政府组织法》将践行"全过程人民民主"写入总则,将建立基层联系点写入具体条款,这从制度层面进一步要求密切县级以上地方各级人大常委会同人民群众的联系,基层立法联系点作为联系点的一种存在形式,只有不断创新机制、拓展功能,才能更好地"接地气"、"通天线",从而有效降低全过程人民民主、直接民主的制度成本。